Die Lösungsbegabung

Markus Hengstschläger

Die Lösungsbegabung

GENE SIND NUR UNSER WERKZEUG. DIE NUSS KNACKEN WIR SELBST!

ecoWIN

2. Auflage
© 2020 Ecowin Verlag bei Benevento Publishing Salzburg – München, eine Marke der Red Bull Media House GmbH, Wals bei Salzburg

Medieninhaber, Verleger und Herausgeber:
Red Bull Media House GmbH
Oberst-Lepperdinger-Straße 11–15
5071 Wals bei Salzburg, Österreich

Satz: MEDIA DESIGN: RIZNER.AT
Umschlaggestaltung: kratkys.net
Lektorat: Maria-Christine Leitgeb
Printed by CPI books GmbH, Germany

ISBN 978-3-7110-0279-2

Für Elke

*Um die Lesbarkeit des Buches zu verbessern,
wurde darauf verzichtet, neben der männlichen auch
die weibliche Form anzuführen, die gedanklich
selbstverständlich immer miteinzubeziehen ist.*

Inhalt

Vorwort – gegen die Mitmachkrise. 9

**WAS WIR WOLLEN – die Wünsche des Menschen an
die Zukunft** 19

Erfolg im Wandel der Zeit 19

Für die Zukunft Neues erschaffen 29

Sich für das Vorhersehbare und für das
Unvorhersehbare rüsten 41

**WAS WISSENSCHAFT (NICHT) KANN –
vom ungerichteten zum gerichteten Menschen?** 51

Die Verbesserung des Menschen? 51

Ein neuer Mensch durch Genoptimierung? 68

Der Mensch und die digitale Revolution 74

WAS DER MENSCH (NICHT) IST – Gene und Umwelt . . 95

Der lösungsbegabte, innovative Mensch 95

Der denkende Mensch 103

Der soziale Mensch 110

Der mutige Mensch 115

WAS ES BRAUCHT – Gegenwartskompetenz 121

Die richtige Mischung 121

Die nachhaltige Förderung von Mut 129

Gerichtete und ungerichtete Strategien 134

Die beflügelnde Wechselwirkung 140

Die Chance des Unvorhersehbaren 154

Die Zukunft der Gegenwart 169

WO ES ETWAS BRAUCHT –
im Namen der Lösungsbegabung 173

Die Vielfalt von Wissen und Bildung 173

Talent- und Personalmanagement neu gedacht 185

Forschung mit fließenden Übergängen 195

Gesellschaft und Politik 212

Das alte und das neue Arbeiten 222

Die Renaissance des Sich-Einbringens 235

Exkurs 245

Danksagung 247

Literatur 249

Vorwort – gegen die Mitmachkrise

»Es ist nicht wenig Zeit, die wir haben,
sondern es ist viel Zeit, die wir nicht nutzen.«
(Seneca)

Große Herausforderungen unserer Zeit wie zum Beispiel der Klimawandel, der Einfluss disruptiver Technologien auf unser Leben im digitalen Wandel, Terrorismus, die Gefahr eines Atomkrieges oder die Flüchtlingskrise erinnern ganz augenscheinlich und täglich daran, wie dringend neue kreative Ideen und innovative Konzepte auf allen Ebenen gebraucht werden. Donald Trump ist wahrlich nicht das einzige, aber ein sehr präsentes Beispiel dafür, welche Gefahren gegenwärtig von politischem Populismus ausgehen. Anlässlich des Todes des Afroamerikaners Georg Floyd empörte sich die Welt vollkommen zu Recht wieder einmal darüber, dass Rassismus den Menschen auf diesem Planeten einfach schon zu lange begleitet. Und schließlich meldete sich noch ein anderer bekannter Begleiter der Menschheit wieder einmal zu Wort – eine Pandemie. Das SARS-CoV-2-Virus machte klar, wie unverzichtbar es ist, globale aktuelle Probleme anzugehen, zeigte aber auch, wie wichtig es plötzlich sein kann, kleine, vielleicht unter anderen Umständen banal wirkende Probleme lösen zu können.

Mit dem Blick auf all die vielen neuen und alten Herausforderungen manifestiert sich das Bewusstsein darüber, dass es nun einmal vorhersehbarere und unvorhersehbarere Anteile der

9

Zukunft – mit allen Übergängen dazwischen – gibt. Die COVID-19-Pandemie ist ein Beispiel dafür, dass das, womit sich der Mensch auseinandersetzen muss, wofür Lösungen gebraucht werden, nicht immer einfach in zwei Zukünfte, eine vorhersehbare und eine unvorhersehbare, unterteilt werden kann. So klar es ist, dass Pandemien immer wieder kommen können, so unvorhersehbar ist es, welcher Erreger wann, wie und mit welchem Ausmaß die Welt heimsuchen wird. Für so manche bereits gut bekannte Herausforderungen der Menschheit ist es schon fünf vor zwölf. Und es kommen aber mit Sicherheit demnächst andere, heute noch gar nicht bekannte Problemstellungen dazu. Konsequenterweise ergibt sich die Frage, ob die Zukunft heute vorhersehbarer ist, als sie das früher einmal war, oder ob sie weniger vorhersehbar geworden ist. Wird die Zukunft in Zeiten digitaler Revolution und Industrie 4.0, durch globale Vernetzung, nahezu uneingeschränkte Daten- und Informationsverfügbarkeit, Big Data, *Predictive Analytics*, das Auswerten digitaler Fußabdrücke in sozialen Netzwerken, *Internet of Things* und künstliche Intelligenz immer kalkulierbarer? Oder zeigen uns überraschende Wahlergebnisse, exzentrische Politikerpersönlichkeiten, Finanzkrisen, gesellschaftliche Transformationsprozesse, Fukushima, 9/11, durch Klimawandel ausgelöste, extreme Wetterereignisse oder Virus-Pandemien immer öfter, wie VUKA (volatil, unsicher, komplex und ambivalent) die Welt geworden ist? Die einen argumentieren, dass in unserer heutigen digitalisierten Datenwelt der einzelne Mensch, Kommunen, Staaten und Unternehmen so transparent, durchschaubar und »gläsern« sind wie noch nie in der Geschichte unseres Planeten. Die anderen wiederum sprechen schon immer öfter vom völligen Verlust der Vorhersehbarkeit.

Globale Einigkeit scheint aber darüber zu bestehen, dass Ausmaß und Geschwindigkeit der Veränderung enorm zugenommen haben. Das Ende der Linearität, exponentieller Wandel und permanent zunehmende Beschleunigung scheinen dazu zu führen, dass jeder täglich immer mehr vorhersehbare Dinge zu erledigen hat, aber sich auch immer öfter und immer mehr mit unvorhergesehenen Entwicklungen und Ereignissen konfrontiert sieht. Es scheint fast so, als würden in unserer schnelllebigen Welt sowohl vorhersehbare als auch unbekannte Fragestellungen immer öfter und immer schneller in unserem privaten und beruflichen Alltag aufschlagen. Das schafft für die Zukunft der Gegenwart natürlich Chancen, schürt aber auch Ängste.

Wir haben so viel erreicht! Die Welt ist so viel besser geworden! Ja, es gibt noch sehr viele ungelöste Probleme, und es kommen, oft vom Menschen selbst verschuldet, auch stetig neue dazu. Wir müssen also dranbleiben. In Anbetracht der vielen über die Medien permanent zeitgleich in jedes Wohnzimmer transportierten, globalen und lokalen Problemstellungen darf es aber nicht verwundern, dass Menschen sich und ihren Talenten immer öfter die Lösungen dafür nicht mehr zutrauen. Und unweigerlich taucht die Frage auf: »Was würde mein Beitrag schon daran ändern?« Dann nehmen politischer Frust, die Ablehnung jeglicher Andersdenkender, die Flucht in eine ausschließlich anonymisierte Beteiligung, psychische Überbelastungssyndrome und Ängste aller Art logischerweise zu. Und schon steckt man in der Mitmachkrise. Irgendwie scheint die weithin bekannte und kontinuierlich erfahrbare Tatsache, dass das Unergründbare dem Menschen mehr Angst macht als das Vorhersehbare, ja auch nachvollziehbar. Auf vorhersagbare Trends und Ereignisse kann man sich einstellen, man kann sich gerichtet auf die Fragen, die sich dabei ergeben, vorbereiten und dann die daraus abgeleiteten Leitlinien immer wieder bei solchen oder ähnlichen Situationen zum Einsatz bringen.

Die Auffassung, das Unvorhersehbare entziehe sich vollkommen der Planbarkeit und man könne sich darauf nicht vorbereiten, hat sich aber ohne großen Widerspruch mehr oder weniger schleichend in die Liste der Begründungen für Untätigkeit eingereiht. Innere Widerstände gegen die Beschäftigung mit der Unvorhersehbarkeit, mit dem Unbekannten, basieren in Wirklichkeit oft auf einer übertriebenen Angst vor Kontrollverlust. Hier gilt es für das an sich vernunftbegabte Wesen Mensch, ein Konzept bereitzustellen, seine genetisch mitbestimmten evolutiv Jahrtausende alten Ängste zu überwinden. Die Vernunft weiß bereits, dass viele dieser instinktiven Ängste in unserer Zeit nicht nur ihren Nutzen verloren haben, sondern uns immer öfter einfach nur im Weg stehen. Aber für das tief verwurzelte, verinnerlichte Gefühl der Angst braucht es genauso wirkungsvolle Gegenmittel wie etwa für das Gefühl der Hilflosigkeit.

Natürlich spielen Gene bei der Entstehung von Gefühlen und dem Verhalten eine Rolle. Aber der Mensch ist bei all diesen Aspekten nicht auf seine Gene reduzierbar. Er ist das Produkt der Wechselwirkung von Genetik und Umwelt. Und die aktuellen Forschungsergebnisse auf dem Gebiet der Epigenetik, die die Brücke zwischen sozialen und biologischen Effekten schlägt, weisen darauf hin, dass der Mensch sein Leben und sein Verhalten, und gewissermaßen auch das seiner Nachkommen, noch mehr als früher angenommen, selbst in der Hand hat. Es ist richtig, dass die wissenschaftlichen Entwicklungen, die technologischen Möglichkeiten zur Veränderung von Genen betreffend, in den letzten Jahren große Schritte gemacht haben. Aber die Utopie, dass sehr bald durch Genoptimierung ein immer glücklicherer und viel leistungsstärkerer Mensch kreiert werden kann, der Lösungen für alle Probleme der Menschheit aus dem Ärmel schütteln wird, entbehrt zum aktuellen Stand der Forschung jeglicher ernsthaften wissenschaftlichen Grundlage. Wir müssen also wirklich dranbleiben. Aber wir können es ja auch.

»Ich kann, weil ich will, was ich muss.«
(Immanuel Kant)

Ob im Kleinen oder im Großen, für die Lösung eines ganz bestimmten Problems bedarf es zuerst einmal des Erwerbes des dafür entsprechenden Wissens und des Aneignens der dafür spezifisch relevanten Kompetenzen. Das allein führt aber noch nicht zu einer neuen Idee oder einer kreativen Lösung. Dafür muss der wissende Mensch neue Wege beschreiten, motiviert *Extra Miles* gehen und schließlich auch entsprechend handeln. Die Voraussetzungen dafür entstehen allerdings immer nur dann, wenn das wichtigste angeborene und genetisch mitbestimmte Potenzial des Menschen – seine Lösungsbegabung – entwickelt und laufend abgerufen werden kann. Lösungsbegabung setzt sich aus vielen, auch genetischen Komponenten zusammen, die nichts wert sind, wenn wir sie nicht durch die entsprechende Umwelt zur Entfaltung bringen und im Team anwenden. Der Mensch ist einerseits das wohl lösungsbegabteste Wesen des Planeten und andererseits die alternativlose Chance auf dem Weg in eine erfolgreiche, humane, lebensbejahende Zukunft. Wie kann es also gelingen, bei uns und unseren Kindern das zum Erblühen zu bringen, was die Menschheit im Innersten zusammenhält: das mutige, kreative und kooperative Sich-Einbringen jedes Einzelnen?

Für das uneingeschränkte Erblühen der Lösungsbegabung braucht es in Zukunft eine neue Gegenwart. Es braucht eine neue duale Gegenwartskompetenz mit der Bereitschaft, sich permanent gleichzeitig mit bereits voraussagbaren, aber auch mit noch unvorhersehbaren zukünftigen Fragestellungen zu beschäftigen. Sowohl gerichtete, also fokussierte, orientierte, zielstrebige Strategien als auch ungerichtete, also flexible, ergebnisoffene Strategien sollen dabei laufend parallel zur Anwendung kommen. Das richtige Mischungsverhältnis dieser beiden Vorgehensweisen immerzu an sich ändernden Rahmenbedingungen zu reiben und dadurch zu optimieren, ist eine unverzichtbare Komponente einer von individuellem mutigem Einsatz geprägten, zukunftsorientierten Gegenwart. Erst aus der Umsetzung solch eines dualen Ansatzes entstehen die fünf Fundamente für die Entfaltung der Lösungsbegabung: 1) Mut aus Sicherheit, 2) die gegenseitig beflügelnde Wechselwirkung der Instrumente gerichteter und ungerichteter Strategien, 3) das Fördern von Schnittstellen zwischen verschiedenen Disziplinen und Kulturen, 4) ein gesteigerter Kreativitätsprozess und 5) das Aufrechterhalten der Chancen für Serendipität, also auch etwas finden zu können, was man nicht gesucht hat. Solch ein Konzept soll Einzug halten in der Bildung, im Talent- und Personalmanagement, in Wissenschaft und Forschung, der Politik, der Arbeitswelt und unserem Privatleben. Das Ziel ist, dass jeder Einzelne seine Lösungsbegabung entfalten kann und sich damit kooperativ für Lösungen aktueller Problemstellungen einbringen kann.

1) Es braucht Mut, sich durch gerichtete Konzeptplanung auf zwar vorhersagbare, aber eben noch nicht gelöste Fragen der Zukunft vorzubereiten. Und es braucht noch viel mehr Mut, sich auf das Unbekannte vorzubereiten. Wenn ich weiß, was kommt, bereite ich mich gewissenhaft und zielgerichtet darauf vor, um dadurch eine sehr wahrscheinliche und realistische Chance auf Erfolg zu nutzen. Das schafft Sicherheit und dadurch gleichzeitig die Basis für den Mut und die Risikobereitschaft, auch den bisher bewährten Weg immer wieder einmal in andere Richtungen zu verlassen. Für

das Unvorhersehbare muss ich in der Gegenwart durch höchstmögliche Individualität, Flexibilität und Diversität Konzepte und Strategien entwickeln und bereithalten, um auch Antworten auf Fragen zu ermöglichen, die ich heute noch gar nicht kenne. Man kann und soll sich für beides rüsten, um beides zu gestalten. Und das sollte man immer machen und immer jetzt machen.

2) Es gibt kein noch so bewährtes Handeln, das nicht auch noch verbesserbar ist. Es gibt keine noch so sichere Strategie, die nicht noch inkrementell optimierbar ist. Wenn man parallel immer wieder ungerichtete Strategien, vielleicht sogar mit der Hoffnung auf radikale Ansätze, verfolgt, können die dabei entstandenen Erfahrungen, die dabei gefundenen Lösungen und die dabei gemachten Fehler unglaublich befruchtend für den »bisher so erfolgreichen Lebensweg« und »das noch so bewährte Handeln« sein. »Es war schon immer so« und »So hat es immer funktioniert« heißt nicht, dass sich die Zeiten nicht ändern können oder dass es nicht noch besser geht. Umgekehrt bilden all das Wissen, all die Erfahrungen und all das Können aus den Kernbereichen der sicheren bewährten Strategien einen mächtigen Pool an (Human-)Ressourcen, Netzwerken und Handwerkszeug, um die Erfolgswahrscheinlichkeit neuer, vielleicht riskanterer Strategien zu beflügeln.

3) Die der menschlichen Natur grundsätzlich innewohnende Neugier auf andere Disziplinen beziehungsweise Kulturen soll stimuliert werden. Berührungsängste gegenüber anderen gilt es zu schmälern. Auch hierbei müssen dem wissenden Menschen unbedingt entsprechende Erfahrungen als Basis für sein zukünftiges Handeln ermöglicht werden. Schließlich bergen Ideen, die an den Schnittstellen zwischen verschiedenen Fachgebieten und Kulturen geboren werden,

höchstes Potenzial dafür, neue Lösungen und Innovationen zu initiieren. Genau solche Ideen entstehen gern dann, wenn man in seiner eigenen Disziplin mutig gerichtet und ungerichtet gestaltet und sich gleichzeitig auch mit anderen Fachbereichen, Ansichten und Herangehensweisen beschäftigt, um zu lernen und um sich zu rüsten.

4) Auch ein kreativer Prozess entspringt der Wechselwirkung zwischen Genen und Umwelt. Er ist die Quelle für neue Problemlösungsansätze mit bisher nicht bedachten Mitteln. Um etwas Neues zu erschaffen, muss unterschiedliches Wissen miteinander verknüpft werden, beziehungsweise müssen bereits bestehende Lösungsansätze in anderen Zusammenhängen gedacht und schließlich angewendet werden. Das Erarbeiten solcher Neukombinationen beziehungsweise bisher noch nicht erkannter Verflechtungen setzt einerseits den Zugang zu verschiedenen Eindrücken, Informationen, Erfahrungsschätzen und Lösungskonzepten voraus und baut andererseits auf der Bereitschaft, der Motivation, der Flexibilität und auch dem Mut auf, solche neuen Zusammenhänge zu denken. Kreative Ansätze folgen einem dialektischen Prinzip, das im Wechselspiel zwischen Bekanntem und Unbekanntem, zwischen Wissen und Fantasieren, zwischen diszipliniertem Denken und Experimentierfreude, zwischen Struktur und Freiraum, zwischen der eigenen Kernkompetenz und einem Out-of-the-box-Denken erblüht. Das Hin- und Hergehen zwischen gerichteten und ungerichteten Strategien macht aus den Menschen Querdenker, steigert die Möglichkeiten für Inspirationen und fördert kreative Prozesse.

5) Um sich immer wieder einzubringen, bedarf es lebenslanger kontinuierlicher Bereitschaft, dazuzulernen und auszuprobieren. Das Erschaffen von neuen Lösungsansätzen ist kein

einmaliges Ereignis, sondern eine immerzu fortlaufende Entwicklung. Gegenwart ist kein Event, sondern ein Prozess. Dafür muss sich jeder Einzelne auf den Weg machen, immer weitergehen und mit offenen Augen und Ohren wachsam bleiben, um Chancen und neue Lösungen erkennen zu können, wenn sie sich bieten. Wer im Heute konsequent in Bewegung ist, kann in Zukunft Dinge finden, die er nie gesucht hat.

Der 2017 verstorbene Gesundheitsstatistiker Hans Rosling bezeichnet in seinem letzten Buch *Factfulness: Wie wir lernen, die Welt so zu sehen, wie sie wirklich ist* mit *Possibilisten* Menschen, die weder unbegründeten Hoffnungen anhängen noch sich durch unbegründete Befürchtungen ängstigen lassen, Menschen also, die sich konstant der überdramatischen Weltsicht widersetzen. Hans Rosling sagte über sich selbst: »*I'm a very serious ›possibilist‹*«. Machen wir doch uns und den nächsten Generationen das Angebot, Ermöglicher zu werden durch die Förderung des gegenwartskompetenten Einsatzes des wichtigsten Potenzials des Menschen – der Lösungsbegabung. Nach einem Vortrag kam einmal eine Zuhörerin zu mir und sagte: »Der Mensch hat doch eigentlich gar keine Ausreden – er muss für die Probleme unserer Zeit einfach Lösungen entwickeln!« Ich habe nicht widersprochen.

Markus Hengstschläger, Hinterbrühl, Kitzbühel, 2020

WAS WIR WOLLEN – die Wünsche des Menschen an die Zukunft

Erfolg im Wandel der Zeit

Man könnte argumentieren, dass man auf persönlicher Ebene dann Erfolg hat, wenn man die Ziele erreicht, die man sich selbst gesetzt hat. Und auch unternehmerisches Handeln könnte dann als erfolgreich gelten, wenn man die Unternehmensziele erwirtschaftet. Das ist selbstverständlich plausibel, wirft aber eine Reihe von Fragen auf. Wenn man sich in der Gegenwart Ziele setzt, die man dann in der Zukunft eben vielleicht auch erreicht, so setzt das voraus, dass man schon viel über die Zukunft beziehungsweise über das in Zukunft möglicherweise Erreichbare weiß beziehungsweise gewusst hat. Es ist zweifelsohne ausgesprochen wichtig und richtig, sich für die bereits bekannten Anteile der Zukunft Ziele zu setzen und auch Strategien zu entwickeln, die es nicht nur möglich, sondern sogar wahrscheinlich machen, dann auch erfolgreich zu sein. Der Begriff »erfolgreich« sollte aber aus drei Gründen weiter gefasst werden. Erstens hängen die gesetzten Ziele davon ab, womit man sich betreffend das Ergebnis seiner Bemühungen zufriedengibt. Und was, wenn man sich die Latte einfach zu niedrig legt? Zweitens könnte es sein, dass gesetzte Ziele bei genauerer Betrachtung in der Zukunft nicht den Wert haben, den man ihnen in der Gegenwart noch gibt. Hierbei bestehen außerdem auch große Unterschiede zwischen den Generationen. Ein hohes Einkommen, das Besitzen eines tollen Hauses, das Fahren eines exklusiven Autos, viele Follower (ob *influenced* oder nicht) oder das Erreichen eines hohen Betriebsergebnisses – all die *Earnings before interest and taxes* (EBIT) – werden von manchen mehr, von anderen weniger als Statussymbole gesehen. Ganz ähnlich verhält es sich bei der Frage, ob sie noch als repräsentativ für erbrachte Leistungen gesehen werden. Sie sind aber sicher nicht immer und automatisch das Resultat »erfolgreichen« – im Sinne von »wertvollen« – Handelns. Und noch viel wichtiger: Sie verändern die Welt auch nicht notwendigerweise zum Besseren. Drittens sind viele individuelle Leistungen, viele große Errungenschaften und Innovationen in der Menschheitsgeschichte nicht das Resultat eines Planes mit gesetzten Zielen gewesen. Vor allem deshalb nicht, weil sie in der Gegenwart noch vollkommen unvorhersehbar gewesen sind. Gesetzte, konkrete Ziele sind meist nur Lösungen für bereits bekannte Probleme, aber tragen oft sehr wenig zur Bewältigung von Aufgaben bei, die wir heute noch gar nicht kennen.

Grundsätzlich wird Erfolg sehr individuell gesehen und folglich auch nicht einheitlich bewertet. Was für den einen schon erfolgreich ist, ist für den anderen Standard oder gar nicht von Interesse. Der Erfolg wird außerdem oft mehr an der Reaktion der sozialen Umgebung gemessen. Und das, obwohl die Ausgangsbasis doch eigentlich sehr ähnlich sein müsste. Die Beschreibung der Bedürfnisse und Motivationen des Menschen, nach der vom amerikanischen Psychologen Abraham Maslow entworfenen Bedürfnispyramide, könnte einmal als erster Ansatzpunkt genommen werden. Die fünf Ebenen mit all ihren fließenden Übergängen reichen von den Grundbedürfnissen (Ernährung, Atmung, Schlaf, Fortpflanzung etc.) über Sicherheitsbedürfnisse (Gesundheit, körperliche, seelische und materielle Sicherheit, Arbeit, Wohnung, Familie etc.), soziale Bedürfnisse (Liebe, Gruppenzugehörigkeit, Kommunikation etc.),

Individualbedürfnisse (Erfolg, Unabhängigkeit, Freiheit, Ansehen, Wertschätzung etc.) bis hin zu den individuellsten Bedürfnissen nach Selbstverwirklichung (seine Kreativität, seine Talente und Potenziale ausschöpfen zu können, Persönlichkeitsentwicklung, seinem Leben einen Sinn zu geben).

Die ersten vier sind Defizitbedürfnisse, die, wenn man sie nicht oder nur sehr eingeschränkt erfüllen kann, zu physischen oder psychischen Störungen führen. Und obwohl das auch für die Wachstumsbedürfnisse der Selbstverwirklichung zutrifft, können diese nie wirklich vollständig befriedigt werden. Maslow hat dieses Modell später noch erweitert und ist davon ausgegangen, dass die Befriedigung all dieser Bedürfnisse, und im Besonderen der Selbstverwirklichung, nur schwer und nicht von allen Menschen erreichbar sind. Am Rande sei erwähnt, dass auch eine maslowsche Bedürfnispyramide für den digitalen Wandel vorgeschlagen wurde, um die Werte zu beschreiben, die eine Welt der Interaktion von Menschen und Maschine auch im Zusammenhang mit dem Design digitaler Technologien prägen sollen (Spiekermann: *Ethical IT Innovation*, 2016). Einerseits findet man in der maslowschen Hierarchie den Begriff »Erfolg« unter den Individualbedürfnissen, gemeinsam mit dem Wunsch nach Wertschätzung, Prestige oder Ansehen. Ökonomischer Erfolg, das Haus, das Auto etc., wird oft deshalb angestrebt, weil sie dem Menschen zu Status, Anerkennung und Bewunderung verhelfen. Andererseits muss man aber auch die Frage stellen, ob nicht unter bestimmten Umständen, unter bestimmten Lebensbedingungen und Voraussetzungen das Stillen von Grund- und Sicherheitsbedürfnissen schon als erfolgreiches Leben angesehen werden muss, so bedauerlich das auch ist. Und noch viel bedauerlicher ist schließlich, dass die Erfüllung vieler, vor allem so wichtiger Bedürfnisse wie zum Beispiel Ernährung, Gesundheit oder Sicherheit immer noch viel zu oft nicht in den Händen des Individuums liegen. Jeder soll für sich selbst entscheiden, was sein gutes Leben ausmacht! Wie viel Arbeit in der Gegenwart und in der Zukunft liegt noch vor uns, um das Ziel zu erreichen, in einer so »gerechten« Welt leben zu können, in der dieser Appell endlich seine Naivität verliert?

Selbst Hans Rosling, der es sich zur Aufgabe gemacht hat, den Menschen zu zeigen, wie sehr sich die Welt auch beim Befriedigen von Grund- und Sicherheitsbedürfnissen verbessert hat, hat stets zusätzlich darauf hingewiesen, dass noch sehr viel Luft nach oben ist (Rosling: *Factfulness. Wie wir lernen, die Welt so zu sehen, wie sie wirklich ist*, 2018). Bilder von hungernden Menschen, vom Bürgerkrieg in Syrien, vom Elend in Flüchtlingslagern oder auch von mit COVID-19-Erkrankten überfüllten Intensivstationen schüren zumindest für unsere Gegenwart noch den einen oder anderen Zweifel am Ausgangspunkt für die *Homo-Deus*-These. Yuval Noah Harari argumentiert, dass, nachdem Hunger, Kriege und Seuchen für die meisten Menschen ihre Bedeutung verloren haben, die nächsten Erfolgsebenen, die der Homo sapiens auf dem Weg zum *Homo deus* anstrebt, Unsterblichkeit und ewiges Glück sind (Harari: *Homo Deus: A Brief History of Tomorrow*, 2016). Auch wenn es vollkommen verständlich ist, dass in Zeiten einer Corona-Krise auch ge- und verzweifelt wird, so bleibt es doch ein Faktum, dass im Vergleich zu den letzten Jahrhunderten die Konsequenzen von Seuchen wie auch von Krieg und Hunger weltweit verhältnismäßig eingedämmt werden konnten. Und selbst, wenn im Speziellen im Silicon Valley unglaublich viel Geld in die entsprechende Forschung gepumpt wird, so ist es doch wissenschaftlich aktuell unumstritten, dass die Unsterblichkeit des Homo sapiens noch in keiner Weise unmittelbar vor der Tür steht.

» Aber wie steht es mit dem ewigen Glück, dem Glücklichsein? Vorausgesetzt, die grundlegendsten Bedürfnisse können gestillt werden, scheint gerade das Führen eines glücklichen Lebens immer öfter als Erfolgsparameter Nummer eins angesehen zu werden. Wer es schafft, ein glückliches Leben zu führen, hat es geschafft. Aber was ist das – ein glückliches Leben? Der emotionale Zustand der Deutschen zum Beispiel lässt sich wahrscheinlich mit Zufriedenheit auf hohem Niveau beschreiben. Selbst in Zeiten der Euro-Finanzkrise, der Euro-Schuldenkrise oder auch der polarisierenden Zuwanderungsdebatte nahmen die Lebenszufriedenheit und das gesamtdeutsche Glücksniveau zu. Ob nun das Glück im Augenblick oder das Glück, das man empfindet, wenn man sagt, sein Leben könne so wie jetzt eigentlich weiterlaufen, es ist stets von vielen Einflussfaktoren abhängig. Gern werden als die wichtigsten dafür Geld, Gesundheit, Gemeinschaft und genetische Disposition (angeborene Persönlichkeitsmerkmale) angegeben (Schlinkert, Raffelhüschen: *Deutsche Post Glücksatlas*, 2018). **«**

Nicht nur im Wandel der Zeit, sondern auch im Lauf eines Lebens ändert sich die Lebenszufriedenheit (Frey, Frey Marti, *Glück: die Sicht der Ökonomie*, 2010). Was man gern als die U-Kurve des Glückes bezeichnet, beschreibt, dass die Lebenszufriedenheit, ob bei Frauen oder Männern, in der Jugend hoch ist, Mitte 40 auf einen Tiefpunkt sinkt und dann wieder steigt. Der kanadische Psychoanalytiker Elliott Jaques hat den Begriff »Midlife-Crisis« geprägt. Kieran Setiya, Professor für Philosophie am Massachusetts Institute of Technology (MIT), vermutet hinter der »Mid-Career-Crisis« das Schwinden der Wahlmöglichkeiten, die Tyrannei der Projekte, die eines nach dem anderen abgeschlossen und durch neue ersetzt werden, das Fokussieren auf das Beheben von Problemen, anstatt Projekten von existenziellem Wert nachzugehen, und letztendlich auch das Wissen, dass ein kompletter Bruch mit dem Bestehenden zwar gut, aber nicht machbar sein könnte. »Die Zufriedenheit liegt immer entweder in der Zukunft oder in der Vergangenheit; kein Wunder, dass sich die Gegenwart leer anfühlt. Und was noch schlimmer ist: Wenn ein Projekt für Sie eine Bedeutung hat, dann ist nicht nur Ihre Befriedigung aufgeschoben, sondern Ihre Arbeit an dem Projekt zerstört seine Bedeutung.« (Setiya: *Die Krise in der Karrieremitte*, 2019). Man ist irgendwie geneigt zu hinterfragen, ob stetiger – um nicht zu sagen monotoner – Erfolg auf einem gewissen Niveau überhaupt glücklich macht. Der wahrgenommene Erfolg verliert vielleicht mit der Zeit an Kraft. Und so könnte auch die Zufriedenheit unter objektiv gleichbleibenden Rahmenbedingungen sinken. Es drängt sich der Verdacht auf, dass das stetige Arbeiten an sicheren, bekannten Projekten, ohne immer wieder einmal etwas Neues, etwas anderes zu machen, sogar unglücklich machen könnte.

Die Europäische Wertestudie (European Value Study) hat sich das Monitoring von Werthaltungen, Einstellungen und Wertewandel in der Gesellschaft schon seit Jahren zur Aufgabe gemacht. Zwischen 1990 und 2018 hat beispielsweise die Bedeutung von Freizeit, Familie und Freunden in der österreichischen Bevölkerung deutlich zugenommen. Im Jahr 2018 haben nur mehr knapp die Hälfte der Österreicher (48 Prozent) der Aussage zugestimmt, dass Arbeit im Leben sehr wichtig sei. Im Jahr 1990 waren es noch 62 Prozent. Wohingegen sich die Einstellung zu guter Bezahlung nicht wesentlich geändert hat, wird es immer wichtiger, im Beruf die Möglichkeit zu haben, eine eigene Initiative zu entfalten, die Arbeitszeiten mitgestalten zu können und einen Beruf mit Verantwortung auszuüben. All das unterstützt schon früher gemachte Beobachtungen, dass Arbeit als Teil der Persönlichkeitsentfaltung und Selbstverwirklichung fungiert (Aichholzer, Friesl, Hajdinjak, Kritzinger: *Quo vadis, Österreich? Wertewandel zwischen 1990 und 2018*, 2019). Arbeit ist also auch der Selbstverwirklichungsebene der maslowschen Bedürfnishierarchie zuzuordnen. Hoffentlich lässt sich das für immer mehr Menschen auch entsprechend umsetzen und mit der gleichzeitig steigenden Bedeutung von Freizeit, Familie und Freunden unter einen Hut bringen. Im Wandel der Zeit ändern sich also die Vorstellungen darüber, was das Leben lebenswert macht. Das ist nicht weiter verwunderlich. Wir leben allerdings in ein und derselben Gegenwart mit verschiedenen Generationen. Und hier scheint der Wandel über die Vorstellungen darüber, was Erfolg im Leben ist, immer wieder für Diskussionen zu sorgen.

»Es ist die Katastrophe. Die Haltung, nichts Wesentliches mehr ändern, nichts Großes mehr leisten, nichts Wegweisendes mehr erreichen zu wollen, breitet sich immer weiter aus. Und das, während die Menschheit vor großen Aufgaben steht. Oder vielleicht gerade deswegen? Weil man vor lauter Anforderungen lieber gar nicht mehr hinschauen will? Das Klima kollabiert, die Meere werden zugemüllt, die Populisten übernehmen Regierungen, die digitale Revolution bedroht Unternehmen und Arbeitsplätze – und jene, die sich der Probleme annehmen sollten, fragen erst einmal nach dem Handy, der Überstundenregelung und ihrer persönlichen Work-Life-Balance?«, schreibt die Betriebswirtschaftsprofessorin Evi Hartmann in ihrem 2018 erschienenen Buch *Ihr kriegt den Arsch nicht hoch: Über eine Elite ohne Ambition*. Vor Verallgemeinerungen gilt es natürlich zu warnen, und es gab und gibt solche und solche in allen Generationen in allen Gegenwarten. Aber auch die Vertreter der angesprochenen Generationen selbst plädieren dafür, dass sich die Unternehmen auf den Wertewandel in der

Arbeitswelt einstellen müssen. Immer mehr junge Menschen wollen heute flexibler, freier und selbstbestimmter arbeiten – Freiheit und Freizeit ist ihnen wichtiger als Geld (Burkhart: *Die spinnen, die Jungen! Eine Gebrauchsanweisung für die Generation Y*, 2016). Nach über einem Vierteljahrhundert, das ich nun schon junge Menschen an Universitäten unterrichte, schließe ich mich mit meinem ganz persönlichen Eindruck Kerstin Bund, der Autorin des Buches *Glück schlägt Geld. Generation Y: Was wir wirklich wollen*, an: Die wollen arbeiten, nur eben anders.

Einer erfüllenden Arbeit nachzugehen, ist ohne Zweifel für viele Menschen ein wesentlicher Parameter für ein glückliches und »erfolgreiches« Leben. Es muss angesprochen werden, dass die Gruppe jener Menschen, die unfreiwillig keine Arbeit haben, in der Gesellschaft keine Stimme hat, sich eventuell zurückzieht und dann empfänglich für populistische Strömungen werden kann. Für gar nicht wenige wird ihre Arbeit aber dieser Vorgabe auch nicht gerecht. Und für wieder viele Menschen stehen die Erfolgserlebnisse, die sie als ihre größten aufzählen würden, in gar keinem Zusammenhang mit Arbeit. Das macht natürlich auch Sinn. Erfolge kann man in vielen Zusammenhängen feiern. Erfreulicherweise ist für viele eine Leistung auch dann ein anzustrebendes Ziel, wenn sie nicht zu für jedermann sichtbaren, quantifizierbaren Erfolgsergebnissen führt. Unglaublich vieles wird auf dieser Welt geleistet, was zu selten oder oft gar nicht von Erfolg im quantifizierbaren Sinn gekrönt ist. Es zählt einfach zu den größten Leistungen und Erfolgen der Menschheit, einem traurigen Menschen Trost zu spenden, einem Pflegebedürftigen bei ganz alltäglichen Dingen zu helfen, einem Menschen auf der Flucht ein Zuhause zu bieten, einem einsamen Menschen Zeit zu schenken, für einen Fragenden eine Antwort zu finden oder einem Kind Geborgenheit zu geben. Die Liste all dieser so wichtigen, primär sinnstiftenden Leistungen wäre unendlich erweiterbar.

» Also was ist Erfolg? Was bedeutet es, ein gutes, erfolgreiches Leben zu leben beziehungsweise leben zu können? Eine allgemeingültige Antwort darauf kann es nicht geben. Ich persönlich kann dem Ansatz der Mitglieder des Redaktionsteams der Philosophie-Zeitschrift *Hohe Luft*, Tobias Hürter, Rebekka Reinhard und Thomas Vašek einiges abgewinnen. Zum einen geht es um die Unterscheidung von drei Arten von Erfolg, die aber natürlich auch Überlappungen aufweisen. Der ökonomische, quantifizierbare Erfolg, der aus Leistung genauso wie aus Zufall resultieren kann, wird vom ästhetischen Erfolg unterschieden, der mit kreativen Tätigkeiten wie Kochen, Musizieren, Schreiben, Tanzen und vielem mehr im Zusammenhang steht und natürlich einem subjektiven Urteil unterliegt. Und schließlich gibt es noch eine dritte Erfolgsart – den sogenannten ethischen Erfolg, der für das objektiv Gute steht und zum Beispiel der Wissenschaft oder der Ökologie dient. Die Autoren schlagen aber vor allem vor, statt vom ›Erfolg‹ eines Menschen, von seinem ›Werk‹ zu sprechen. Dieser Begriff beschreibt sowohl das Tätigsein selbst (am Werk sein) als auch das Ergebnis, ein Werk mit Bestand, das den Tag überdauert. Das Werk, das Lebenswerk, ob nun künstlerisches, wissenschaftliches oder unternehmerisches Tun, soziales Engagement oder die Erziehung der Kinder, macht zu Recht stolz, weil es das Ergebnis unseres Wirkens und nicht des Zufalls ist (Hürter, Reinhard, Vašek: ›Das Märchen vom Erfolg‹, 2015). **«**

»Es ist nicht ein biologischer Antrieb oder unser Belohnungs-
und Bestrafungs-Trieb, sondern es ist einfach unser Wunsch,
unser Leben voll Sinn zu führen, es selbst zu gestalten und dabei
unsere Fähigkeiten zu erweitern.«
(Pink: Drive: Was Sie wirklich motiviert, 2010).

Natürlich kann man nichts dagegen haben, dass Menschen gern glücklich sind. Der Ansatz, es sei Erfolg genug, wenn man selbst nur glücklich und zufrieden ist, muss allerdings aus verschiedenen Gründen hinterfragt werden. Und einen Zusammenhang zwischen Glück und Erfolg kann man ohnedies nur bedingt ausmachen, wohl wissend, dass es in der Kunst, der Wissenschaft, dem sozialen Engagement, der Wirtschaft und vielem mehr schon so oft und so viele beeindruckende Lebenswerke von unglücklichen beziehungsweise unzufriedenen Menschen gegeben hat. Das schließt umgekehrt aber natürlich wiederum nicht aus, dass ein erfolgreiches Lebenswerk auch glücklich machen kann und soll. Es sagt aber auch nicht, dass eine in Aussicht gestellte Erfolgsgarantie glücklicher macht. Und die Geschichte hat noch etwas gezeigt: Ob ein Werk unter – im finanziellen, politischen oder gesellschaftlichen Sinn – »sicheren«, zielgerichteten Bedingungen durchgeführt wurde, oder ob »unsicher« ans Werk gegangen wurde, lässt nicht unbedingt Voraussagen über seinen Erfolg zu. Es ist selbstverständlich in vielen Zusammenhängen notwendig und sinnvoll, sich Ziele zu setzen, auf die man hinarbeiten kann. Und ohne *Extra Miles* kein Erfolg. Das gilt für das persönliche Leben genauso wie für das strategische, unternehmerische Handeln. Das Arbeiten mit dem vorhersehbaren Ziel und Resultat vor Augen macht aber weder unbedingt glücklicher, noch ist es notwendigerweise erfolgreicher als ein Streben, ohne automatisch auf einen bekannten Endpunkt zuzusteuern. Das ist eine Tatsache, die jeder,

der in der Grundlagenforschung arbeitet, kennt und sogar schätzt. Es ist aber auch klar, dass viel ungerichtetes »Am-Werk-Sein« letztendlich irgendwann und immer wieder einmal zu ganz konkreten Produkten und in weiterer Folge Innovationen führen kann. Und umgekehrt dienen viele endliche Ansätze (einzelne Projekte) großen Konzepten und Ideen (ganzen Prozessen), so wie etwa die Entwicklung konkreter Solargeräte den Anstrengungen gegen den Klimawandel dient, oder ein einzelnes Geschäft dem Wachstum des Unternehmens nutzt.

Erfolg zu haben, indem man sich auf die bekannte Zukunft strategisch einstellt, ist überlebenswichtig. Aber solch ein Vorgehen wird erst gemeinsam mit dem ergebnisoffenen Ausschauhalten nach dem Sinn, um sich selbst auch immer wieder einmal zu »etwas anderem« herauszufordern, um nicht nur den gängigen gesellschaftlichen Symbolen für Leistung entgegenzufiebern und um dem Unvorhersehbaren seine Chance zu geben, zu einem Ganzen, zu einem wirklich erfolgreichen Werk beziehungsweise Lebenswerk.

Für die Zukunft Neues erschaffen

Im Jahr 2010 gründeten wir den Thinktank Academia Superior – Gesellschaft für Zukunftsforschung, dessen wissenschaftlicher Leiter ich neben meiner universitären Hauptbeschäftigung seitdem bin. Dieser Think- und Dotank (www.academia-superior.at) wird von einem großen wissenschaftlichen Beirat unterstützt, in dem ein Nobelpreisträger für Medizin genauso vertreten ist wie zum Beispiel Historiker, Rechtswissenschaftler, Ökonomen, Mathematiker, Wirtschaftsjournalisten oder Physiker. Das Ziel von Academia Superior ist es letztendlich, klare Handlungsempfehlungen zu erarbeiten, die Chancen und Potenziale für die Gestaltung der Zukunft eröffnen sollen. Das zentrale Element dabei ist das seit zehn Jahren jährlich stattfindende Surprise-Factors-Symposium. Im Zuge dieser Symposien haben wir immer mit Gästen aus verschiedensten Disziplinen über die größten Entdeckungen, Entwicklungen und Überraschungen der letzten Jahre in ihren jeweiligen Fachbereichen diskutiert. Was war das Unvorhersehbare, das Unvorhersehbarste in der jeweiligen Disziplin? Wie geht man mit der unbekannten Zukunft um, und was lernt man daraus? Wie bereitet man sich auf die Zukunft vor? Neben vielen österreichischen Expertinnen und Experten haben wir diese Fragestellungen zum Beispiel mit dem US-amerikanischen Wirtschaftsjournalisten und ehemaligen Herausgeber des *Harvard Business Review*, Alan Webber, der US-amerikanischen Datenanalystin bei E-Bay, Gayatri Patel, dem US-amerikanischen Mathematiker John L. Casti, der dänischen Schriftstellerin Janne Teller, dem britischen Kybernetiker Kevin Warwick, dem deutschen Politiker Hans-Dietrich Genscher, der saudischen IT-Beraterin und Initiatorin von »Woman2Drive« Manal al-Sharif, dem polnischen Friedensnobelpreisträger Lech Wałęsa, der britischen Sportadministratorin Susan Campbell, dem US-amerikanischen Gesundheitsexperten David Katz, der Schweizer Computergrafik-Wissenschaftlerin Nadia Magnenat Thalmann, dem Psychologen und Stanford-Professor Michal Kosinski oder der US-amerikanischen Kriegsfotografin Andrea Bruce (um nur einige zu nennen) diskutiert. Eine der wohl wesentlichsten Komponenten einer zukunftsorientierten Gegenwart, so die immer wieder geäußerte Ansicht, ist die grundlegende Bereitschaft, sich einzubringen und neue Wege zu beschreiten, um Lösungen zu finden.

Glück, Erfolg und das Betreten von unbekanntem Land haben sogar so manches gemeinsam. Sie sind zu Schlagworten der modernen Welt geworden, die sehr oft und, weil auch nicht ganz einfach zu präzisieren, sehr breit verwendet werden. Alle wollen es, niemand weiß so recht, wie es zu erreichen ist, aber alle sind sich sicher, ohne Kreativität und ohne eine ordentliche Portion harte Arbeit ist es nicht zu schaffen. Das Wichtigste aber ist die flächendeckend anzutreffende, tiefe Überzeugung, dass Glück, Erfolg und neue Wege zu gehen, zu den mächtigsten Elementen einer gestaltenden Gegenwart gehören. Ob das mit einem generalisierten Verständnis für die Bedeutung blühenden Fortschrittes für den Menschen zu tun hat, sei einmal dahingestellt.

» Unter philosophischen, politischen, wirtschaftlichen, wissenschaftlichen oder etwa medizinischen Aspekten betrachtet, Fortschritt entsteht immer durch Veränderung in menschlichen Gesellschaften und führt zu grundlegenden Verbesserungen. Sowohl in der neolithischen Revolution am Übergang von den Jägern und Sammlern zu den Siedlern und Ackerbauern, als auch in der industriellen oder der digitalen Revolution, die Schritte hin zum Besseren wurden durch gezielte, von Menschen gemachte Veränderungen befördert. Die entsprechende ethische Abwägung vorausgesetzt und eine manchmal blauäugige Fortschrittsgläubigkeit moderner Gesellschaften auch durchaus kritisch gesehen, haben aber sicher nicht alle, aber zumindest viele ›Fortschritte‹ der Menschheitsgeschichte im Kern das Ziel verfolgt, die Welt für den Menschen besser zu machen. Ja, so manche haben das nicht nur nicht erreicht, sondern sogar das Gegenteil bewirkt. Aber andererseits, was alles hat der Mensch in seiner Geschichte bewerkstelligt. Sowohl die Anzahl als auch das Ausmaß der Verbesserungen sind wahrlich beeindruckend. Ob in den Bereichen Bildung,

Gesundheit, Lebenserwartung, Chancengerechtigkeit, Sicherheit, Wohlstand, Freiheit und vielem mehr – es besteht kein Zweifel daran, dass es der Menschheit noch nie so gut ging wie heute. Und all das ist das Resultat des Fortschrittes (Rosling: *Factfulness*, 2018; Pinker: *Enlightenment Now*, 2018). **«**

Es bleibt zu hoffen, dass es der größte Wunsch aller Menschen, ob Wissenschaftler, Künstler, Personen, die im Sozialbereich arbeiten, Politiker, Lehrer, Eltern, Handwerker, Unternehmer etc. ist, die Welt durch ihr Wirken, ihr Lebenswerk, durch den Erfolg ihrer Ideen oder Handlungen, um ein Stück weit besser zu machen. Ein wesentlicher Aspekt dreht sich dabei darum, seine Talente und all die harte Arbeit einzusetzen, um etwas Neues zu erschaffen.

Und es gibt wahrlich noch viel zu tun. In so vielen Bereichen wie beispielsweise Klima, Armut, Hunger, Bildung, Gesundheit, Menschenrechte, Ethik, die Gefahr eines Atomkrieges, Pandemien, der Einfluss disruptiver Technologien aus der Verschmelzung von Bio- und Informationstechnologie, die Flüchtlingsproblematik, Terrorismus, Rassismus oder auch Populismus herrscht immer noch dringender Bedarf an kreativen, innovativen Lösungsansätzen. Bei allen Komponenten, die das Überleben des Menschen gefährden, tritt global immer mehr, aber auch immer noch zu wenig Übereinstimmung ein. Aber zum Beispiel bei politischen oder wirtschaftlichen Fragestellungen gibt es keine globale Übereinstimmung, keine gemeinsame Identität oder Loyalität. Die Frage, was denn nun das Bessere wäre, wird nicht selten global und lokal (»glokal«) kontrovers diskutiert. Aber neben den großen, medial äußerst präsenten und daher weltweit debattierten, gibt es noch unzählige »kleinere«, aber deswegen nicht unwichtige Fragestellungen, für die Lösungen mehr als dringend gebraucht werden. Und wir alle müssen täglich in unserem Alltag unzählige Probleme lösen. Ganz allgemein ist zu sagen, dass eine zu geringe Kreativität, eine zu geringe Lust auf Neues in der Gegenwart die Zukunft des Menschen aufs Spiel setzen würde. Der Mensch muss immer wieder seine Komfortzone verlassen. Und Krisensituationen oder gar die Todesangst vor einer Virus-Erkrankung sollten dafür eigentlich nicht notwendig sein.

» Geht es im wirtschaftswissenschaftlichen Zusammenhang darum, etwas Neues zu erschaffen, trifft man unweigerlich auf ein Schlagwort – Innovation. Ausgehend von den Arbeiten des österreichischen Nationalökonomen Joseph Schumpeter (Schumpeter: *The Theory of Economic Development*, 1912) unterscheidet man zwischen Invention (der Erfindung) und Innovation. Inventionen sind die zugrunde liegenden Ideen vor der Markteinführung, wohingegen Innovationen deren Umsetzung und Verwertung am Absatzmarkt darstellen. Und wenn eine Innovation schließlich gewinnbringend verbreitete Anwendung am Markt findet (sich verkaufen lässt) und sich durchsetzt, spricht man gern auch von Diffusion. So verstanden, handelt es sich dementsprechend erst dann um eine Innovation, wenn das Resultat kreativen Denkens und Lernens zu Produkten, neuen Verfahren oder Dienstleistungen führt, die sich am Markt auch verwerten lassen und durchsetzen. **«**

Innovationen in diesem ökonomischen Sinn sind unverzichtbare Hebel des Fortschrittes des Menschen. Dennoch wird aus sehr nachvollziehbaren Gründen der Begriff »Innovation« heute wesentlich breiter definiert und verwendet. So brauchen wir zum Beispiel Innovationen für den Klimaschutz, innovative Konzepte im Zusammenhang mit der Flüchtlingsdebatte oder etwa eine innovative Europapolitik. Speziell, wenn es etwa um globale Herausforderungen für die Menschheit geht, hat bereits in den letzten Jahrzehnten eine breitere Definition und Anwendung des Innovationsbegriffes Fuß gefasst (Meissner, Polt, Vonortas: *Towards a broad understanding of innovation and its importance for innovation policy*, 2016).

»Innovation is the generation of new products or services that have a market and that people are willing to spend money on. But this definition is somewhat limited, in my opinion. A broader definition describes innovation more as a mindset; a way of looking at the world. An approach that questions the usual and helps create the unusual«, sagt Professor Soumitra Dutta, der Mitherausgeber von zwei wichtigen internationalen Innovationsberichten, dem *Global Innovation Index* (in Kooperation mit der World Intellectual Property Organization) und dem *Global Information Technology Report* (in Kooperation mit dem World Economic Forum in Davos) (Dutta: *It's about creating something unusual*, 2016). Der *Global Innovation Index* vergleicht die Länder dieser Welt nach ihrer Innovationskraft, ihrer Innovationsleistung. Unter Berücksichtigung vieler Input-Indikatoren wie etwa das politische und wirtschaftliche Umfeld, Humanressourcen, Bildung, Infrastruktur, Forschung und Entwicklung, entsprechende Investitionen etc. und Output-Indikatoren wie zum Beispiel wissenschaftliche und technologische Leistungen oder neu entwickelte kreative Produkte etc. wird an jedes Land ein Innovation Score vergeben. Seit Jahren belegt die Schweiz hier weltweit den Spitzenplatz, im Jahr 2019 gefolgt von Schweden, den USA, der Niederlande, dem United Kingdom, Finnland, Dänemark, Singapur, Deutschland, Israel,

Korea, Irland, Hongkong, China, Japan, Frankreich, Kanada, Luxemburg, Norwegen, Island und Österreich (um die ersten 21 bis zu Österreich zu nennen; www.globalinnovationindex. org). Es gibt auch ein entsprechendes European Innovation Scoreboard der EU-Kommission, das im Jahr 2019 von Schweden angeführt wurde, gefolgt von Finnland, Dänemark, den Niederlanden, Luxemburg, Belgien, dem United Kingdom, Deutschland, Österreich, Irland, Frankreich usw. Die europäischen Schlusslichter bilden Bulgarien und Rumänien (zu finden unter www.ec.europa.eu). Auch der österreichische Rat für Forschung und Technologieentwicklung bewertet jedes Jahr in einem detaillierten Leistungsbericht die Stärken und Schwächen des österreichischen Forschungs-, Technologie- und Innovationssystems im internationalen Vergleich (www.rat-fte.at/leistungsberichte.html). Österreich ist durchaus ein Forschungsland. Allerdings besteht noch Luft nach oben, etwa im Bildungssystem, bei kompetitiv vergebenen Mitteln für Grundlagenforschung, den Rahmenbedingungen für Unternehmensgründungen, bei Risikokapital oder dem Dialog zwischen Wissenschaft und Gesellschaft. Andererseits unternimmt Österreich aber gerade viele begrüßenswerte Anstrengungen, um zu den sogenannten *Innovation-Leaders* aufzuschließen. Länder mit natürlichen Rohstoffen, die oft sogar als Forschungs- und Innovationsbremse wirken, können es sich leisten, die Ergebnisse von Innovationsketten aus anderen Ländern zu kaufen. Billiglohnländer verfolgen oft die Strategie, das, was andere erfinden, einfach nur viel billiger zu produzieren. Aber für Länder (beziehungsweise Unternehmen in diesen Ländern), die diese Optionen auf Dauer nicht haben, gilt: *innovate or die.*

» Das Wort Innovation leitet sich von dem lateinischen Verb *innovare* ab und bedeutet daher ›Erneuerung‹. Ver-

wendet wird der Begriff ›Innovation‹ heutzutage in vielen verschiedenen Fachgebieten und Anwendungsberei-
chen. In der Geisteswissenschaft beschreibt er das Forschen
nach neuen Erkenntnissen, in der Wirtschaft bezeichnet
man so das am Markt erfolgreiche Resultat von Forschung
und Entwicklung, in der Kunst und Kultur sucht man
neue innovative Ausdrucksformen oder Designinnova-
tionen, man spricht von sozialen Innovationen bei neuen
sozialen Praktiken, die gut für die Gesellschaft und ihre
Mitglieder sind, der Begriff »Bildungsinnovationen« beschreibt Erneuerungen im Bildungsbereich, juristische
Innovationen spiegeln sich oft in neuen Gesetzen wider,
es werden internationale Preise für politische Innovationen vergeben, es besteht dringender Bedarf an Umweltinnovationen, man spricht sogar von innovativer Kin-
dererziehung und vielem mehr. **

Innovationen werden häufig nach ihrem Ziel kategorisiert.
Die so entstehenden Kategorien weisen oft Überlappungen
auf, was strikte Abgrenzungen unmöglich macht. Eine gängige Unterscheidung wird zwischen Produktinnovationen
und Prozessinnovationen getroffen. Erstere inkludieren materielle und immaterielle Werke, also etwa das Smartphone
oder eine entsprechende Kundendienstleistung. Eine große
und relevante Gruppe stellen die sogenannten Technologie-
oder Verfahrensinnovationen dar. Dazu zählt man zum Beispiel
auch die Entwicklungen neuer digitaler Technologien. Innovationen können etwa genauso die Organisation eines Unternehmens betreffen. Es gibt Innovationen, die Geschäftsmodelle (beispielsweise die Geschäftsstrategie) oder den Service
(etwa das Betreuen von Reklamationen) betreffen, und es gibt
auch zum Beispiel Managementinnovationen. Bei den soge-

nannten Umweltinnovationen wie neuen Konzepten für den Umweltschutz oder den Sozialinnovationen wie etwa neue Strategien zur Bekämpfung von Hunger, Armut oder Chancenungleichheit ist eine Verwertung am Markt im finanziellen Sinn nicht das Ziel. Politische, urbane oder zum Beispiel juristische Innovationen verfolgen nicht selten ein größeres Spektrum an verschiedenen Zielen. Auch diese Aufzählung könnte noch weitergeführt werden.

Eine andere Unterteilung hat wiederum mehr den Entstehungsprozess und die Auswirkungen von Innovationen im Fokus. Auch hier herrschen viele Unschärfen, und die Frage, welche Attribute einer Innovation zuzuschreiben sind, ist nicht selten Auslegungssache. Letzteres gilt gerade für die Unterscheidung zwischen inkrementellen Innovationen, die Weiterentwicklungen von bereits Bestehendem (Evolution) sind, und sogenannten radikalen Innovationen, deren Neuheits- und Veränderungsgrad höher eingestuft wird (Revolution). Allerdings werden vor allem auch in der digitalen Welt Begriffe wie »radikal« oder »Revolution« mittlerweile nahezu inflationär verwendet. Aber das absolute Lieblingswort und Must-have einer vom Silicon Valley inspirierten Innovationswelle ist »disruptiv« (zerstörerisch). Wagniskapitalgeber überzeugen zu wollen, ohne eine disruptive Innovation im Angebot zu haben, scheint immer mehr ein Ding der Unmöglichkeit zu werden. Der Ursprung dafür liegt in dem Konzept der »Schöpferischen Zerstörung« – ein Begriff, der schon früher entstand, aber erst durch die Arbeiten Joseph Schumpeters zur Basis dessen werden konnte, was später »disruptive Innovation« genannt wurde. Dieser Begriff wurde von Clayton M. Christensen, Professor an der Harvard Business School, geprägt. Wohingegen etablierte Unternehmen sehr oft auf erhaltende inkrementelle Innovationen (*Sustaining Innovations*) setzen, beginnen neue kleinere Unternehmen (Start-ups) mit disruptiven Innovationen soweit am Markt zu wachsen, bis sie die etablierte Konkurrenz, die sie übersieht, verdrängen (Christensen: *The Innovator's Dilemma*, 1997). Der im Jahr 2020 verstorbene Wirtschaftswissenschaftler musste sich auch mit Kritik an seiner Theorie auseinandersetzen. So manche argumentieren schon seit Jahren, dass sich aber eben oft auch solche Unternehmen durchsetzen, die erfolgreich *step by step* innovieren, ohne jemals disruptive Konzepte auf den Markt zu bringen. Dennoch steht fest, dass das Wort »disruptiv« gerade in Zeiten der digitalen Revolution zu einem Leitbegriff des Wandels geworden ist.

Der Begriff *Closed Innovation* beschreibt einen Prozess, bei dem Forschung, Entwicklung und Umsetzung unter Ausschluss der Öffentlichkeit vom »Labor« bis zum Patent und dann erst zur Anwendung am Markt betrieben werden. Demgegenüber gibt es aktuell einen Trend hin zur *Open Innovation*, die sich nicht innerhalb der Grenzen der Institution beziehungsweise des Unternehmens bewegt. *Demand Pull Innovations* oder *Market Pull Innovations* werden durch Wünsche vom Markt initiiert. Professor Eric von Hippel vom Massachusetts Institute of Technology hat schon vor geraumer Zeit das Konzept der *User Innovation* geprägt, bei dem das Feedback der Kunden das Unternehmen dazu bringt, einen entsprechenden Innovationsprozess in Gang zu bringen. Der Autor und Silicon Valley-Entrepreneur Eric Ries hat das Konzept der *Lean-Start-ups* entworfen, bei dem mit wenig Kapital Unternehmen gegründet werden, die mit einem reduzierten Produktzyklus möglichst schnell Prototypen auf den Markt bringen und dann anhand des Feedbacks der Kunden weiterentwickeln. *Technology Push Innovations* nennt man solche, bei denen für neue Technologien entsprechende Anwendungsansätze gesucht beziehungsweise entwickelt werden. *Cross Innovations* kommen dann zustande, wenn übergreifend über Branchen und Disziplinen gedacht und entwickelt wird. Auf einem Kongress habe ich einmal den Speaker und *Cross-Industry*-Innovationsexperten Ramon Vullings kennengelernt (www.ramonvullings.com). Vullings hat im April 2020 eine E-Mail versendet, in der er aufgezeigt hat, wie viele *Cross Innovations* im Zuge der COVID-19-Pandemie entstehen. Aus was alles man zum Beispiel Mund-Nasen-Schutzmasken herstellen kann und welche Unternehmen aus ganz anderen Branchen sich da eingebracht haben, ist wahrlich beeindruckend. Im österreichischen Rat für Forschung und Technologieentwicklung haben wir uns auch mit der Thematik der frugalen Innovationen beschäftigt. Frugale Innovationen sind vereinfachte, anwendungsorientierte, in der Regel günstige Entwicklungen auf dem Technologieniveau, das beim Kunden den gewünschten Nutzen erzeugt.

Auf der Ebene des Individuums wird Kreativität, die schöpferischen Kraft eines Menschen, als alternativloser Ausgangspunkt für Innovationsfähigkeit gesehen. Dr. Frederik G. Pferdt ist Googles *Chief Innovation Evangelist* (*Head of Innovation & Creativity Programs*) und unterrichtet an der d.school der Stanford University kreatives Denken. Die d.school – offiziell The Hasso Plattner Institute of Design – wurde im Jahr 2005 dank der Finanzierung des SAP-Gründers Hasso Plattner mit dem Ziel ins Leben gerufen, den Studenten Kreativität und Innovationskraft mittels *Design Thinking* zu lehren (»The d.school helps people develop their creative abilities.«). Frederik G. Pferdts Aufgabe ist es, den Mitarbeitern von Google auf der ganzen Welt dabei zu helfen, kreativ und innovativ zu sein: »Um innovativ zu sein, braucht der Mensch Vertrauen in die eigenen Ideen. Und das entwickelt sich am besten in einem Umfeld, das auf Neues positiv und im wahrsten Sinne neugierig reagiert.« (Pferdt: »Ja – und?«, 2016).

≫ Es besteht kein Zweifel, dass Innovationskraft auf der Ebene des individuellen Menschen sowohl ausgeprägten Mut, Neuland zu betreten, als auch eine hohe Kreativität voraussetzt. Die Thesen dieses Buches beziehen sich nicht auf Innovation im rein wirtschaftswissenschaftlichen Sinn, sondern vielmehr auf Inspirationen, Entdeckungen, vernetztes Denken, Querdenken, Kreativität und Ideenreichtum. ≪

Damit sich eine Innovation im ökonomischen Sinn durchsetzt, damit sie sich am Markt gewinnbringend verwerten lässt, damit man am Ende des Tages daraus ein Geschäftsmodell entwickeln kann, damit man die Konkurrenz in Schach halten kann und damit sich nachhaltig Gewinne erwirtschaften lassen, bedarf es noch vieler zusätzlicher Komponenten: entsprechende Finanzierungsstrategien, eventuell Produktionsstrategien, sicher immer Kosten-Nutzen-Kalkulationen, Marktanalysen, Vermarktungskonzepte, Werbung, Vertriebskonzepte, Kundenbeziehungsnetzwerke, die entsprechenden rechtlichen, politischen und gesellschaftlichen Rahmenbedingungen und vieles mehr. Andererseits muss betont werden, dass auch viele dieser Umsetzungsprozesse vom Ideenreichtum und der Kreativität des individuellen Menschen abhängig sind und dementsprechend dadurch auch nachhaltig positiv beeinflussbar sind.

Nicht jede Idee ist erfolgreich umsetzbar, weil dafür noch viele andere Komponenten notwendig sind und viele zusätzliche Schritte entworfen und gegangen werden müssen. Umgekehrt ist aber doch der Ursprung der meisten Innovationen eine neue Idee, unabhängig, ob sie zum Beispiel neue Produkte oder Leistungen betrifft oder dazu führt, bereits bestehende Innovationen erfolgreich auf neuen Märkten einzusetzen. Zusätzlich ist der Umsetzungsprozess von Ideen immer zweifelsfrei auch von der individuellen Kreativität des Menschen geprägt. Vielleicht noch mehr Kraft entwickelt Kreativität unter dem Gesichtspunkt einer heutigen breiten Anwendung des Begriffes »Innovation« wie zum Beispiel im Zusammenhang mit künstlerischen Innovationen, sozialen Innovationen, Bildungsinnovationen oder Umweltinnovationen.

Sich für das Vorhersehbare und für das Unvorhersehbare rüsten

»Es kommt nicht darauf an, die Zukunft vorauszusagen,
sondern darauf, auf die Zukunft vorbereitet zu sein.«
(Perikles, 5. Jahrhundert vor Christus)

Im Zusammenhang mit der von dem SARS-CoV-2-Virus ausgelösten COVID-19-Pandemie wurden immer wieder Fragen diskutiert wie »War das nicht vorhersehbar?« oder »Konnte man sich auf das nicht besser vorbereiten?«. Immer wieder tauchte dabei der Begriff »Schwarzer Schwan« auf, der für ein Ereignis steht, das selten und höchst unwahrscheinlich ist, unerwartet eintritt, enorme Konsequenzen hat und im Nachhinein oft einfach zu erklären ist. Nassim Nicholas Taleb, auf den dieser Begriff zurückgeht (Taleb: *Der Schwarze Schwan: Die Macht höchst unwahrscheinlicher Ereignisse*, 2008), hat aber darauf hingewiesen, dass er selbst globale Pandemien als weiße Schwäne bezeichnet hat. Ein weißer Schwan ist ein Ereignis, das mit Gewissheit irgendwann eintritt. Dementsprechend ist es auch nicht entschuldbar, darauf nicht vorbereitet zu sein (Taleb, Spitznagel: »Die Corona-Pandemie ist kein schwarzer Schwan«, 2020). Damit reiht er sich in die lange Liste all jener ein, die das Risiko von Pandemien immer mit kalkuliert haben. Weltweit entsprechend auffällig kommuniziert wurde, dass der Microsoft-Gründer Bill Gates bereits 2015 vor einer solchen gewarnt hat. Aus verschiedensten Gründen wurde Gates in Corona-Zeiten das Ziel von wüsten Verschwörungstheorien und Fake News, inklusive Behauptungen, er plane, die Menschheit durch Mikrochips unter der Haut zu kontrollieren. Solche und viele andere Hoaxes (Falschmeldungen, die weiterverbreitet werden) über Bill Gates gab es etwa auf Twitter und Facebook. Die beliebtesten YouTube-Videos, die Fake News und Verschwörungstheorien zu Gates und Corona verbreiteten, wurden im März und April 2020 mehrere Millionen Male angesehen. Dass Pandemien die Menschheit immer wieder heimgesucht haben und heimsuchen werden, war und bleibt vorhersehbar. Die dritte Pest-Bakterien-Pandemie kostete beispielsweise am Ende des 19. Jahrhunderts weltweit 12 Millionen Menschen das Leben, in den Jahren 1918–1920 fielen vielleicht etwa 50 Millionen Menschen der Spanischen Grippe zum Opfer, seit Anfang der 1980er-Jahre sind etwa 39 Millionen Menschen an dem durch das HI-Virus (HIV) ausgelösten Immunschwächesyndrom (AIDS) gestorben, und seit November 2019 begannen die Übersterblichkeitsraten in verschiedensten Ländern im Zuge der COVID-19-Pandemie zu steigen. Auch wenn man oft nicht genau weiß, wann, wo und mit welchen Konsequenzen, die Tatsache, dass Pandemien zur selten eintretenden, aber vorhersehbaren Zukunft gehören, spiegelt sich seit vielen Jahren in all den entsprechenden Gremien, Sitzungen, Papieren und Konzepten wider, die von den meisten Regierungen dieser Welt zur Vorbereitung darauf initiiert wurden. Wie gut diese Vorbereitungen sind und schließlich im Ernstfall auch umgesetzt werden (können), variiert allerdings international stark.

>> Die Corona-Pandemie erinnert mit viel Nachdruck daran, dass das Morgen nicht einfach in eine vorhersehbare Zukunft und eine unvorhersehbare Zukunft unterteilt werden kann. Allgemein gilt es zu sagen, dass es immer vorhersehbarere und weniger vorhersehbare Anteile der Zukunft gibt. Ein weiterer wichtiger Punkt in diesem Zusammenhang ist die Tatsache, dass der Grad der Vorhersehbarkeit eine Frage des Gesichtspunktes beziehungsweise des Betrachters sein kann. Was für den einen eher unberechenbar war, war für den Experten auf diesem Gebiet vielleicht eindeutig vorauszusehen. Es gibt zwei Zukünfte, und es gibt vor allem jede Form von Übergängen zwischen diesen beiden (Hengstschläger: ›Zwei Zukünfte‹, 2018.) <<

Aus Individualperspektive kann man eigentlich immer nur von vorhersehbareren und unvorhersehbareren Zukunftsanteilen sprechen. Aber wie sieht das in einer heute so global vernetzten Welt aus? Gibt es nicht immer irgendwo irgendwen, der das kommen gesehen hat? Mit dem nötigen Ernst betrachtet, darf man aber schon die Frage stellen, ob die Zukunft heute allgemein vorhersehbarer geworden ist, als sie es früher einmal war, oder ob sie weniger berechenbar geworden ist. Wir leben in einer vermessenen Welt, mit Menschen, die vermessen werden, manchmal freiwillig, oft aber auch unfreiwillig. Und die weltweite Verfügbarkeit von Daten und Informationen war noch nie so hoch wie heute. Nicht nur aufgrund der globalen Riesenunternehmen aus dem Silicon Valley, die möglicherweise ohnedies schon alles über alles und jeden wissen, oder wegen der allgegenwärtigen Überwachung in China, ganz allgemein hat der digitale Wandel den Menschen und die Welt so gläsern gemacht wie noch nie. Wetterdaten, Klimadaten, Unterneh-

mensdaten, Wirtschaftsdaten, Migrationsdaten, Gesundheitsdaten, Daten betreffend Kaufverhalten oder Kommunikation,
Mobilitätsdaten und vieles mehr werden gesammelt, gespeichert,
ausgewertet und gehandelt wie noch nie zuvor in der Menschheitsgeschichte. All diese Big Data können heute herangezogen
werden (immer mehr auch über künstliche Intelligenz), um in
der Gegenwart Voraussagen (*Predictive Analytics*) über die Zukunft zu machen. Und schon könnte man zu dem Schluss kommen, dass die Zukunft noch nie so kalkulierbar und vorhersehbar war wie heute.

Andererseits verwenden viele den Begriff »volatil«, um die
heutige Welt mit ihrer Gegenwart und ihrer Zukunft zu beschreiben. Volatilität steht für Schwankungen und Unbestän-
digkeiten in relativ kürzeren Zeitspannen, also für instabile,
nicht vorhersehbare, unberechenbare Zustände. Das Akronym,
das wie kaum ein anderes aktuell zur Beschreibung des Zustandes der Welt verwendet wird, ist VUKA (volatil, unsicher,
komplex, ambivalent). Aber auch die Unvorhersehbarkeit der
Zukunft hat schon eine gut belegbare Tradition. Die 1895 geäußerte Zukunftsprognose von Gottlieb Daimler für das 1886
von Carl Benz entwickelte Automobil bescheinigte ihm den
Bau von höchsten 5000 Stück, weil schließlich nicht mehr Chauf-
feure existierten, um Autos zu steuern. Zwei Jahre nachdem
Konrad Zuse seine Rechenmaschine Z3, den ersten funktionsfähigen Computer, baute, soll 1943 der IBM-Chef Thomas J.
Watson angeblich gesagt haben, dass er glaube, es gäbe weltweit
Bedarf an vielleicht fünf Computern. Und als Tim Berners-Lee
sein 1989 entwickeltes World Wide Web im Jahr 1991 bei einem
Kongress in San Antonio vorstellen wollte, hat man seine Prä-
sentation als nicht spannend genug für das Vortragsprogramm
eingestuft.»Die Nazi-Diktatur sahen Politiker ebenso wenig
voraus wie später das deutsche Wirtschaftswunder. Von der

Ölkrise wurden Ökonomen so überrascht wie Politiker von den 68er-Protesten und der Umweltbewegung. Stattdessen rechnete man in den Sechzigern damit, dass man bald Bergwerke auf dem Mond betreiben würde. Und dass es 1989 zur Wiedervereinigung kommen würde, hielten noch wenige Monate zuvor die Experten für ebenso unwahrscheinlich wie im Jahr 2015 die Möglichkeit, dass ein narzisstischer Aufschneider wie Donald Trump je US-Präsident werden könnte«, schreibt Ulrich Schnabel in der Wochenzeitung *Die Zeit* (Schnabel: »So kommt das Neue in die Welt«, 2019). Und so manche sprechen sogar schon davon, dass wir in einer VUKA-Welt mit einem völligen Verlust der Vorhersehbarkeit leben – die Gegenwart also immer weniger über die Zukunft weiß.

Ob nun berechenbarer oder unergründbarer, die Zukunft wird heute von vielen Menschen mit dem Gefühl eines immer höheren Veränderungsgrades in Verbindung gebracht. Fast jede Technologie, die schon heute, aber morgen noch viel mehr, unser Leben prägt, hat eine digitale Komponente. Exponentielle Entwicklungen sind zum Markenzeichen des digitalen Wandels mit der Universaltechnologie der künstlichen Intelligenz geworden. Eine Besonderheit unserer Gegenwart ist die Tatsache, dass lineare Entwicklungen gegenüber exponentiellen Prozessen immer mehr in den Hintergrund geraten. Sowohl das Ausmaß als auch die Geschwindigkeit der Veränderung scheint stetig zuzunehmen. Der Eindruck, dass wir in immer hektischeren und schnelllebigeren Zeiten leben, hat sich festgesetzt. Der große Wunsch nach Entschleunigung, der Kampf gegen permanentes Multitasking, Achtsamkeitstraining (*Mindfulness*), Meditation, das gemütliche *Hygge* als das dänische Geheimnis des Glückes, aktive Auszeiten vom Smartphone, *Digital Detox* und die Überwindung der Angst, etwas zu verpassen (FOMO – *Fear of missing out*), sind nur ein paar wenige

der populär gewordenen Bemühungen, wieder Geschwindigkeit herauszunehmen. Es scheint zurzeit aber alle Strömungen
zu geben. Für viele Menschen, und nicht nur für jene in der
Midlife-Crisis, scheint nämlich das alltäglich Erlebte keine
Befriedigung zu bieten und Vorhersehbarkeitsgrad und Mo-
notonie wiederum zu hoch zu sein. Für jene können Freizeit
und Urlaub nicht aktions- und temporeich genug sein, vollge-
packt mit »Abenteuern« wie permanenten Social-Media-Chats
in Echtzeit, Wochenendshopping, Tinder-Bekanntschaften oder
Partymeilen. Und doch scheint die Mehrheit der Menschen
ihre berufliche und private Welt auch ohne all das schon als
immer hektischer, stressiger und psychisch belastender zu
erleben. Auf viele Menschen kommt die Zukunft zumindest
gefühlt einfach zu schnell und mit zu vielen Fragezeichen zu.
Auch deshalb nehmen psychische Erkrankungen in unserer
Gegenwart stark zu, bis hin zur Berufsunfähigkeit aus psychischen Gründen.

» Ich hatte in meiner Jugend einmal ein kurzfristiges
Interesse an Punk (aber auch an anderen Jugendbewe-
gungen), habe manchmal Punk-Musik gehört und mich
sogar manchmal entsprechend ge[ver]kleidet. Ein rich-
tiger Punk war ich jedoch nie. Dafür könnte man viele
Begründungen aufzählen. Eine, die mir heute im Nachhinein als bedeutend erscheint, ist die Tatsache, dass
mir auch der Slogan der Punkbewegung »No Future«
nie wirklich zugesagt hat. Selbst wenn man diesen Slogan auch so interpretieren kann, dass, wenn es keine
Zukunft gibt, man doch gerade jetzt etwas bewirken
kann (Bude: *Gesellschaft der Angst*, 2020) – ich persönlich
war immer ein Fan der Gegenwart mit einem ganz speziellen Hang für die Zukunft. Ich habe immer an die

Zukunft geglaubt. Ich wollte im Jetzt meinen Teil beitragen und wollte gleichzeitig immer wissen, was mir
die Zukunft bringen wird. Warum aber will der Mensch
die Zukunft überhaupt vorhersehen? Eigentlich hatte
die Zukunft in der Gegenwart schon immer Hochsaison:
das Orakel von Delphi im antiken Griechenland, die
Seherin Kassandra aus der griechischen Mythologie,
Auguren im alten Rom, die den Götterwillen aus dem
Flug und Geschrei der Vögel lasen, die Prophezeiungen
des Nostradamus, all die Kartenleger und glas-kugel-af-
finen Wahrsager bis hin zur Krake Paul, die bei der Welt-
meisterschaft 2010 Fußballspielergebnisse voraussagte.
Der Mensch will etwas über die Zukunft wissen, weil
er gegenwärtige Entscheidungen und Handlungen von
dem abhängig machen will, was kommen wird. **❮❮**

Und das ist natürlich sehr verständlich und auch sehr gut so.
Zumindest wenn die Voraussagen auf etabliertem Wissen und
bereits gemachten Erfahrungen basieren. Der Ansatz, sich für
die Zukunft zu rüsten, mündet zumeist außerdem auch automatisch – manchmal mehr und manchmal weniger – in die
Gestaltung derselben. Um in der Gegenwart entsprechende
Entscheidungen treffen zu können, muss die Zukunft auch
keinesfalls hundertprozentig kalkulierbar sein. Natürlich kann
und soll man hier auch mit Wahrscheinlichkeiten arbeiten. Wer
das blinkende Licht der Sturmwarnung am Seeufer sieht, weiß,
dass die Wettervorhersage (die noch nie so treffsicher war wie
heute) eine stürmische Zukunft voraussagt. Wenn man daraufhin mit seinem Segelboot den sicheren Hafen aufsucht, nimmt
man enormen Einfluss auf seine Zukunft. Spätestens seit der
neolithischen Revolution hat der Wetterblick in die Zukunft
eine ganz besondere Bedeutung für den Homo sapiens als

Ackerbauer. Wenn man bei einem Gesundheitscheck (auch diese Checks waren noch nie so aussagekräftig wie heute) von einem erhöhten Risiko, in Zukunft an einer Herz-Kreislauf-Erkrankung oder an Diabetes zu erkranken, erfährt, kann man durch eine entsprechende Adaptierung seiner Lebensgewohnheiten betreffend Rauchen, Alkohol, Ernährung, Fitness oder Stress seine Zukunft gestalten. Und unternehmerische Entscheidungen sind stets von vielen Parametern und Daten (die noch nie in einem solchen Ausmaß zur Verfügung standen und berechnet wurden wie heute) abhängig, anhand derer man versucht, dem Mysterium Zukunft etwas auf die Schliche zu kommen. Das ist quasi das tägliche Geschäft erfolgreichen Unternehmertums. Wer sich in der Gegenwart auf die Zukunft vorbereitet, gestaltet also die Zukunft auch. Es ist nachvollziehbar, ja sogar einzumahnen, dass man sich in der Gegenwart für die Zukunft, die man schon kennt, mit gerichteten, bewährten Strategien rüstet. Und wenn bewährte Konzepte dafür noch nicht existieren, macht es natürlich Sinn, solche ergebnisorientierten Strategien dafür zu entwickeln. Man kann sich aber nicht auf alles vorbereiten, und man kann sich nicht für alles rüsten. Außerdem kann es sein, dass man Abwägungen treffen muss, indem man sich auf das Wahrscheinlichste vorbereitet und dadurch das Unwahrscheinlichere jetzt einmal nicht mitberücksichtigen kann. Aber selbst wenn es nicht so wahrscheinlich ist, absichern will man sich gegen alles, was man schon weiß und was eintreten könnte. Man will sich versichern. Und jene, die uns versichern, wollen ihr Risiko dann auch noch einmal versichern – Rückversicherungen versichern Versicherungen. Wir würden uns am liebsten gegen alles Mögliche absichern. Das alles betrifft den reaktiven Anteil des Sich-Rüstens für die Zukunft. Reaktiv deshalb, weil wir uns in all diesen Fällen auf etwas einstellen, für etwas ab- und versichern und unsere Entscheidungen auf etwas abstimmen, was so oder so ähnlich schon einmal da gewesen ist. Die dabei gemachten Erfahrungen, das in diesem Zusammenhang bestehende Wissen, ermöglicht es uns, die Gegenwart entsprechend darauf abzustimmen und damit die Zukunft mitzugestalten. Und bei vielen Entscheidungen, von denen der Mensch täglich Tausende trifft, spielt Intuition auf der Basis von Erfahrungen eine große Rolle. Wir könnten gar nicht so unzählige, oft auch kleine Entscheidungen in so kurzer Zeit fällen, würden wir in jedem Fall in Ruhe darüber nachdenken müssen.

Es braucht viele neue Ideen, um Lösungen für Fragestellungen entwickeln zu können, von denen man schon weiß, dass sie kommen werden. Aber was, wenn die Zukunft so gut wie nicht beziehungsweise gar nicht bekannt ist? Was, wenn keinerlei Erfahrungen dafür zur Verfügung stehen? Und schon sieht man wieder schwarze Schwäne vor den Augen. John Casti hat in diesem Zusammenhang zum Beispiel den Begriff »X-Event« geprägt. Ein X-Event ist demnach ein von Menschen verursachtes Ereignis, das nicht genau vorhersagbar ist. Die Strategien sind natürlich ganz andere als bei gut vorhersehbaren Ereignissen, aber auch gegen X-Events kann man sich absichern (Casti: *Der plötzliche Kollaps von allem*, 2012). Eines der wesentlichsten Gestaltungselemente der Gegenwart ist es, etwas Neues, noch nie Dagewesenes zu schaffen, mit dem man einerseits vielleicht einmal Fragen beantworten kann, die man heute noch gar nicht kennt, weil sie erst morgen kommen. Andererseits aber sind Entdeckungen, Erkenntnisse, neues Wissen und innovative Technologien, die in der Gegenwart entwickelt werden, in der Lage, eine Zukunft entstehen zu lassen, die ohne sie nie gekommen wäre.

WAS WISSENSCHAFT (NICHT) KANN - vom ungerichteten zum gerichteten Menschen?

Die Verbesserung des Menschen?

Die COVID-19-Pandemie wurde zur weltweiten Bühne für ein hoch emotionalisiertes Schauspiel der Gegensätze zwischen den Hoffnungen der Menschen an die Wissenschaft und den realen aktuellen Möglichkeiten der Wissenschaft. Aber wo steht die Forschung mit all ihrem die Natur des Menschen betreffenden Wissen heute wirklich? Was ist von den nicht mehr verstummen wollenden Prognosen zu halten, dass sich der Homo sapiens am Sprung zu einer Transformation auf ein nächstes Level befindet? Schreibt das Zusammenfließen von Gen- und Informationstechnologie gerade den Beginn einer neuen Menschheitsgeschichte? Welche von den Investoren des Silicon Valleys geschürten Erwartungen lassen sich bald oder zumindest irgendwann einmal in die Wirklichkeit umsetzen? Ist die Lösung für alles in Form eines immerzu fehlerfrei und reibungslos funktionierenden Menschen in greifbarer Nähe? Der Philosoph Immanuel Kant hat die großen Fragen, mit denen sich der Mensch beschäftigen soll, wie folgt formuliert: »Was kann ich wissen? Was soll ich tun? Was darf ich hoffen? Was ist der Mensch?« Wagen wir einen Blick.

Der Mensch ist das Resultat von Mutation und Selektion. Auch wenn man die Evolutionstheorie untrennbar mit dem

Namen Charles Darwin und seinem 1859 veröffentlichten Buch *On the Origin of Species: By Means of Natural Selection, or the Preservation of Favoured Races in the Struggle for Life* verbindet, die spannendsten Befunde dazu, zum Beispiel aus der Molekulargenetik, gab es damals natürlich noch nicht. Was Darwin schon wusste, war, dass Organismen sich in der Natur exponentiell vermehren können, ihre Nahrungsgrundlage aber oft nur linear wächst. Varianten von Individuen, die gegenüber anderen von Vorteil sind, werden den Kampf um die limitierten Ressourcen gewinnen und einen Fortpflanzungsvorteil daraus ziehen (*»survival of the fittest«*). Heute weiß man, dass jeder Mensch mit seinem individuellen genetischen Erbgut (Genom), bestehend aus etwa $3{,}3 \times 10^9$ Basenpaaren DNA (die Basen der DNA heißen Adenin, Thymin, Guanin, Cytosin), geboren wird. Nach den Regeln des sogenannten genetischen Codes stehen immer drei aufeinanderfolgende Basen für eine Aminosäure. Ein definierter Abschnitt der DNA, der bestimmte Informationen repräsentiert, kann als Gen bezeichnet werden. Wie viele Gene der Mensch genau hat, ist immer noch nicht endgültig aufgeklärt. Aktuell sprechen viele von 21000 bis 22000. Gene werden im Körper über sehr sensible und stark regulierte Prozesse in Proteine, die aus Aminosäuren bestehen, übersetzt. Proteine übernehmen in unserem Körper unzählige verschiedene Aufgaben beim Aufbau und bei der Funktion von Körperzellen, Geweben und Organen. Mutationen sind zufällige Veränderungen im Genom, die sowohl vorteilhafte als auch ungünstige Auswirkungen haben können. Mutationen sind also ungerichtete Ereignisse, die, wenn sie Keimzellen betreffen, auch an die nächste Generation vererbt werden können. Im Laufe der Evolution vermitteln die meisten Mutationen letztendlich negative Effekte auf die Überlebenschance ihrer Träger, manche können sich aber günstig auswirken. Selektion ist ein hochdynamischer Prozess, weil die Frage, ob eine Mutation vorteilhaft oder nachteilig ist, von einer Umwelt abhängt, die sich in einem permanenten Veränderungsprozess befindet. Der österreichische Verhaltensbiologe Kurt Kotrschal schreibt in seinem Buch *Mensch: Woher wir kommen, wer wir sind, wohin wir gehen* dazu: »Letztendlich verdanken Menschen als eines der Topmodelle der Evolution ihre Existenz vielen in der Stammesgeschichte entstandenen Schlüsselinnovationen. Aber die Evolution hat nicht intelligent geplant, sondern pragmatisch gebastelt – auch und besonders am Organ des Geistes, dem Gehirn.« Und an anderer Stelle: »Evolution ist kein auf ein Ziel hin orientierter Prozess.«

Vollständigkeitshalber sei an dieser Stelle erwähnt, dass es den Begriff »gerichtete Evolution« in der Wissenschaft auch gibt. Dieser Begriff beschreibt aber ein Verfahren, mittels dem man im Labor Proteine, Nukleinsäuren und Enzyme gezielt herstellen kann. Für die Entwicklung dieses biotechnologischen Verfahrens erhielt die US-Forscherin Frances H. Arnold im Jahr 2018 den Chemie-Nobelpreis.

Im Zuge der Evolution entstand das Konzept der sexuellen Fortpflanzung, das unter anderem dafür sorgt, dass genetische Diversität erhalten und noch gesteigert werden kann. Der Begriff »Rekombination« beschreibt dabei ablaufende Prozesse, über die dafür Sorge getragen wird, dass sowohl zwischen den Mitgliedern verschiedener Generationen, aber auch zwischen den Mitgliedern der gleichen Generation ein signifikantes Maß an genetischer Verschiedenartigkeit existiert. Abgesehen von eineiigen Zwillingen, deren Genom (aber nicht ihr Epigenom – die DNA-Modifikationen, die die Aktivität von Genen regulieren) gleich ist, ist die DNA jedes Homo sapiens einzigartig. Auch wenn etwa 99,9 Prozent des Erbguts zweier Menschen identisch sind, sind die individuellen genetischen Unterschiede von großer Relevanz. Der genetische Unterschied zwischen zwei Menschen, wenn man ihn in Prozent der gesamten DNA ausdrückt, erscheint zugegebenermaßen eigentlich gering, aber er bildet gemeinsam mit den für jeden Menschen individuellen Umwelteinflüssen aller Art (die natürlich auch bei eineiigen Zwillingen nicht gleich sind) die Basis menschlicher Individualität. Diese genetische Individualität des Menschen ist im Zusammenspiel mit der genetischen Vielfalt aller Organismen unseres Planeten auch Teil des evolutiven Konzepts, höchstmögliche Resilienz gegenüber neuen Umweltbedingungen aufrechtzuerhalten. Man könnte es wagen, daraus den Schluss zu ziehen, dass sich die Evolution durch das permanente ungerichtete Bereitstellen möglichst vieler »genetischer Antworten« auf die Unvorhersehbarkeit ihrer Zukunft vorbereitet.

Die natürliche Selektion findet ohne Einwirkungen des Homo sapiens statt. Der Mensch hat aber mindestens seit dem Holozän (Nacheiszeit) über Züchtungen in die Evolution von Tieren und Pflanzen zielgerichtet eingegriffen. Die dabei stattfindende gerichtete Auswahl von Individuen mit vom Menschen erwünschten Eigenschaften führt zu künstlicher Selektion, da die anderen von der Fortpflanzung ausgeschlossen werden. Findet eine Auslese von Individuen durch Fortpflanzungsvorteile gegenüber Geschlechtsgenossen derselben Art statt, spricht man von sexueller Selektion. Die menschliche Evolution ist in der Gegenwart noch am Laufen, und der Mensch nimmt auch darauf immer mehr Einfluss. Einerseits, indem er die Umwelt und die Selektionsbedingungen selbst stark verändert und mitbestimmt. Der Klimawandel muss als sehr prominentes Beispiel dafür genannt werden, und es muss auch gleich die Frage aufgeworfen werden, ob sich der Homo sapiens evolutiv an diese Bedingungen anpassen könnte. Allgemein ist zu sagen, dass die Hoffnung auf evolutionäre Anpassung als Argumentation

54

für die Untätigkeit des Menschen nicht taugt. Nicht nur, weil dafür wohl die Zeit nicht mehr reichen wird, sondern auch aus unzähligen anderen Gründen ist der Kampf gegen den Klimawandel und seine Konsequenzen unverzichtbar. Der Evolutionsbiologe Matthias Glaubrecht beschreibt, dass, wenn es zusätzlich zu der Bewältigung des Klimawandels nicht gelingt, das enorme aktuelle Artensterben aufzuhalten, sich die Welt in naher Zukunft dramatisch verändern wird. Und wenn man auch heute weiß, dass das Bevölkerungswachstum irgendwann von allein abflachen wird, so wird doch bis dahin bereits eine enorme Krisensituation eintreten (Glaubrecht: *Das Ende der Evolution: Der Mensch und die Vernichtung der Arten*, 2019).

Ein anderes Beispiel wäre Laktoseintoleranz, also Verdauungsprobleme nach dem Verzehr von Milchprodukten, die evolutiv die ursprünglich »normale« Variante für den Menschen darstellt. Doch nach dem Siegeszug der Viehzucht in der westlichen Welt war es ein Selektionsvorteil, Milchprodukte gut zu vertragen. Und daher hat das Auftreten der Laktoseintoleranz in diesen Breiten, im Gegensatz zu Südafrika oder China, extrem abgenommen. Andererseits nimmt der Mensch auch über das Vorantreiben des medizinischen Fortschrittes und seine sich ausbreitende Anwendung Einfluss auf seine eigene Evolution. Die Medizin hatte und hat vielschichtige Auswirkungen auf den Menschen, auf seine Überlebenschance, seine Reproduktion, die Anzahl gesunder Jahre im Leben, die Lebenserwartung und vieles mehr. Ein Beispiel dafür, wie schnell Evolution heute noch abläuft und sich der medizinische Fortschritt auf die menschliche Biologie auswirken kann, leitet sich aus den Forschungsergebnissen des Evolutionsbiologen Philipp Mitteröcker von der Universität Wien ab. Ein bekanntes Dilemma der Evolution stellt die Tatsache dar, dass ein breites weibliches Becken zwar die Chance, auch große Kinder mit hohen Überlebenschancen zu gebären, steigert, aber gleichzeitig ein nicht allzu breites Becken für den aufrechten Gang von Vorteil ist. Bemerkenswerterweise hat die Zunahme von Kaiserschnittgeburten seit etwa 1950 bereits eine evolutionäre Veränderung dieser anatomischen Dimensionen bewirkt (Mitteröcker, Huttegger, Fischer, Pavlicev: *Cliff edge model of obstetric selection in humans*, 2016.)

》 Schon seit Menschengedenken beeinflusst sich also der Homo sapiens auch selbst. Und das soll er auch, denn er kommt unfertig mit seinem individuellen Genom zur Welt und muss sich durch seine Umwelt, Erziehung und durch seine eigene Tätigkeit erst ›entwickeln‹ (lassen). Die Vorstellungen darüber, was das Ziel dieses lebenslangen Arbeitens an sich selbst sein könnte oder sollte, haben sich in der Geschichte permanent gewandelt und bleiben bis heute zwischen verschiedenen Kulturen durchaus unterschiedlich. Aber der Traum vom ›Verbessern‹ des Menschen oder gar von des Menschen ›Optimum‹, also von dem, was der Naturforscher, Schriftsteller und Philosoph der Aufklärung, Jean-Jacques Rousseau, einmal als *Perfectibilité*, als unendlich fortsetzbares Streben des Menschen nach Perfektion, bezeichnete, zieht sich als immer wiederkehrendes Motiv durch die gesamte Menschheitsgeschichte (siehe auch Hengstschläger: *Eine genoptimierte Menschheit?*, 2016). 《

Und dennoch – schon einmal das, was die meisten Menschen als die erstrebenswerteste Basis für diesen Prozess ansehen, nämlich gesund zu sein und zu bleiben, ist einerseits alles andere als einfach und wirft andererseits auch viele Fragen auf.

56

Der Gesunde – im Gegensatz zum Kranken – als das Optimum des Menschen ist zweifelsfrei ein bedeutendes Konzept, das aber eben auch nicht schon alles gewesen sein kann. Ein erfülltes und erfolgreiches Leben beinhaltet eindeutig mehr, als »nur« gesund zu sein. Und mehr kranke Menschen als vielleicht oft gedacht, führen ein sehr erfülltes produktives Leben. Hinzu kommt, dass die Grenzen zwischen »gesund« und »krank«, oder einfach nur »anders« fließend und daher schwer zu ziehen sind. Zum Beispiel Verhaltensauffälligkeiten, der Zustand der Psyche oder körperliche Eigenschaften – bis wann eigentlich ist etwas nur anders als bei anderen und ab wann spricht man dabei von krank? Und welchem beträchtlichen Wandel unterlagen die Ansichten darüber im Laufe der Menschheitsgeschichte? Ein Wandel, der durch die enorme Zunahme an Wissen über die Natur des Menschen bestimmt war und auch von Moden und der Veränderung gesellschaftlicher Normen abhängig zu sein scheint. Womit der Begründer der Psychoanalyse, Sigmund Freud, recht oder nicht recht hatte, sei einmal dahingestellt, aber seine Beiträge dazu und Ansichten darüber, was als »normal« und nicht als »verrückt« und was als »seelisch krank« einzustufen ist, haben die Welt zweifelsfrei verändert. Und gerade der, dem wir so viel Wissen über das Wesen des Menschen verdanken, wird zitiert mit dem Satz: »Der Mensch ist so armselig, wenn er nichts will, als am Leben zu bleiben.«

» Der Zusammenhang zwischen dem Verbessern des Menschen und der Frage nach seiner Gesundheit drängt sich auf. Viele der modernen Innovationen der Medizin, von Medikamenten bis hin zu anderen, beispielsweise chirurgischen Innovationen, die für das erstrebenswerte Konzept des Erhaltens oder Wiederherstellens des gesunden Urzustandes entwickelt wurden, können auch für andere Zwecke eingesetzt werden. Sehr oft sind es heute gerade diese medizinischen Entwicklungen, die als Handwerkszeug gesehen und verwendet werden, um des Menschen Optimum zu erweitern, mit dem Ziel, noch nie da gewesene Stufen zu erreichen. Der Mensch, so scheint es zumindest, hat sich die Möglichkeiten geschaffen, seine individuellen Grenzen zu verschieben, und hat damit seinem *Enhancement* Tür und Tor geöffnet. **❮❮**

Grundsätzlich kann die Tatsache, dass der Mensch unfertig startet und durch lebenslanges Lernen seinen Geist und durch körperliche Ertüchtigung seinen Organismus »optimieren« kann, auch seiner Kreativität und seinem Ideenreichtum dienen. Und die Hoffnung lebt, dass die Tatsache, dass das individuelle Verständnis darüber, was für wen das Bessere ist, schließlich auch zur Individualisierung beiträgt. Körperliche Eigenschaften, handwerkliches Geschick, Kunst und Kultur, Geisteswissenschaften, Naturwissenschaften, soziale Kompetenzen – die Liste dessen, was das individuelle Ziel seiner Anstrengungen sein kann, scheint nahezu unendlich erweiterbar. Und die Individualität erlebt dabei ihre wundersame Vermehrung noch zusätzlich dadurch, dass das Verständnis darüber, was besser ist, äußerst unterschiedlich ist. Oder muss man in diesem Zusammenhang davor warnen, dass Modeerscheinungen, allgegenwärtige Werbung, gesellschaftlicher Druck auf nicht der Norm entsprechende Individuen, die heute nahezu globale digitale Vermittlung allgemein erstrebenswerter Trends, die Angst vor Shitstorms nach dem Vertreten von Ansichten abseits des Mainstreams, Durchschnittsfrömmigkeit und vieles mehr zu einer beängstigenden Gleichmacherei führen? Diente das permanente Verbessern seines Selbst in Urzeiten vielleicht noch der Erlangung eines Fortpflanzungsvorteils, so zeigt sich heute immer öfter, dass dominante gesellschaftliche Trends, wie etwa einem falschen Schönheitsideal folgende (ver-)hungernde Modells, tatsächlich eher zum Gegenteil führen können. Wer kann überhaupt wissen, was morgen das Bessere wäre? Wer soll darüber bestimmen dürfen?

Die Nachricht ist angekommen. Junge Menschen wollen heute autonomer und flexibler arbeiten und das, gemeinsam mit bestimmten Werten und mit genügend Freizeit, ist ihnen wichtiger als Geld. Aber auch dieser Ansatz, diese Bewegung ist natürlich nicht frei von – wenn auch neuen, anderen – Selbstoptimierungsgedanken. Und zusätzlich scheint diese Nachricht noch nicht überall und schon gar nicht im gleichen Ausmaß angekommen zu sein. Nicht wenige Vertreter des Homo sapiens aller Altersgruppen sind in einem, auch weil immer globaler werdenden, harten Konkurrenzkampf mehr als bereit, zugunsten gesellschaftlicher Akzeptanz oder Karriere (oder einfach nur aus Jux und Tollerei?) ihre körperliche und geistige Leistungsfähigkeit aufzurüsten (zu pimpen). Zumeist stehen dabei Ziele wie gesteigerte Fitness, ein modelliertes Erscheinungsbild, coole Lebensweise oder die Steigerung der allgemeinen Leistungsfähigkeit im Vordergrund.

》》 Es ist nicht immer *Enhancement*, schon gar nicht immer Transhumanismus, aber doch auch ein wenig die Idee des Verschiebens der gegebenen biologischen Grenzen, was die Proponenten des weltumspannenden Trends *Biohacking* im Sinn haben. Sicher ist, dass alle *Biohacker* ihr biologisches Rüstzeug besser nutzen wollen, um sich dadurch effizienter auf den Weg zu einem verbesserten Selbst machen zu können. Der Begriff *Biohacking* wird für ein sehr breites Spektrum an oft sehr verschiedenen Ansätzen, von Nahrungs- und Fitness-Empfehlungen über die Implantation von Chips in den Körper bis hin zu sogar genetischen Eingriffen verwendet. Es wird auch oft zusätzlich der Begriff *Bodyhacking* verwendet. Wenn diese beiden Begriffe auch meist schwammig und überlappend für ein großes Spektrum an Ansätzen benutzt werden, so gibt es doch auch Anwender, die da gewisse Unterschiede festmachen. Im deutschsprachigen Raum wird der Begriff *Biohacking* auch immer öfter für Fitness-, Ernährungs-, Meditations-, Anti-Stress- und/oder Schlafprogramme verwendet. All das soll dazu führen, die Potenziale seines Körpers besser nutzen zu können. Die Proponenten dieses Lifestyle-Trends versprechen und erwarten sich dadurch höhere Produktivität und Leistungsfähigkeit, besseres Wohlbefinden und Lebensgefühl, aber auch höhere Konzentrationsfähigkeit und bessere Gedächtnisleistungen. In jedem Fall handelt es sich dabei in der Regel um Do-it-yourself-Ansätze des Sich-Verbesserns, des Optimierens, die grundsätzlich einmal bei gesunden Menschen zur Anwendung kommen. Und wenn das alles auch einen Beitrag zu einer besseren Gesundheit leisten soll und kann, so geht es dabei nicht im eigentlichen Sinn um medizinische Ansätze wie etwa Therapien für Erkrankungen. Der Trend wirft grundsätzlich viele ethische Fragen auf. So sollte man zum Beispiel dem Ansatz, genetische Eingriffe am eigenen Körper ohne Rücksicht auf entsprechende medizinische und ethische Standards durchzuführen, aus vielen Gründen sehr kritisch gegenüberstehen. **«**

Als Einstieg für die meisten dieser Ansätze muss man zuerst einmal richtig gut über sich Bescheid wissen (*Quantified Self*). Wer heute noch seine Jogging-Runden im Wald oder sein Fitnessprogramm am Heimtrainer ohne die Anwendung entsprechender Apps abspult, ist total uncool. Er soll sich dann aber auch nicht wundern, wenn keine entsprechende Leistungssteigerung erreicht werden kann. Der permanenten Überwachung, ob vom Handgelenk, vom Fahrradlenker oder vom Handy aus, sind heute keine Grenzen mehr gesetzt. Laufschuhe haben heutzutage Sensoren und integrierte Chips, die Daten über zurückgelegte Streckenlängen, verbrauchte Kalorien und falsche Laufbewegungen liefern. Sensordatenfusion, also die Zusammenführung von Daten und Informationen verschiedener Sensoren, ist das Schlagwort der Zukunft und der Wegbegleiter des schleichenden Übergangs vom *Internet of Things* zum *Internet of Things and Human Beings*. Ein beträchtlicher Anteil aller Smartphone-Nutzer verwendet heute bereits sogenannte Gesundheitsapps in Verbindung mit Sensoren und der entsprechenden Smartwatch. Hierbei geht es wiederum darum, Körperwerte aufzuzeichnen, den Blutdruck zu überwachen oder an die notwendige Medikamenteneinnahme erinnert zu werden: Daten, das Gold der digitalen Revolution, an denen in diesem Fall Gesundheitsversicherungen bereits reges Interesse haben und in Zukunft immer mehr haben werden.

Eine neue Vermessung der Welt also mit Menschen, die vermessen werden wollen. Und in Zukunft werden bei diesen Entwicklungen vielleicht auch Körperimplantate eine immer größere Rolle spielen. Hierbei handelt es sich genauso um einen in der Medizin sehr wichtigen, gut bewährten und im Prinzip begrüßenswerten Ansatz. Das Spektrum reicht von Cochlea-Implantaten bei Gehörlosigkeit, über Neuroimplantate bei Parkinson bis hin zu Insulinpumpen bei Diabetes. Bei diesen Medizin-Innovationen geht es grundsätzlich immer um die Wiederherstellung des physiologisch normalen beziehungsweise individuell richtigen Zustandes. *Biohacking* verfolgt aber nicht selten die Idee, Substanzen oder eben Chipimplantate dafür einzusetzen, um damit mehr als das »physiologisch Normale« zu erreichen. Auf dem Surprise-Factors-Symposium unseres Thinktanks Academia Superior im Jahr 2011 war der britische Kybernetiker Kevin Warwick zu Gast. Professor Warwick, der auch gern als einer der weltweit ersten Cyborgs vorgestellt wird, war einer der Vorreiter auf dem Gebiet der Verschmelzung von Mensch und Maschine. Er hat sich auch selbst Computerchips implantieren lassen. Heute gibt es bereits Unternehmen, die den Service *Body Upgrade* mittels Implantation von Chips unter die Haut anbieten, die Schlösser sperren können, medizinische Daten der Träger speichern und es ermöglichen, Kontaktdaten einfach per Implantat auf ein Handy weiterzugeben.

Die ganz offensichtlich am meisten herbeigesehnten und gleichzeitig umstrittensten Ansätze zur Verbesserung betreffen aber die Quelle der menschlichen Kreativität, die Leistungen des Gehirnes. Hier gibt es schon seit Jahrzehnten den Forschungsansatz von sogenannten *Brain Computer Interfaces* und in Zukunft vielleicht auch hier einmal *Internet of Things and Human Beings*, sicher auch wieder mittels Sensoren. Dem Computer werden dabei Signale des menschlichen Gehirns über Sensoren übermittelt. Diese Sensoren werden heute noch oft auf die Kopfhaut gesetzt, werden aber bald auch immer mehr implantiert werden. Und dem immer wiederkehrenden Muster folgend, handelte es sich auch hier ursprünglich um medizinische Ansätze wie etwa die Steuerung von Prothesen von gelähmten Patienten. Im nächsten Schritt mündete es dann aber in die Gründung von Firmen, die das Konzept von *Brain Computer Interfaces* ihren Kunden anbieten, um über Monitoring und Perfektionierungsübungen dadurch ihre Gehirnleistungen zu verbessern. Neil Harbisson erlangte globale Bekanntheit als erster staatlich anerkannter Cyborg der Welt. Seine im Kopf implantierte Antenne lässt ihn Farben hören und die Zeit spüren. Sein erklärtes Ziel ist es, dass Transhumanismus zum Zwecke von Sinneserweiterung im Alltag der Menschheit Einzug findet. Elon Musk gründete das auf Gehirn-Computer-Schnittstellen spezialisierte Unternehmen Neuralink, das Elektroden feiner als Menschenhaar unterhalb der Schädeldecke verlegen kann, die mit implantierten Chips verbunden sind. Musk geht davon aus, dass sich in Zukunft gesunde Menschen Chips implantieren lassen werden, weil es doch darum geht, mit den Entwicklungen künstlicher Intelligenz mithalten zu können – nur der Chip-Mensch wird in Zukunft das Überleben der menschlichen Zivilisation sicherstellen können. Wenn es eines Tages möglich sein sollte, dass keine Verkabelung für ein *Brain Computer Interface* mehr nötig ist, könnten dann implantierte Nanosender und -empfänger direkte Vernetzungen zwischen verschiedenen menschlichen Gehirnen beziehungsweise zwischen menschlichen Gehirnen und dem Internet herstellen? Die Gefahr von Gedankenkontrolle und -manipulation liegt im Einkaufskorb gleich mit dabei. Das Wissen, der Intelligenzquotient, die Lernfähigkeit, vielleicht sogar Denkprozesse und vieles mehr – könnten die Möglichkeiten menschlicher Gehirntätigkeiten dadurch vielleicht verändert werden? Das ist heute noch utopisch und kann daher für aktuelle Problemlösungen ohnedies nicht zum Einsatz kommen. Was aber auch für die Zukunft unklar bleibt, ist, ob das überhaupt zur Verbesserung der Kreativität und Lösungsfähigkeit des Menschen beitragen könnte. Es könnte sich grundsätzlich auch in die andere Richtung entwickeln und der Förderung und Umsetzung individueller Lösungsbegabungen eher schaden als nutzen. Da es aktuell nicht seriös wissenschaftlich eingeschätzt werden kann, muss es Spekulationen überlassen bleiben.

Der Selbstoptimierungsmarkt hat außerdem heute schon viel einfachere, günstigere und daher auch flächendeckender anwendbarere Strategien für vergleichbare Ideen im Angebot. Unter den Stichworten *Neuroenhancement* oder auch *Cognitive Enhancement* werden Ansätze zusammengefasst, über die man, zumindest angeblich, durch die Einnahme psychoaktiver Substanzen seine Konzentrationsdauer und geistige Leistungsfähigkeit steigern kann. Hier muss man von einem bereits lange existierenden und mittlerweile weltweit wirkenden Trend hin zum Doping in der Arbeitswelt sprechen. Ob allein oder in Kombination mit leistungssteigernden Substanzen werden an vielen Arbeitsstätten dieser Welt Antidepressiva zur allgemeinen Stimmungsaufhellung und damit zur Steigerung von Belastbarkeit und Stressresistenz verwendet. Aufgrund seiner konzentrationssteigernden Wirkung kommt das Medikament Ritalin (der Entwickler Leandro Panizzon hat es nach dem Kosenamen Rita seiner Frau Marguerite benannt) heute wahrscheinlich weltweit schon mehr zum Einsatz, um in Job oder Studium einfach leistungsstärker zu sein, als in seinem ursprünglichen medizinischen Anwendungsbereich, um Kindern mit Aufmerksamkeitsdefizit-Hyperaktivitätsstörung (ADHS) zu mehr Leistungsfähigkeit zu verhelfen. Und obwohl Kreativität, Ideenreichtum und Innovationskraft in keiner Weise allein durch hohe Konzentrations- und Aufnahmefähigkeit gesteigert werden kann, versprechen die Hersteller von »Hirnboostern« wie den sogenannten Nootropika (Kombinationen von etwa Piracetam-Derivaten mit Mineralien, Vitaminen und Koffein) Steigerungen von privatem und beruflichem Erfolg auf allen Ebenen.

Der Mensch bastelt also herum an »seiner« laufenden darwinschen Evolution, ob durch die Beeinflussung seiner Umweltbedingungen (Stichwort Klimawandel oder Laktoseintoleranz), ob durch den medizinischen Fortschritt (Stichwort Kaiserschnittgeburten und weibliches Becken) oder ob über Optimierungsansätze (Stichwort *Biohacking*). Es gibt auch Stimmen, denen das alles noch zu wenig ist. Sie wollen die Welt grundsätzlich verändern, die Evolution aus ihren Verankerungen hebeln, indem sie das, was sie als das eigentliche, das wesentlichste »Problem« ansehen, endlich lösen: die menschliche Sterblichkeit. Der Journalist Thomas Schulz schreibt in seinem Buch *Zukunftsmedizin: Wie das Silicon Valley Krankheiten besiegen und unser Leben verlängern will* dazu: »Die Google-Gründer Larry Page und Sergey Brin haben ein eigenes Unternehmen geschaffen, das exklusiv an längerem Leben forscht. Mark Zuckerberg verteilt Unsummen an mehrere Longevity-Projekte. Larry Ellison, der Gründer des Software-Riesen Oracle, verkündete, dass der Tod ihn ›sehr wütend‹ mache – und spendete deshalb fast eine halbe Milliarde Dollar für die Unsterblichkeitsforschung, um seinem Ärger Luft zu machen. Der Technologie-Unternehmer Peter Diamandis hat sich mit Craig Venter zusammengetan, der einst als Erster das menschliche Genom sequenzierte. Ihre gemeinsame Firma, Human Longevity Inc., will bis 2020 eine riesige Datenbank mit einer Million menschlicher Genome anlegen und ›die Medizin revolutionieren‹, indem die menschliche Lebensspanne um vielleicht Jahrzehnte verlängert wird.« Ich selbst habe im Jahr 2008 ein eigenes Buch zu dieser Thematik verfasst (Hengstschläger: *Endlich unendlich*, 2008). Natürlich hat sich der Stand dieser extrem spannenden Forschung seither enorm weiterentwickelt (Sinclair: *Lifespan. Why We Age – and Why We Don't Have To*, 2019). Wohingegen eine gewisse Verlängerung der Lebensspanne durchaus denkbar ist, steht nach überwiegender Ansicht der heutigen Wissenschaft allerdings ein biologisch unendliches Leben des Menschen in keiner Weise vor der Tür. Das Ziel dieser aus vielen Gründen sehr wichtigen Forschung ist aber ohnedies mehr, den Jahren Leben zu geben, als dem Leben Jahre zu geben. Und es muss schließlich auch zumindest angedacht werden, welche biologischen, psychologischen oder ethischen Implikationen eine theoretische Unsterblichkeit für den Menschen haben würde. Wäre das überhaupt irgendwie erstrebenswert?

Zu guter Letzt sei noch ein Beispiel dafür angeführt, welche seltsamen Ausmaße die Ideen des Menschen zur Beeinflussung seiner Evolution annehmen können: »Human Engineering gegen Klimawandel«. Der Mensch muss sein Verhalten grundsätzlich ändern, um die Klimakrise durch entsprechende Maßnahmen bewältigen zu können. Zum jetzigen Zeitpunkt muss auch unklar bleiben, welchen Beitrag aktuell noch sehr teure und aufwendige *Climate-Engineering-* oder *Geo-Engineering-*Konzepte, die auch gefährliche verändernde Effekte auslösen könnten, dafür zu leisten vermögen. Es geht dabei zum Beispiel um das Einsetzen von unzähligen kleinen Spiegeln im Weltraum, damit weniger Wärme auf die Erdoberfläche trifft, oder um das technologische Entziehen von CO_2 aus der Luft. Das können aber sicher immer nur Ansätze bleiben, die zusätzlich zu all jenen Maßnahmen für den Klimaschutz, die auch dank Fridays for Future mittlerweile weltweit bekannt sein müssen, gesetzt werden könnten. Es ist wissenschaftlich noch nicht abschätzbar, ob und wie die aktuelle Klimaerwärmung die Evolution des Menschen beeinflussen könnte. Es erscheint nachvollziehbar, dass dem Menschen die Zeit für eine evolutive Anpassung an diese Umweltbedingungen jedenfalls fehlt. Und außerdem geht es dabei schließlich ja um das gesamte Überleben auf dem Planeten Erde. Wem das Vertrauen auf die notwendige Einsicht der Menschheit betreffend Verhaltensänderungen fehlt, könnte aber auf die abwegige Idee kommen, zusätzlich zu *Climate Engineering Biohacking* zur Anwendung bringen zu wollen. Der

Urheber dieser Idee, S. Matthew Liao, Professor für Bioethik und Philosophie an der New York University, verwendet in diesem Zusammenhang lieber den Begriff *Human Engineering*, der für das von ihm ersonnene umfangreiche Vorhaben auch besser passt. Er schreibt dazu in einem Buchbeitrag (Liao M.: *Tackling Climate Change through Human Engineering*, 2017): »Human-induced climate change is one of the biggest problems that we face today. Unfortunately, existing solutions such as behavioral and market solutions appear to be insufficient to mitigate the effects of climate change while geoengineering could have catastrophic consequences for us and the planet. In this paper, I propose that we explore a new kind of solution to climate change, namely human engineering, which involves biomedical modifications of humans so that they can mitigate or adapt to climate change.«

Hormonbehandlungen bei Kindern oder das präimplantative (vor der Einnistung in die Gebärmutter) Auswählen von Embryonen mit entsprechenden Wachstumsgenen im Zuge der künstlichen Befruchtung sollen dazu führen, dass der Mensch wieder kleiner wird. Laut Liao wurde der Mensch im Laufe der Evolution zu groß und verbraucht daher zu viele Ressourcen. Außerdem wäre es sinnvoll, wenn der Homo sapiens Augen bekäme mit Fähigkeiten, wie man sie etwa von Katzen kennt, um in der Nacht besser sehen zu können und dadurch weniger Energie zu verbrauchen. Das Ziel der Senkung einer zu hohen Geburtenrate in bestimmten Regionen des Planeten möchte Liao durch medikamentöses *Neuroenhancement*, natürlich wie all seine Ansätze immer auf freiwilliger Basis, erreichen, was den erfreulichen Nebeneffekt haben könnte, dass »smartere« Menschen auch eher bereit sind, etwas für den Klimaschutz zu tun. Der Mensch könnte außerdem auch so beeinflusst werden, dass er negative körperliche Reaktionen nach dem Verzehr von rotem Fleisch zeigt. Weniger rotes Fleisch zu essen, unterstützt ja bekanntlich sowohl die individuelle Gesundheit als auch den globalen Klimaschutz. Also gerichtete Evolution hausgemacht!

Ein neuer Mensch durch Genoptimierung?

Der Mensch will also aus verschiedensten Gründen seine biologischen Grenzen dehnen und durchbrechen – und das war sogar schon immer so. Aber erst ganz aktuelle Entwicklungen in der Genforschung scheinen seine Grundmauern wirklich, wenn schon nicht zum Einstürzen, dann zumindest zum Wackeln zu bringen (siehe auch Hengstschläger: »Eine genoptimierte Menschheit?«, 2016). Mutationen im menschlichen Genom können auch für die Entstehung von Erkrankungen verantwortlich sein. Es gibt mehrere Tausende, in der Regel seltene sogenannte monogene Erkrankungen, für deren Entstehung Mutationen in einem Gen allein ausschlaggebend sind. Die häufigsten Erkrankungen des Menschen wie etwa Krebs, Diabetes, Herz-Kreislauferkrankungen oder neurodegenerative Erkrankungen folgen aber einem sogenannten multifaktoriellen Entstehungsmechanismus. Hier sind bestimmte individuelle genetische Anlagen mit entsprechenden Umweltfaktoren gemeinsam an der Krankheitsentwicklung beteiligt. Zusätzlich spielen sogenannte epigenetische Prozesse auch eine große Rolle bei der Entstehung von Erkrankungen.

>> Epigenetik beschreibt den Prozess, über den die Verwendung der Gene, ihre Übersetzung in Proteine, nachhaltig geregelt wird. Auch wenn die DNA des Menschen, mehr oder weniger von Geburt an festgelegt, ein Leben lang gleich bleibt, so entscheiden epigenetische Mechanis-

men wie zum Beispiel chemische Modifikationen der DNA darüber, welche Gene in welcher Körperzelle zu welchem Zeitpunkt aktiv und welche ausgeschaltet sind. Auch die Umwelt beeinflusst darüber die Verwendung der Gene des Menschen. Dass epigenetische Muster auch vererbt werden können, steht fest. Aber für ein nur annäherndes Verständnis der Bedeutung dieser Vererbung für den Menschen ist noch sehr viel Forschung notwendig. **«**

Der Fachbereich der medizinischen Genetik verfolgt das Ziel, für genetische Erkrankungen neue innovative prophylaktische und therapeutische Konzepte zu entwickeln. Und obwohl gerade in den letzten Jahren vieles erreicht werden konnte, stehen für eine große Anzahl solcher Erkrankungen wirkungsvolle therapeutische Konzepte bis heute noch nicht zur Verfügung. Ganz aktuelle Forschungsergebnisse haben jetzt zur Entwicklung neuer methodischer Ansätze geführt, über *Genome Editing*, mittels der sogenannten Genschere CRISPR / Cas9, »defekte« Gene durch Gentherapie wieder zu korrigieren. Unter Zuhilfenahme dieser neuen Methoden ist es möglich, ganz gezielt Mutationen zu korrigieren und durch korrekte DNA-Abschnitte zu ersetzen. Es laufen gerade intensive Forschungen, um die dabei noch entstehenden Nebenwirkungen (*Off-target Effects*) in den Griff zu bekommen. Die Mehrheit der Genetiker ist aber grundsätzlich optimistisch, dass dadurch Gentherapien immer öfter bei verschiedenen genetischen Erkrankungen zum Einsatz kommen können. Die entsprechende Forschung ist zwar noch am Anfang, entwickelt sich aber gerade rasant weiter. Für die Entdeckerinnen dieser Technologie, Jennifer Doudna und Emmanuelle Charpentier, liegt auch der Nobelpreis wohl schon bereit.

Würde solch eine Gen-Korrektur nur bestimmte Zellen, ein bestimmtes Gewebe oder Organ eines Menschen betreffen, spricht man von somatischer Gentherapie. Somatisches *Genome* beziehungsweise *Gene Editing* in Muskelzellen im Sinne der Wiederherstellung eines normalen physiologischen Zustandes könnte beispielsweise Menschen mit bestimmten Muskelerkrankungen wieder ein mobileres Leben ermöglichen – ein sehr begrüßenswerter medizinischer Ansatz. Aber natürlich kann der gleiche Ansatz von gesunden Menschen verfolgt werden, um eine Verbesserung, ein *Enhancement*, ihrer Muskelleistung zu erreichen. Es hat viel digitale Aufmerksamkeit erzeugt, als sich die amerikanischen *Bio-* oder *Bodyhacker* Josiah Zayner oder auch Rich Lee dabei filmten beziehungsweise filmen ließen, als sie sich selbst eine CRISPR / Cas9-Lösung in den Bizeps spritzten, die das Myostatin-Gen ausschaltet, um dadurch, wie Forschungen an Tiermodellen nahelegen, das Muskelwachstum anzuregen. Neben den Problemen, die sich bei Selbstversuchen durch das häufige Nicht-Einhalten medizinischer Standards ergeben können, muss auch klar sein, dass die meisten Eigenschaften, die überhaupt im Interesse solcher Ansätze stehen könnten, multifaktoriell gesteuert sind. Viele Gene, gemeinsam mit bekannten und oft auch weniger bekannten Umweltfaktoren, bilden das dafür zugrunde liegende Regelwerk. Gemeinsam mit den auch nicht im Detail einschätzbaren epigenetischen Wechselwirkungen machen sie zum aktuellen Stand der Wissenschaft das letztendlich dadurch erreichbare Ergebnis in den meisten Fällen vollkommen unvorhersehbar.

Genetische Eingriffe, die ganz früh am menschlichen Embryo, etwa präimplantativ im Zuge einer künstlichen Befruchtung, durchgeführt würden, würden, im Gegensatz zum oben beschriebenen somatischen Einsatz, alle Zellen dieses Menschen, also den Menschen in seiner Gesamtheit, betreffen. Man spricht dann von Keimbahntherapie, weil dabei die Keimzellen (Spermien beziehungsweise Eizellen) des Menschen auch von der genetischen Korrektur betroffen wären. Somatische Genthera-pie ist grundsätzlich ein sehr zu befürwortender Ansatz, aber es braucht auch dafür entsprechende ethische Regeln. Und obwohl es auch Befürworter der Keimbahntherapie gibt, so herrscht aktuell weltweit doch breiter internationaler Konsens darüber, ihre Anwendung zum gegenwärtigen Zeitpunkt ab-zulehnen. Selbst S. Matthew Liao scheut sich davor, Keim-bahntherapie als Werkzeug für »*Human Engineering* gegen Klimawandel« vorzuschlagen.

Aktuell werden eine Reihe biologischer und ethischer Ar-gumente gegen die Anwendung von Keimbahntherapie ins Rennen gebracht. Einerseits ist *Genome Editing* noch nicht voll-ständig ausgereift und kann *Off-target*-Effekte haben, wenn sie den gesamten Menschen in all seinen Zellen betreffen, noch viel fatalere, nicht absehbare Konsequenzen. Andererseits können verschiedene Merkmale von Veränderungen in einem einzelnen Gen beeinflusst werden – viele Gene haben mehr als eine Aufgabe. Und schließlich kann ein Merkmal auch von mehreren Genen gesteuert werden. Die konkreten Konsequen-zen von solchen genetischen Eingriffen für einen Menschen (und für seine Nachkommen) sind auch deshalb sehr schwer einschätzbar, weil die Wissenschaft über die genauen Wechsel-wirkungen all der Gene des Menschen noch relativ wenig weiß.

Israelische Forscher um Shai Carmi haben sich die Frage gestellt, welche Auswirkungen es hätte, wenn ein Paar im Zuge der künstlichen Befruchtung jenen Embryo mit den »besten« Intelligenzgenen oder Genen für die Körpergröße auswählen könnte. Die Wissenschaftler haben bei ihrer Fragestellung, die nichts direkt mit *Genome Editing* zu tun hat, diese beiden Merk-male gewählt, weil bekannt ist, dass sie von vielen Genen be-einflusst werden. Unabhängig von der ethischen Diskussion zeigen ihre Simulationen unter bestimmten Annahmen, dass nur ein durchschnittlicher Vorteil von 2,5 IQ-Punkten und 2,5 Zentimetern Körpergröße erzielt werden könnte (Karavini et al.: *Screening human embryos for polygenics traits has limited utility*, 2019). Der Nutzen solcher Ansätze, so überhaupt einer eintreten würde, wäre also sehr gering. Und bei dem Verändern des menschlichen Genoms besteht sogar die Möglichkeit, dass man mehr Schaden als Nutzen auslösen könnte.

Der chinesische Forscher He Jiankui hat die ersten Eingriffe in die Keimbahn von Menschen weltweit durchgeführt. Er hat 2018 angegeben, dass er das CCR5-Gen verändert hat, um zwei Mädchen vor einer HIV-Infektion zu schützen. Gegen He Jiankui wurden in China drei Jahre Haft sowie eine Geldstrafe verhängt. Weitere Studien von US-Forschern wiesen darauf hin, dass dieser genetische Eingriff auch eventuell einen negativen Einfluss auf die Lebenserwartung der Mädchen haben könnte und dass die Sterblichkeitsrate bei einer Grippe-Infektion erhöht sein könnte. Besondere Aufmerksamkeit erweckte aber der Bericht eines Neurobiologen von der University of California. Er legt nahe, dass der chinesische Forscher mit diesem »Experiment« auch das Gehirn der beiden Mädchen beeinflusst haben könnte – sie könnten als Konsequenz dieses genetischen Eingriffes eventuell ein besseres Gedächtnis haben.

Aus der Sicht der Evolution des Menschen ergibt sich im Zusammenhang mit Keimbahngentherapie aber noch ein ganz anderer, äußerst relevanter Aspekt. Wohingegen die somatische Gentherapie nur den einen behandelten Menschen betrifft, würden Eingriffe in die Keimbahn alle Zellen des behandelten Menschen, aber auch alle seiner Nachkommen und deren Nachkommen usw. betreffen. Genetische Eingriffe in die Keimbahn etwa zum Zwecke des *Enhancement* könnten also, im Gegensatz zu den heute gängigen Ansätzen am *Biohacking*-Optimierungsmarkt, nicht die Selbstoptimierung eines einzelnen Menschen, sondern die Fremdoptimierung vieler Generationen bedeuten. Selbst Jennifer Doudna, eine der Entdeckerinnen der Genschere, warnt vor den möglichen Eingriffen in die Evolution (Doudna, Sternberg: *Eingriff in die Evolution. Die Macht der CRISPR-Technologie und die Frage, wie wir sie nutzen wollen*, 2018).

>> Und ein Diskussionspunkt sei an dieser Stelle gleich einmal den vielen Pros und Kontras, die in unzähligen auch noch kommenden ethischen Diskussionen von Befürwortern und Gegner vorgebracht werden, hinzugefügt: Würden beziehungsweise werden all diese Entwicklungen zu einem Ungleichgewicht, wenn nicht zu einer Spaltung der Gesellschaft führen? Wird es auf dem Planeten Erde eines Tages reiche Privilegierte geben, die sich all das *Enhancement* leisten können, und viele, denen all das verwehrt bleibt? Es ist schon geraume Zeit her, dass der Molekularbiologe und Professor an der Universität Princeton, Lee M. Silver, über ein Zukunftsszenario spekulierte, in dem ›Gen-Reiche‹ auf der Evolutionsstraße ausscheren und ›Naturbelassene‹ überholen, wodurch eine Spaltung der Menschheit entsteht (Silver: *Das geklonte Paradies*, 1998). Yuval Noah Harari schreibt in seinem Bestseller *Homo Deus: A Brief History of Tomorrow*: ›… we will now aim to upgrade humans into gods, and turn Homo sapiens into Homo deus.‹ In Bezug auf *Genome Editing* muss angemerkt werden, dass allerdings gar nicht klar ist, was – abgesehen von der Situation bei ganz bestimmten Erkrankungen – überhaupt für die Zukunft ›das Bessere‹ wäre. Unabhängig von all den ethisch kritisch zu sehenden Aspekten gibt es zum aktuellen Stand der Wissenschaft im Zusammenhang mit vielen Eigenschaften des Menschen auch gar

keinen Beleg für einen Nutzen. Und schließlich muss auch die Beantwortung der Frage, ob man dadurch nicht viel mehr Schaden als Nutzen bewirken würde, offenbleiben. **《**

Der Mensch und die digitale Revolution

»Of the many diverse and fascinating challenges we face today, the most intense and important is how to understand and shape the new technology revolution, which entails nothing less than a transformation of humankind. We are at the beginning of a revolution that is fundamentally changing the way we live, work, and relate to one another. In its scale, scope and complexity, what I consider to be the fourth industrial revolution is unlike anything humankind has experienced before.«
Klaus Schwab, Gründer und Vorsitzender des Weltwirtschaftsforums (World Economic Forum, WEF) in Davos (Schwab: The fourth industrial revolution, 2017)

》 Der Mensch befindet sich jetzt gerade in einem noch nie da gewesenen Veränderungsprozess, in einer Revolution, die die gesamte Menschheit in Transformation versetzt. Auf der anderen Seite hat der Homo sapiens auch schon so manche Revolution und nicht wenige Transformationsprozesse er- und überlebt. Man spricht aktuell von der digitalen Revolution, die neben der neolithischen Revolution und der industriellen Revolution die dritte große Umwälzung der Menschheitsgeschichte darstellt. Die neolithische Revolution führte den Menschen in eine sesshafte Welt, die industrielle Revolution führte in eine industrialisierte Gesellschaft und die digitale Revolution führt die Menschheit in eine digitale Welt. **‹‹**

Viele der Stationen der Menschheitsgeschichte wurden und werden gern mit Begriffen wie »Transformation« oder »Revolution« beschrieben. In die Liste so beschreibbarer Zäsuren für die Menschheit müssten jedenfalls zum Beispiel viele (auch kalte) Kriege, die Aufklärung, die Globalisierung, die Emanzipation der Frau und andere politische, kulturelle oder gesellschaftliche Veränderungen beziehungsweise Entwicklungen aufgenommen werden. Und viele Stimmen werden nicht müde zu betonen, dass auch nach der Corona-Pandemie die Welt und der Mensch nicht mehr sein wird wie davor. Für die jüngste Geschichte der Menschheit darf jedenfalls auch das manchmal nur flackernde, dann aber wieder lodernde Streben des Liberalismus gegen Imperialismus, Faschismus, Kommunismus und heute vielleicht sogar gegen Populismus nicht unerwähnt bleiben. Zumindest wenn es nach den Medien und nach vielen wachsamen Beobachtern des Zeitgeschehens geht, befindet sich die Menschheit aber gegenwärtig sowohl in einer noch nie da gewesenen Revolution als auch in einer mit nichts vergleichbaren Transformation. Gemeint sind die industrielle Revolution 4.0 und eben die digitale Revolution oder Transformation. Der Begriff »digitale Transformation« wird oft auf Veränderungsprozesse in Unternehmen oder digitale Geschäftsmodelle angewendet. Wobei man sich einig ist, dass dieser Wandel nicht ohne seine Auswirkungen auf die gesamte Gesellschaft gedacht werden kann.

›› Die erste industrielle Revolution 1.0 wurde im 18. Jahrhundert durch die Dampfmaschine und die Mechanisierung der Produktion wie zum Beispiel durch den mechanischen Webstuhl ausgelöst. Die industrielle Revolution 2.0 im 19. Jahrhundert war geprägt von Elektrifizierung und Fließbandarbeit. In den 70er-Jahren des 20. Jahrhunderts war die Nutzung von Computertechnologie, um Arbeitsgänge zu automatisieren, das treibende Moment für die dritte industrielle Revolution 3.0. Die fortgeschrittene Industrie 3.0 entwickelte sich schon gewissermaßen in symbiotischer Wechselwirkung mit der beginnenden digitalen Revolution. Die Epoche der vierten industriellen Revolution, der Industrie 4.0 (manche sprechen auch nur von einer späteren Phase der Digitalisierung), in der wir uns gerade befinden, wäre dann charakterisiert durch die industrielle Verwendung von Informations- und Kommunikationstechnologie, Netzwerkverbindungen, *Internet of Things* und vieles mehr und ist geprägt von einem gesamtgesellschaftlich stattfindenden, über digitale Technologien getriebenen Transformationsprozess – der digitalen Revolution. Zu diesem fortlaufenden Prozess gehören heute neben der Digitalisierung und dem Internet unter anderem auch Begriffe wie Social Media, *Smart Devices, Smarthome, Smartcity, Cloud Computing,* Big Data, *Predictive Analytics,* Drohnen, Blockchain und Bitcoins, 3-D-Druck, *Augmented-Reality*-Anwendungen, Robotik, autonome Mobilität und vieles mehr. **❰❰**

Die Entwicklung, der aber eindeutig die größte Veränderungskraft in unserer Zeit zugeschrieben wird, ist »künstliche Intelligenz« (KI; englisch: *Artificial Intelligence* – AI). Dieser Begriff wurde von John McCarthy erstmals verwendet. McCarthy war Mathematikprofessor am Dartmouth College und hat 1956 die Dartmouth Conference organisiert, jenes Meeting, das den

Grundstein für das entsprechende akademische Fach legte. Und obwohl sich so manche an dieser Bezeichnung stoßen, weil ein Computer keine Intelligenz wie Menschen entwickeln kann, genauso wenig wie etwa ein Flugzeug fliegt wie ein Vogel, hat sich die Bezeichnung »künstliche Intelligenz« nicht nur durchgesetzt, nein, sie prägt seit geraumer Zeit weltweit nahezu jede gesellschaftliche, wirtschaftliche, politische und wissenschaftliche Diskussion. Ökonomen sprechen gern von sogenannten Universaltechnologien wie zum Beispiel der Elektrizität oder der Dampfmaschine, und meinen damit Innovationen, die die Basis für unzählige weitere Erfindungen, Innovationen oder Geschäftsmodelle bilden. Künstliche Intelligenz erfüllt zweifelsfrei alle Kriterien einer Universaltechnologie und ist eine treibende Kraft der aktuellen digitalen Revolution.

»» ›Künstliche Intelligenz‹ ist ein Überbegriff, und es wird dabei eine schwache KI von einer starken KI unterschieden. Schwache künstliche Intelligenz kann schon heute so manches, aber eben nur so manches, von dem leisten, was menschliche Intelligenz zu leisten imstande ist. Sie nutzt speziell für die jeweilige Anwendung auf der Basis von Mathematik und Informatik entwickelte Herangehensweisen und Algorithmen, um konkrete Probleme zu lösen beziehungsweise klar definierte Aufgaben zu erfüllen. Und sie kann sich dabei selbst optimieren. Alle heute existierenden Anwendungen künstlicher Intelligenz wie Text- und Bilderkennungssysteme, wie sie in der medizinischen Diagnostik oder etwa auch von Facebook benutzt werden, digitale Spracherkennung wie etwa Siri, Alexa oder Google Assistant, automatisierte Übersetzungen von Fremdsprachen, Navigationssysteme, aber auch die visuellen Systeme in selbstfahrenden Autos, bestimmte Buchhaltungsprogramme oder auch im Kundendienst eingesetzte intelligente Chatbots, basieren auf schwacher KI. **《**

Ein Chatbot beantwortet Fragen, oft in natürlicher Sprache, die etwa von Kunden über Text oder über Audioeingaben gestellt werden. Solche Bots werden heute bereits in vielen Zusammenhängen wie etwa dem Kundenservice, bei Produktempfehlungen oder Wetterauskünften, oder auch für interne Fragen von Mitarbeitern routinemäßig eingesetzt. Einer der bedeutendsten Mathematiker und Informatiker in der Anfangszeit der Computerentwicklung war der Brite Alan Turing. Viele bahnbrechende Theorien und Entwicklungen wie etwa auch das Konzept der Turingmaschine als Grundlage für die Entwicklung von Computern sind seinem Wirken zu verdanken. Er schlug außerdem den nach ihm benannten Turing-Test vor, um herauszufinden, ob eine Maschine über künstliche Intelligenz so denken kann wie ein Mensch. Ein Mensch stellt dabei an zwei Gesprächspartner, einen Menschen und eine Maschine, mehrere Fragen. Wenn er dabei nicht herausfindet, welcher der beiden die Maschine, der Chatbot, ist, hat die Maschine den Test bestanden.

》》Starke künstliche Intelligenz existiert noch nicht. So manche Wissenschaftler gehen allerdings davon aus, dass auch das eines Tages, vielleicht in wenigen Jahrzehnten, umsetzbar sein könnte. Solch eine Superintelligenz müsste unter anderem eigene Entscheidungs-, Planungs- und Lernfähigkeit, kombiniert mit logischem Denkvermögen und Kommunikationsfähigkeit in natürlicher Sprache, aufweisen. Sie würde flexibel aus eigenem Antrieb handeln und könnte dabei die intellektuellen Fähigkeiten des Homo sapiens sogar übertreffen, ohne notwendigerweise mit den evolutionär entwickelten kognitiven Fähigkeiten des Menschen vergleichbar sein zu müssen. Mit dem Begriff ›Singularität‹ wird gern das Zukunftsszenario beschrieben, in dem die menschliche Intelligenz von künstlicher Intelligenz übertroffen wird. Die Frage, ob solch eine Superintelligenz Kreativität, Bewusstsein, Empathie und Selbsterkenntnis ›im menschlichen Sinn‹ erlangen müsste oder würde, kann aus heutiger Sicht nur unbeantwortet bleiben, aber aktuell vielleicht als eher unwahrscheinlich eingestuft werden. **«**

Innerhalb der künstlichen Intelligenz muss die Bedeutung von maschinellem Lernen (*Machine Learning*) hervorgehoben werden. Darunter versteht man, dass Maschinen fähig sind, selbst zu lernen und ihre Leistung dadurch zu verbessern, ohne dass dafür ein nochmaliges Eingreifen beziehungsweise Unterstützen von Menschenhand notwendig ist. Bisher bestand Programmieren (englisch: *Coding*) darin, das Wissen von Softwareentwicklern in so einer Form auf Computer zu übertragen, dass diese etwas damit anfangen beziehungsweise dadurch ausführen können. Das grundlegende Problem dabei hat der Philosoph Michael Polanyi beschrieben. Polanyis Paradoxon beschreibt das Phänomen, dass der Mensch sehr viel Wissen nur implizit besitzt, es aber nicht in Form von Anleitungen aufschreiben und einfach übertragen könnte. Ob es die Fähigkeit des Fahrradfahrens ist oder wie man das Gesicht eines Bekannten erkennt, genaue, klare Anleitungen dafür zu entwerfen, ist schwierig, und daher ist dieses Wissen schwer auf Computer übertragbar. Dieses Problem löst man, indem man die Maschine anhand von unzähligen Beispielen und Daten selbst lernen lässt. Millionen von Daten (Big Data), ob zum Beispiel Fotos von Gesichtern, Bilder von Hauttumoren, Mammografien von Brustkrebs oder auch Tonaufnahmen, bilden die Basis für das Training, für das maschinelle Lernen. Durch die Anwendung von sogenanntem *Deep Learning* ist es heute möglich, in enormer Geschwindigkeit noch viel mehr solcher Daten zu verarbeiten. *Deep Learning*, ein Teilbereich des *Machine Learning*, ist vom Lernen im menschlichen Gehirn inspiriert und benutzt künstliche neuronale Netzwerke mit vielen Zwischenschichten, die während des Lernvorgangs immer wieder neu verknüpft werden können.

Richard Socher ist einer der meistzitierten Wissenschaftler der Welt auf dem Gebiet *Deep Learning* und Sprachverarbeitung. Wie auch im Silicon Valley nahezu schon üblich, lehnte der Shootingstar, der ursprünglich in Leipzig studierte, eine Professur in Princeton ab, um ein Start-up namens Metamind zu gründen. Diese Plattform für KI-Anwendungen wurde später von dem Milliardenkonzern Salesforce im Silicon Valley übernommen, wo Socher heute als Chefwissenschaftler arbeitet. In einem Interview sagte der Wissenschaftler, der nicht ausschließt, dass nach Beseitigung heute noch bestehender Hindernisse auch eines Tages starke KI existieren könnte, auf die Frage, ob die aktuelle Aufregung um KI unbegründet sei: »In spezifischen Gebieten funktioniert die KI eben schon sehr gut. Sie kann halb automatisch auf der Autobahn fahren, ähnlich gelagerte Rechtsfälle in juristischen Datenbanken finden, es gibt Hunderte Anwendungen.« Und an anderer Stelle: »Die Sorge, dass KI morgen alle Jobs abschafft, übermorgen die Welt übernimmt, ja sogar die Menschheit komplett auslöschen wird, ist jedenfalls Quatsch.« (*Die Zeit*, Nr. 17, S. 29, 2019).

Und trotzdem, nahezu jede aktuelle Diskussion wird von der Behauptung begleitet, dass keine Transformation bisher mit so hoher Geschwindigkeit, so enormem Veränderungsgrad und solch einer flächendeckenden Kraft ihre Wirkung entfaltete. Vergleiche zwischen verschiedenen Revolutionen und Transformationen in der Geschichte der Menschheit sind natürlich schwer zu ziehen. Eine Besonderheit scheint man am gegenwärtigen Zeitpunkt der Menschheitsgeschichte, wenn auch vielleicht nicht zum ersten Mal, aber zum ersten Mal mit eben diesen neuen Technologien, schon auszumachen – *Convergence*. Es geht dabei um das aktuelle Zusammenfließen von großen Durchbrüchen und Entwicklungsschritten in verschiedenen Fachbereichen, hauptsächlich in der Gen- beziehungsweise Biotechnologie und Informationstechnologie – unterstützt unter anderem durch vielleicht Physik, Robotik und Materialwissenschaften. All die Errungenschaften der digitalen Revolution mit den Möglichkeiten von KI, gepaart mit Genomdatenanalysen, *Genome Editing*, Mensch-Maschinen-Schnittstellen, Stammzellforschung, um Organe zu regenerieren, synthetische Biologie um Zellen, Organe oder Organismen zu designen, Nanotechnologie, Robotik, 3-D-Druck und vieles mehr, haben ohne Zweifel großes Potenzial, zum Wohle des Menschen eingesetzt zu werden. Viele neue Antworten, beispielsweise in der Humanmedizin, werden gefunden werden, und viele Fragen werden aufgeworfen werden.

Einer solcher Fortschrittssprünge durch *Convergence* entwickelt sich gerade durch das Zusammenfließen von künstlicher Intelligenz, DNA-Sequenzierung und anderen medizinischen Diagnostiken im Bereich sogenannter Präzisionsmedizin, mit dem Ziel, individuell maßgeschneiderte Therapien entwickeln und anbieten zu können. Seit vor zwei Jahrzehnten der damalige amerikanische Präsident Bill Clinton das weltweit erste komplett sequenzierte menschliche Genom als Ergebnis des teuren und aufwendigen *Human Genome Project* präsentierte, durchliefen die Technologien der Gensequenzierung eine enorme Entwicklung. Genomanalysen, die im Jahr 2007 vielleicht noch etwa 2 000 000 US-Dollar kosteten, kann man heute über das sogenannte *Next Generation Sequencing*, je nach Fragestellung, bereits für vielleicht etwa 1000 US-Dollar innerhalb eines Tages durchführen. Es ist heute bereits abzusehen, dass ein menschliches Genom relativ bald schon für vielleicht 100 US-Dollar oder sogar noch viel weniger zu entziffern sein wird. Das noch bestehende Problem dabei ist aber die Interpretation der so erhaltenen Big-DNA-Data, die heute selbst unter Einsatz entsprechend bioinformatisch geschultem Personal noch mehr Zeit in Anspruch nimmt als die Analysen selbst. Die Zukunft hat aber schon begonnen. Die Forschungsgruppe um Professor Stephen Kingsmore vom Rady Children's Institute for Genomic Medicine in San Diego hat im April 2019 veröffentlicht, wie sie unter Einsatz von KI über ein Textverarbeitungsprogramm die medizinisch relevanten Befunde aus elektronischen Patientenakten filtern und mit einer neu entwickelten Software die entsprechenden DNA-Sequenzdaten damit abgleichen kann. Mit diesem Ansatz war es ihnen möglich, in wenigen Minuten entsprechende krankheitsverursachende DNA–Varianten aus Millionen von Varianten vorzuschlagen (Clark et al.: »Diagnosis of genetic diseases in seriously ill children by rapid whole-genome sequencing and automated phenotyping and interpretation«, 2019). Tal Zaks ist der *Chief Medical Officer* der Firma Moderna, einem Biotechunternehmen, das seit seiner Gründung im Jahr 2011 mehr als eine Milliarde Dollar Startkapital sammelte. Er geht schon heute davon aus, dass in Zukunft künstliche Intelligenz möglicherweise einmal die Interpretation von in Clouds gespeicherten Patientengenomdaten übernehmen wird (Schulz: *Zukunftsmedizin*, 2019). Eines Tages könnten die spezifischen DNA-Sequenzdaten über lernende KI interpretiert und mit jenen von unzähligen anderen Patienten weltweit verglichen werden. Jeder Mensch hat sein individuelles Genom. Eine KI-basierte Einschätzung von Prädispositionen für Krankheiten auf der Basis von Genomdatenanalysen wird vielleicht eines Tages einen so hohen, für jeden Patienten spezifischen Individualitätsgrad erreichen, dass der Begriff »seltene Erkrankung« in nahezu jedem Fall zutreffend sein würde.

Welche Auswirkungen *Convergence* in der digitalen Revolution auf unser Menschenbild haben könnte, wurde mir klar, als ich Ende März 2019 den Stanford-Professor Michal Kosinski kennenlernte. Kosinski ist Psychologe und im wahrsten Sinne ein *Gamechanger*. Woran er forscht und worüber er publiziert, ist nachzulesen unter www.michalkosinski.com. Seine Forschungen zur Frage, ob Algorithmen auch dazu verwendet werden können, den digitalen Fußabdruck eines Menschen, also sämtliche absichtlich oder unabsichtlich hinterlassenen Spuren von Online-Aktivitäten im Internet, interpretieren zu können (*Big-Data-Mining*), machten ihn weltberühmt und brachten ihn auf die Titelseiten vieler internationaler Magazine. Er konnte zeigen, dass die Analyse von schon wenigen Klicks auf Facebook äußerst zutreffende Rückschlüsse auf verschiedene Persönlichkeitsmerkmale des Users erlauben. Ob politische Einstellungen, persönliche Vorlieben, Charaktereigenschaften, Intelligenz und vieles mehr, Kosinskis Arbeiten zeigen klar, dass es sehr gut möglich ist, durch *Big-Data-Mining* nicht nur aussagekräftige, sondern auch treffsichere Schlüsse über einen User zu ziehen (Kosinski, Stillwell, Graepel: »Private traits and attributes are predictable from digital records of human behaviour«, 2013; Kosinski: »Computational Psychology«, 2019).

» Im Zuge der wirklich spannenden Gespräche mit Michal Kosinski erfuhr ich, dass gar nicht so viele ausgewertete Facebook-Klicks notwendig sind, damit die Analysten einen Menschen besser kennen, als ihn etwa seine Verwandten kennen. Und wir diskutierten, ob es durch *Data-Mining* nicht auch möglich wäre, dass man einen Menschen besser kennenlernen könnte, als er sich selbst kennt. Was zum Beispiel, wenn alle Auswertungen eines digitalen Fußabdruckes (was man im Internet kauft, welche Videos man betrachtet, wie lange man bei welchen Farbfotos hängen bleibt etc.) eine klare Präferenz für die Farbe Blau attestieren, man aber selber glaubt, seine Lieblingsfarbe sei Rot? Was, wenn man sich selbst für einen sehr glücklichen Menschen hält, die digitale Auswertung aller Lieder, Texte oder Filme, die man im Internet konsumiert, und aller Nachrichten, die man verfasst, und vieles mehr eindeutig auf das Vorliegen einer Depression hinweisen? Wer hätte recht – Mensch oder Maschine? Dieser Weg über digitale Daten hinein in das Denken und Handeln des Menschen könnte in vielen vorstellbaren Zusammenhängen von Interesse sein und wirft konsequenterweise eine Vielzahl ethischer Fragen auf. **«**

Convergence aus biotechnologischen und informationstechnologischen Innovationen erlaubt es, das Innerste des Menschen durch technologische Brillen zu betrachten, die uns vor ein paar Jahren noch überhaupt nicht zur Verfügung standen. Die Anwendung von KI wird bisher unvorstellbare Einblicke in das Innerste des Homo sapiens, in sein genetisches Rüstzeug, anhand von Genomdaten und in seine Verhaltensmuster über Internet-*Data-Mining* erlauben. Das Verschmelzen der Analysen von digitalen Fußabdrücken (#01; *#Binary Code*) mit genetischen Analysen (#ATCG, *#Genetic Code*) könnte in einer »digitogeno-

mischen Welt« (#*Digitogenomic World*«; #*Binarygenetic Code*) eine
Revolution des Wissens über den Homo sapiens und darüber,
»was seine Welt im Innersten zusammenhält«, auslösen. Das
Denken des Menschen ist Resultat der Wechselwirkung zwischen
Genetik und Umwelt. Welche Erkenntnisse darüber könnten
Deep-Learning-Maschinen anhand von digitogenomischen Daten
erzielen? Welche Konsequenzen könnte all das haben für das
Voraussagen zukünftig eventuell einmal auftretender Krankheiten, Verhaltensmuster oder kreativer Geistesblitze (*Predicitve
Analytics* via *Digitogenomic Data*)? Solche anonymisierten Daten,
in Forschungsprojekten gesammelt und interpretiert durch künstliche Intelligenz, könnten bisher ungeahnte Einblicke in die multifaktorielle menschliche »Natur« gewähren. Die *Convergence*
digitaler und genomischer Betrachtungen könnte ein ganz neues Menschenbild erschaffen. Der hypergläserne Mensch *ante
portas*? Die Welle an ethischen Fragen, die in diesem Zusammenhang auf den Planeten zurollt, ist schwer einschätzbar (Hengstschläger: »Der hypergläserne Mensch«, 2019).

Die bioethische Auseinandersetzung mit Fragen rund um
genetische Daten gibt es schon länger und sie mündete auch
bereits in vielen Ländern in entsprechende gesetzliche Regelungen. So verhindert zum Beispiel ein gesetzlich verankertes
Recht auf Nichtwissen, dass jemand dazu gezwungen werden
kann, genomische Analysen durchführen zu lassen.

➤➤ Wer darf oder soll Zugang zu digitalen Daten haben?
Wem gehören diese Daten? Wie können höchstmögliche
Privatsphäre und Datenschutz gewahrt bleiben? Wie
kann verhindert werden, dass digitale Ansätze zur Beeinflussung von Menschen missbraucht werden? Solche
Fragen beschäftigen Juristen und Ethiker aber auch nicht
erst seit dem Bekanntwerden des Skandals rund um die

2014 gegründete und 2018 in Insolvenz gegangene Firma Cambridge Analytica. Das erklärte Ziel von Cambridge Analytica war es, Daten im großen Stil zu sammeln und zu analysieren, um letztendlich durch entsprechend formulierte Botschaften Wahlverhalten und damit Wahlausgänge zu beeinflussen. Es besteht kein Zweifel daran, dass die digitale Revolution enorme Chancen für den Menschen bietet – und das nicht nur, aber sicher auch, im Bereich der Medizin. Kritische Stimmen, die die digitale Revolution begleiten, weisen umgekehrt aber schon seit geraumer Zeit zum Beispiel auf die Risiken hin, die von zu ausgedehnter Nutzung digitaler Medien für Körper und Geist ausgehen können (Spitzer: *Digitale Demenz*, 2012). **

Um die Chancen auch zum Wohle der Menschheit nutzen zu können, braucht es folglich eine begleitende ethische Diskussion. Selbstverständlich wird die Interpretation von Daten durch künstliche Intelligenz Wegbegleiter des Fortschrittes des Menschen sein – Daten sind das Gold, das Öl von morgen. Für die Forschung im Sinne des Gemeinwohls ist der Zugang zu qualitativ hochwertigen – natürlich anonymisierten – Daten von großer Bedeutung. Digitale Ethik muss aber »wertvollen« Fortschritt im Sinne von »menschengerecht« und »Werte fördernd« einmahnen. Das Konzept »*Privacy by Design*« empfiehlt, Systeme von vornherein so anzulegen, dass gar nicht mehr mit den Daten gemacht werden kann, als von den Spendern gewünscht. Damit Werte wie zum Beispiel Privatheit, Freiheit oder Würde auch in Zeiten digitaler Revolution hochgehalten werden können, ist der Gesetzgeber gefordert, »*Ethics by Design*« vorzuschreiben (Spiekermann: *Digitale Ethik. Ein Wertesystem für das 21. Jahrhundert*, 2019). Selbst die größtmögliche Kontrolle über seine eigenen Daten – also Datensouveränität oder digitale Souveränität – behalten zu können, soll das Ziel sein. Auch die Fragen nach der rechtlichen Haftung müssen diskutiert werden. Das gilt im Zusammenhang zum Beispiel mit autonomer Mobilität oder etwa, wenn menschliche Entscheidung als Folge von Resultaten aus KI-Systemen getroffen werden, obwohl die maschinellen Wege, die zu diesem Resultat geführt haben, heute oft nur noch schwer nachvollziehbar sind (Wie kann man aus solch einer *Blackbox* eine *Whitebox* oder zumindest eine *Greybox* für den Menschen machen?). Die Europäische Union hat mit der Erarbeitung der Datenschutz-Grundverordnung (DSGVO; englisch: *General Data Protection Regulation*, GDPR) einen ersten sehr wichtigen Schritt zur Regelung der Nutzung personenbezogener Daten gesetzt. Staatliche digitale Überwachungskonzepte wie in China, die über Social-Credits- oder Social-Scoring-Systeme das Verhalten von Privatpersonen oder Unternehmen mit Punkten bewerten (Stichwort gläserner Mensch), sind ethisch genauso zu hinterfragen wie die immer stärker und globaler wirkenden privaten Monopole aus dem Silicon Valley von Firmen wie etwa Google, Apple, Facebook oder Amazon.

>> Außerdem ist das Leben im digitalen Zeitalter ohne eine entsprechende digitale Bildung nicht mehr denkbar. Das ist auch von Bedeutung, um sicherzustellen, dass bei dieser Revolution niemand auf der Strecke bleibt. Nicht jeder muss ein Coding-Experte werden. Aber der Umgang mit digitalen Infrastrukturen und Medien, das Wissen rund um Fake News, Filterblasen und Echokammern sowie etwa Konzepte zur Vermeidung von Verzerrungseffekten und Diskriminierung durch Algorithmen (*Bias Awareness*; *Diversity Training*)

sind unverzichtbar gewordene Handwerkszeuge, um Daten richtig bewerten zu können und entsprechend entscheiden zu können. Digitale Souveränität beinhaltet auch das Wissen darum, welche Daten man im Internet hinterlässt und welche Konsequenzen das für das Individuum haben kann. **《**

Digitale Bildung und digitale Ethik sollen dabei ihre Rolle als Ermöglicher eines digitalen Wandels zum Wohle der Menschheit wahrnehmen. Sie geben in diesem Sinne einer Revolution, die kreativ auf neuen Wegen gehen muss, aber dabei vielleicht manchmal zu ungerichtet voranschreiten würde und dadurch auch einmal über das Ziel hinausschießen könnte, die Richtung hin zum »wertvollen« Nutzen für den Menschen. Viele Jahre hat die Annahme, die Autorität käme von den Göttern, die Welt bestimmt. Durch den Humanismus gelangte schließlich der Mensch in den Mittelpunkt. Yuval Noah Harari und andere sprechen heute vom sogenannten Dataismus, bei dem die Bedeutung von Daten und Algorithmen immer mehr in den Vordergrund rückt. Digitale Bildung und digitale Ethik sind auch Teil einer Basis dafür, was Julian Nida-Rümelin und Nathalie Weidenfeld in ihrem gleichnamigen Buch als Digitalen Humanismus vorschlagen (Nida-Rümelin, Weidenfeld: *Digitaler Humanismus. Eine Ethik für das Zeitalter der Künstlichen Intelligenz*, 2018).

》Ob und wann eine starke KI oder so etwas wie Singularität einmal Teil oder Resultat der digitalen Revolution sein wird, muss heute zur unvorhersehbaren Zukunft gezählt werden. Vorhersehbar sind aber bereits jetzt die enormen Chancen und Fortschritte, die der digitale Wandel für den Menschen bietet, ob in der Wirtschaft, in der Industrie, in der Wissenschaft, in der Medizin und vieles mehr. Die euphorischen Befürworter dieser Transformation, ob nun mit oder ohne KI, haben gute Argumente. Und sie haben in Zeiten einer weltweiten Corona-Pandemie noch viele dazu bekommen. *Predictive Analytics* anhand von Big Data, um die Infektions- und Krankheitsverläufe voraussagen zu können, freiwillige *Tracing*-Systeme, die im Dienste der Eindämmung des Virus stehen, das Internet als Informationsquelle betreffend medizinische Fakten, die ganze Welt im Homeoffice, Video-Konferenzen, Web-Aufsichtsratssitzungen, digitale Mitarbeitergespräche, E-Learning und *Distance Learning* an Schulen und Universitäten, Onlinehandel, um sich in Quarantäne mit dem Nötigsten versorgen zu können, digitale Meetings, um in Zeiten von *Social Distancing* mit seinen Freunden und Verwandten in Kontakt bleiben zu können und vieles mehr. Das SARS-CoV-2-Virus hat das Weltgeschehen in Zeitlupe versetzt. Ich halte es ja eigentlich mehr mit der *Tante Jolesch* von Friedrich Torberg (das Buch ist erstmals 1975 erschienen), die gesagt hat: ›Gott soll einen hüten vor allem, was noch ein Glück ist.‹ Aber es ist unvorstellbar, was COVID-19 für eine prädigitale Welt bedeutet hätte. Und es ist unumstritten, dass dieses Virus die digitale Transformation global beschleunigt hat. **«**

Der aktuelle Wandel und im Speziellen die Entwicklungen auf dem Gebiet der künstlichen Intelligenz werfen aber auch durchaus kontrovers diskutierte Fragen auf. Inwieweit wird der Mensch durch die Maschine ersetzt werden? Ganz allgemein ist dazu zu sagen, dass der Mensch immer schon beim Entwickeln von Geräten und Maschinen – vom von Ochsen gezogenen Pflug bis hinein in alle Sparten der industriellen Revolution –

das Ziel verfolgte, sich das Leben dadurch zu erleichtern. Es ging etwa darum, Tätigkeiten mit Geräten durchführen zu können, die er alleine nicht bewerkstelligen könnte, und über Maschinen auch ganz neue Aufgaben erfüllen zu können. Ursprünglich wurde es wahrscheinlich überwiegend so gesehen, dass solch ein Ansatz das Leben des Homo sapiens bereichert. Im Laufe der Menschheitsgeschichte nahm die Angst vor dem Ersatz durch Maschinen allerdings zu. Diese Angst um Beruf und Existenz ist aber auch nicht neu. Als der Engländer Edmond Cartwright den ersten mechanischen Webstuhl baute, der übrigens am Anfang auch von Ochsen, später von einer Dampfmaschine angetrieben wurde, führte das in Folge zu einem erbitterten Widerstand der Handweber bis hin zum Niederbrennen von Fabriken. Es war im Jahr 2013, als eine vergleichbare Angst dem Homo sapiens wieder durch Mark und Bein ging. Die beiden Wissenschaftler Osborne und Frey legten ihre Einschätzung vor, dass 47 Prozent aller Jobs in den USA in Berufen angesiedelt sind, die durch Digitalisierung und Automatisierung gefährdet sind und vielleicht in ein bis zwei Jahrzehnten verschwunden sein werden. »According to our estimate, 47 percent of total US employment is in the high risk category, meaning that associated occupations are potentially automatable over some unspecified number of years, perhaps a decade or two.« (Frey, Osborne: *The future of employment. How susceptible are jobs to computerization?*, 2013). Und auch wenn heute breiter internationaler Konsens darüber besteht, dass das alles viel komplizierter ist und die konkreten Zahlen und die angesprochenen Berufsgruppen sich heute anders darstellen, so bleibt doch die Tatsache bestehen, dass es in der Gegenwart Berufe gibt, die es in Zukunft nicht mehr geben wird. Erstarrt vor Angst heute auf das zukünftige Verschwinden von Berufsfeldern zu warten, ist dabei sicher das falsche Konzept. Vor allem deshalb, weil auch vollkommen klar ist, dass die Revolution, in der sich der Mensch gerade befindet, auch das Potenzial hat, unglaublich viele neue Berufe zu erschaffen. Dafür braucht es ein Gegenwartskonzept, um Lösungsbegabung zum Erblühen zu bringen.

>> Es drängt sich zusätzlich die Frage auf, ob auch das durch *Convergence* von Informations- und Biotechnologie gewonnene Wissen über das Innerste des Menschen Steigbügelhalter für sein maschinelles Ersetzen sein kann. Eine endgültige Antwort darauf muss man schuldig bleiben, weil die Unvorhersehbarkeit, vor allem, wenn man seine Gedanken ganz weit in die Zukunft streifen lässt, zu groß ist. Aber viele Experten geben zumindest für den aktuellen Status quo Entwarnung. Bewusstsein ist die Fähigkeit, Liebe, Wut, Schmerz oder Freude zu empfinden, wohingegen Intelligenz, ob künstliche oder menschliche, dabei hilft, Probleme zu lösen. <<

Viele Autoren gehen zumindest heute eher davon aus, dass künstliche Intelligenz (so schnell) kein Bewusstsein erlangen wird (siehe zum Beispiel Singer: *Ein neues Menschenbild?*, 2003). Schlaue Maschinen stehen uns bereits jetzt bei der Lösung vieler Probleme zur Seite und können dabei auch vieles besser als wir. Diese Zusammenarbeit beruht aber gewissermaßen auf einem Geben und Nehmen. Der Mensch muss die Programme und Maschinen für diese Zusammenarbeit entwickeln und trainieren, er muss anderen erklären, wie die Maschine arbeitet und wie sie auch über schwer durchschaubare Prozesse (*Black Box*) zu Schlüssen kommen kann, die die menschliche Intuition nicht gezogen hätte. Und der Mensch muss KI überwachen, damit sie verantwortungsbewusst eingesetzt wird (Digitale

Ethik). Im Gegenzug dafür kann KI sowohl die kognitiven Fähigkeiten als auch die Kreativität des Menschen unterstützen. Ersteres durch Bereitstellung und Verarbeitung der richtigen Information, das Zweite zum Beispiel durch das Bereitstellen von unzähligen Designentwürfen nach Eingabe von gewünschten Parametern. Maschinelles Lernen kann die Interaktion von Kunden und Mitarbeitern unterstützen. Und schließlich können KI-betriebene Roboter dem Menschen viele Tätigkeiten abnehmen und dadurch Zeit für andere anspruchsvollere und vor allem kreativere Arbeiten schaffen. Dafür muss der Mensch *Fusion Skills* besitzen.

Gemeint sind die relevanten Kompetenzen, um an der Schnittstelle zwischen Mensch und Maschine arbeiten zu können (Wilson, Daugherty: »Mensch und Maschine als Team«, 2019). »Beachten Sie, dass Machine-learning-Systeme fast niemals ganze Jobs, Prozesse oder Geschäftsmodelle ersetzen. Meistens ergänzen sie menschliche Tätigkeiten und machen sie dadurch wertvoller.« (Brynjolfsson, McAfee: »Von Managern und Maschinen«, 2019). Und natürlich werden noch so schlaue Maschinen auch Fehler machen, weil sie zum Beispiel aufgrund der zur Verfügung gestellten Daten Vorurteile aufbauen oder Verzerrungen entstehen. Ob es nun das automatische Fahren oder medizinische Bilddiagnostik betrifft, es geht nicht um absolute Fehlerlosigkeit, sondern darum, ob die Maschine es besser kann als der durchaus auch fehleranfällige Mensch. Und schließlich, Adam J. Gutstein und John Sviokla beschreiben sieben Fähigkeiten, die keine Maschine beherrscht und auch nicht in absehbarer Zeit besitzen wird (Gutstein, Sviokla: »7 Fähigkeiten, die keine Maschine beherrsch«, 2019):

1) Wirklich wirksame Kommunikation präsentiert nicht einfach nur Fakten, sondern vermittelt harte und weiche Informationen, verbindet Erzählung und Fakten, Rhetorik und Wis-

senschaft. Der Mensch ist der bessere Storyteller und kann andere Menschen dadurch zum Handeln bewegen.

2) Wenn man als Experte die Dynamiken eines Fachgebietes wirklich gut kennt, besitzt man ein Wissen, das sich nicht ergoogeln lässt, und hat als Insider automatisch einen bevorzugten Zugang zu ganz neuem Wissen.

3) Menschen, die sich intensiv mit ihrem Fachbereich beschäftigen und dabei auch immer wieder über den Tellerrand schauen, entwickeln ein Kontextverständnis, das Maschinen, die zumeist schlecht darin sind, komplexe Zusammenhänge zu verstehen, in dieser Qualität nicht erreichen können.

4) Wenn es nicht die eine einzige richtige Antwort auf eine Frage gibt, dann bietet menschliche emotionale Intelligenz, die Maschinen (noch) nicht haben, oft den richtigen Zugang.

5) Maschinen können zum Beispiel über kostenlose Onlinekurse (MOOCs – *Massive Open Online Courses*; etwa auch die nicht-kommerzielle Plattform für Lehrmaterialien der Khan Academy) sehr viel zur Verbreitung von Bildung beitragen. Es geht aber gerade bei erfolgreicher Bildung des Individuums zumeist auch um die Einschätzung, welche Wissens- und Kompetenzlücken noch bestehen, welche Interessen vorhanden sind und welche Kurse, Fortbildung etc. für den Schüler, Lehrling, Studenten, Mitarbeiter daher die richtigen sind. Die dafür notwendige Individualisierung der persönlichen Schüler-Lehrer-Beziehung können Maschinen heute nicht leisten.

6) Menschen verfügen über starke Beziehungen zur Familie und zu den besten Freunden, aber auch über schwächere Beziehungen anhand oberflächlicherer Bekanntschaften. Beide sind von Bedeutung und müssen mit der angemessenen Tiefe geführt werden. Soziale Medien beziehungs-

weise Beziehungen mittels oder mit Maschinen können die Qualität solch eines menschlichen Netzwerkes nicht bieten.

7) Ein wesentliches Merkmal moralischer Urteile ist, dass man ihren Wert nicht über einfache Algorithmen maximieren kann. Die Zukunft der Gegenwart braucht Menschen mit einem entsprechenden ethischen Kompass.

》Um in der Gegenwart kreative Zukunftskonzepte entwickeln zu können, braucht es Menschen, die entsprechende Kompetenzen für die bereits vorhersehbaren Entwicklungen in der digitalen Welt besitzen und gleichzeitig viele ungerichtete Kompetenzen in Bereichen wie Storytelling, Kontextverständnis, emotionale Intelligenz, soziale Beziehungen und Ethik entwickeln. Gemeinsam mit der Entfaltung von Lösungsbegabung schaffen sie die idealen Voraussetzungen für eine innovative zukunftsorientierte Gegenwart. 《

WAS DER MENSCH (NICHT) IST –
Gene und Umwelt

Der lösungsbegabte, innovative Mensch

Im Jahr 2006 erschien mein Buch *Die Macht der Gene*, in dem ich, mittlerweile vor fast eineinhalb Jahrzehnten (was hat sich seither schon wieder alles verändert!), versucht habe darzustellen, welche Macht die Gene für den Menschen haben und eben aber auch nicht. Auch wenn die Beobachtungen des österreichischen Nobelpreisträgers Konrad Lorenz und seines Schülers Irenäus Eibl-Eibesfeldt an künstlich oder von Hühnerglucken ausgebrüteten Enten zeigten, dass ein Entlein trotz der Bemühungen, es vom Wasser wegzulocken, ins Wasser geht und schwimmen kann (die Forscher sprachen damals noch von »angeborenem Können«; Eibl-Eibesfeldt: *Der vorprogrammierte Mensch: Das Ererbte als bestimmender Faktor im menschlichen Verhalten*, 1984), so wurde seither in der Wissenschaft vieles weiter beforscht, und besonders am Menschen hat sich in diesem Bereich wissenschaftlich sehr viel getan.

Der Mensch ist auf seine Gene nicht reduzierbar, Gene sind nur Bleistift und Papier, die Geschichte schreibt jeder selbst. Dieses von mir erweiterte Zitat geht auf den Verhaltensgenetiker Dean Hamer zurück (Hamer, Copeland: *Das unausweichliche Erbe. Wie unser Verhalten von unseren Genen bestimmt ist*, 1998), und ich weiß nicht mehr, in wie vielen Vorträgen, Podiumsdiskussionen oder Interviews ich diesen Satz nun schon verwendet habe. Geschuldet meiner mittlerweile langjährigen

Beschäftigung mit Fragen wie »Was ist Talent beziehungsweise Begabung?«, »Wie viel davon ist genetisch mitbestimmt und wie viel ist durch die Umwelt ausgelöst?« habe ich wohl auch den Satz »Genetische Leistungsvoraussetzungen müssen entdeckt und durch harte Arbeit – *Extra Miles*, Üben, Üben, Üben – in eine besondere Leistung (= Erfolg) umgesetzt werden« schon ähnlich oft verwendet. All das mündete schließlich in mein darauffolgendes Buch *Die Durchschnittsfalle*, das ich im Jahr 2011 geschrieben habe und das 2012 erschienen ist (Hengstschläger: *Die Durchschnittsfalle. Gene-Talente-Chancen*, 2012). In Kapiteln wie »Was ist eigentlich Talent? Warum Genetik niemals reicht« oder »Epigenetik und Talente« habe ich beschrieben, dass das Verhalten, die Begabungen und die Entwicklung von Talenten von der Wechselwirkung von Genetik, Epigenetik und Umwelt gesteuert werden. Der rasante Fortschritt in der entsprechenden Forschung hat in den letzten Jahren vor allem bestätigt, dass die epigenetische Steuerung der Verwendung unserer Gene eine enorme Rolle für den Menschen spielt. Das belegt einmal mehr, dass der Mensch vieles dabei selbst in der Hand hat (Kovas, Malykh, Gaysina: *Behavioural Genetics for Education*, 2016; Plomin: *Blueprint: How DNA Makes Us Who We Are*, 2018; Hosken, Hunt, Wedell: *Genes and Behaviour: Beyond Nature-Nurture*, 2019; Spork: *Der zweite Code: Epigenetik*, 2009).

>> Jeder Mensch hat Begabungen und Talente, und wir müssen es jedem ermöglichen, sie zu entdecken und zu entwickeln. Leider passiert es bis heute immer noch zu oft – auch im Bildungswesen –, dass junge Menschen vermittelt bekommen, sich gerade dort mehr anzustrengen, wo ihre Schwächen liegen. Ihre Individualität, ihre Begabungen erhalten oft zu wenig Aufmerksamkeit, und dadurch entsteht zu oft Durchschnitt, der Feind des

Neuen. Talente richtig zu fördern, unterstützt auch die Entfaltung der individuellen Persönlichkeit. **‹‹**

Einige Jahre nach der *Durchschnittsfalle* erschien ein spannendes Buch von Todd Rose von der Harvard Graduate School of Education (er leitet dort ein Labor mit dem bezeichnenden Namen »The Laboratory for the Science of the Individual«). Rose hat außerdem das Center for Individual Opportunity, eine Non-Profit-Organisation mit dem Ziel, die Prinzipien von Individualität in Arbeit, Schule und Gesellschaft zu unterstützen, mitbegründet. Was Todd Rose sonst noch so alles gemacht hat und macht, findet man unter www.toddrose.com. Sein 2016 erschienenes Buch *The End of Average: How to Succeed in a World that Values Sameness* erläutert in anschaulicher Weise, warum es weder sinnvoll noch nachhaltig erfolgreich ist, sich am Durchschnitt zu orientieren.

›› In Unternehmen, die etwa versuchen, talentierte Mitarbeiter unter Zuhilfenahme von Durchschnittswerten auszuwählen, ja sogar zu fördern und zu motivieren, betone ich immer, dass ich gegen den Durchschnitt selbst eigentlich nichts habe – es führt nur allzu oft zur Gleichmacherei, und das verhindert eben Individualität. Individualität und das richtige Management von Talenten steigern die Erfolgschancen im Privatleben (der Begriff ›Erfolg‹ ist hierbei im bereits erläuterten Sinn zu verstehen) und in der Berufswelt. Kreative Konzepte und den Fortschritt beflügelnde Veränderungen werden von individuellen, mutigen Menschen gemacht, die bereit sind, alte Wege zu verlassen, um neue zu gehen.
Seit einigen Jahren kreisen meine Gedanken um die Frage, welche Begabungen des Menschen in Zeiten des

digitalen Wandels, der Klimakrise, der Flüchtlingsproblematik oder etwa ganz aktuell der Pandemie etc. besonders gebraucht werden. In Zeiten so schnelllebiger Veränderung stellt sich vor allem auch die Frage, welche Begabungen für die Bewältigung noch unvorhersehbarer Zukünfte die größte Rolle spielen werden. Natürlich muss man zu dem Schluss kommen, dass man dabei auf keine Begabung verzichten kann. Aber eine Begabung hat sich in meinem Kopf als die mit Abstand wichtigste herauskristallisiert – ich nenne sie die Lösungsbegabung. **❰❰**

Professor Neubauer, der sich schon seit 30 Jahren mit der Erforschung von Begabungen beschäftigt, beschreibt in seinem aktuellen Buch (Neubauer: *Mach, was du kannst: Warum wir unseren Begabungen folgen sollten – und nicht nur unseren Interessen*, 2018) den Begriff »Begabung«, wie folgt: »Begabung bezeichnet das (auch genetische sowie frühkindlich geprägte) Potenzial eines Menschen, das nur durch Lernen und Wissenserwerb, durch Trainieren und Üben, in beobachtbare hohe und Höchstleistungen überführt werden kann. Die Begabung beziehungsweise das Potenzial eines Menschen für eine bestimmte Tätigkeit ist nicht direkt beobachtbar, aber für bestimmte Begabungen mittels psychologischer Tests gut messbar.« Neben ästhetischer, interpersonaler, intrapersonaler, kinästhetischer, logisch-mathematischer, musikalischer, naturalistischer, räumlicher und sprachlicher Begabung gibt es laut Professor Neubauer auch noch die kreative Begabung: »Kreativität ist die Fähigkeit, etwas Neues oder Originelles zu erschaffen. Entgegen der weitverbreiteten Annahme, Kreativität sei nur im künstlerischen oder im wissenschaftlichen Bereich anzutreffen oder notwendig, wird die Kreativität heute sowohl als Ressource persönlicher psychischer Gesundheit sowie als zentrale Größe für wirtschaftlichen Erfolg (Stichwort: Innovation) gesehen.« Kreative Begabung kommt zum Beispiel beim Malen eines schönen Bildes genauso zum Einsatz, wie sie bei der Komposition eines Musikstückes zur Entfaltung kommt. Die Bedeutung künstlerischer Kreativität kann für die positive Entwicklung einer Gesellschaft nicht hoch genug eingestuft werden. Ich spreche in diesem Buch aber mehr von jener Kreativität, die zur Umsetzung und Anwendung kommen muss, um ein Problem zu lösen oder eine innovative Antwort auf eine noch ungeklärte Frage zu entwickeln. Lösungsbegabung könnte, diesem Konzept folgend, als eine Spezifizierung der kreativen Begabung angesehen werden. Ich denke andererseits, dass das vielleicht etwas zu kurz greifen würde – da braucht es noch mehr.

》Die Lösungsbegabung ist das genetische und frühkindlich geprägte Potenzial jedes Menschen, Probleme lösen zu können. Dieses Potenzial hat grundsätzlich jeder Mensch. Jeder Mensch ist lösungsbegabt. Zur Umsetzung dieser Begabung in eine Leistung, also in die erfolgreiche Lösung eines Problems, bedarf es eines bestimmten Wissens und Übung. Um ein konkretes Problem zu lösen, braucht es außerdem den Erwerb und die Perfektionierung allgemeiner und zusätzlich für jedes Problem ganz spezifischer Lösungskompetenzen. Kompetenzen sind ja Fähigkeiten und Fertigkeiten, die es jemandem ermöglichen, Aufgaben auszuführen und Probleme zu lösen. Zusätzlich muss die genetisch mitbestimmte Lösungsbegabung mit dem entsprechenden Mut, neue Wege zu gehen, in einem kreativen Prozess, durch motivierte harte Arbeit, umgesetzt werden. Um konkrete kreative Ideen- und Lösungsfindungsprozesse umzusetzen, muss die Lösungsbegabung des Menschen gefördert, entfaltet und immer wieder inspiriert werden. Ob im Bildungssystem, im Zuge von Talentmanagement, in der Forschung, in der Politik, in der Arbeitswelt oder auch im Privatleben, es muss unser primäres Anliegen sein, die Lösungsbegabung jedes Individuums zu fördern und ihre Entfaltung laufend zu unterstützen. Nur so versetzen wir Menschen uns in die Lage, die vorhersehbaren und auch unvorhersehbaren Probleme der Zukunft zu bewältigen. Und zusätzlich trägt die Umsetzung der Lösungsbegabung in unvergleichbarer Weise zur Persönlichkeitsentfaltung bei. Ob im Beruf oder im Privatleben – was gibt es Spannenderes und Befriedigenderes als eine gute Idee? **《**

Der Mensch ist wohl das lösungsbegabteste Wesen des Planeten Erde. Schon frühe archaische Menschen lernten, Feuer zu entfachen, und läuteten damit einen entscheidenden Wendepunkt in unserer Evolution ein. Seit mindestens 300 000 Jahren gibt es nun den Homo sapiens in Afrika (Richter et al.: »The age of hominin fossils from Jebel Irhoud, Morocco, and the origins of the middle stone age«, 2017; Hublin et al.: »New fossils from Jebel Irhoud, Morocco and the pan-African origin of Homo sapiens«, 2017; Chan et al.: »Human origins in a southern African palaeo-wetland and first migrations«, 2019), und vor mindestens 180 000 Jahren hatte er diesen Kontinent auch schon verlassen (Hershkovitz et al.: »The earliest modern humans outside Africa«, 2018). Nach dem Ende der letzten Eiszeit vor rund 11 500 Jahren wurden aus Jägern und Sammlern im Zuge der sogenannten neolithischen Revolution Siedler und Ackerbauern. Die Mitte des vierten Jahrtausends vor Christus wird gerne angegeben, wenn es um die Entdeckung der Bedeutung des Rades geht. Es folgten die Entwicklung des Schießpulvers im neunten Jahrhundert in China, um 1450 die Erfindung des modernen Buchdrucks durch Johannes Gutenberg und 1769 das Patent für die verbesserte Dampfmaschine von James Watt. 1785/86 hat Edmond Cartwright den ersten mechanischen Webstuhl entwickelt, und Richard Trevithick baute 1804 die erste Lokomotive. 1796 gelang die erste Entwicklung eines Impfstoffes gegen einen Erreger lebensbedrohlicher Epidemien – Edward Jenner entwickelte den Pockenimpfstoff. Schon 1837 erfand Charles Babbage die *Analytical Engine*, einen ersten Vorläufer von Computern, 1886 folgte das Automobil von Carl Benz, 1903 hat sich ein Flugzeug der Gebrüder Wright aus eigener Kraft in die Luft erhoben (ob es das allererste war, wird kontrovers diskutiert), und 1928 leistete Alexander Fleming einen wesentlichen Beitrag für die spätere medizinische Verwendung des Antibiotikums Penicillin. Konrad Zuse baute 1941 den wahrscheinlich ersten funktionsfähigen Computer der Geschichte, Zuse Z3, und im Sommer 1956 fand die Dartmouth Conference statt, die als Gründungskonferenz für das akademische Fachgebiet der künstlichen Intelligenz angesehen wird. In den 1960er-Jahren wurden die Grundlagen für das Internet entwickelt, und Sir Timothy Berners-Lee hat 1989 das Konzept für das World Wide Web begründet. Die erste Internetsuchmaschine hieß Archie im Jahr 1990, und es sollten noch viele folgen wie etwa Yahoo im Jahr 1994, AltaVista 1995 oder Google im Jahr 1996. Und der Taktschlag von Innovationsentwicklungen hat im neuen Jahrtausend keineswegs abgenommen.

>> Jeder Mensch entwickelt verschiedene Talente als Produkt der Wechselwirkung zwischen Genetik, Epigenetik und Umwelt. Wenn er allerdings all sein Streben, Lernen, Üben und all seinen Fleiß ausschließlich dafür einsetzt, etwas zu machen, was es schon gibt, ist das Verschwendung der wertvollsten Ressource unseres

Planeten – der Begabungen der Menschen. Um schließlich all die Begabungen und Talente der Menschheit für kreative innovative Lösungen zur Anwendung zu bringen, ist es unverzichtbar, bei jedem Menschen, unabhängig vom Einkommen oder akademischen Grad seiner Eltern, jene Begabung zu fördern und zur Entfaltung zu bringen, die in jedem Fall dafür notwendig ist – die Lösungsbegabung. Sowohl in der Berufswelt als auch im Privatleben ist es die Lösungsbegabung, ohne die alle anderen Begabungen auf dem Weg zum kreativen Generieren neuer Lösungsansätze vertrocknen. Jeder Mensch wird also grundsätzlich lösungsbegabt geboren. Durch den Erwerb von Wissen, durch das Aneignen von Kompetenzen und durch Üben, Üben, Üben ist er in der Lage, diese Begabung zu entwickeln und zur Lösung von Problemen einzusetzen. Nichts braucht die Menschheit notwendiger als neue Ideen und kreative Innovationen. Die lange Liste aktuell anstehender Fragestellungen zu Aspekten wie beispielsweise Klima, Armut, Hunger, Migration, Terrorismus, Rassismus, Populismus, Bildung, Arbeit, Wirtschaft, Gesundheit, Menschenrechte, Ethik, Cybercrime oder der Gefahr eines Atomkrieges könnte schon den einen oder anderen entmutigen. Und dann wäre da zusätzlich noch die Angst vor all dem, was noch an bisher gar nicht Absehbarem kommen kann. Und trotzdem, umso weniger Menschen all diese Probleme egal sind, umso mehr Menschen bereit sind, sich zu engagieren, umso besser steht es um die Zukunft. Aber auch die kleinen und kleinsten Probleme unseres täglichen Alltages rufen nach Lösungen. Viele individuelle, einer Mitmachkrise trotzendende Lösungsbegabte sollen für die Bewältigung konkreter

Probleme motiviert werden und hart daran arbeiten. Es geht darum, bei uns und unseren Kindern ein kreatives und kooperatives Sich-Einbringen zu fördern. Was könnte konsequenter dazu beitragen als ein Konzept, das den Mut, neue Wege zu gehen, wirksame Umsetzungsinstrumente, Schnittstellen mit anderen Disziplinen und Kulturen, Inspirationen, kreative Prozesse und zufällige Entdeckungen laufend am Erblühen hält? **《**

Der denkende Mensch

Der Mensch ist nicht nur lösungsbegabt, er ist auch an sich vernunftbegabt mit den höchsten kognitiven Fähigkeiten auf dem Planeten Erde. Auch wenn seine enormen Potenziale, logisch zu denken und rational zu reflektieren, den Homo sapiens geradezu auszeichnen, so ist andererseits auch klar, dass gerade sein immer wieder vollkommen irrationales Verhalten viele der Probleme der Menschheit, die es zu lösen gilt, erst verursacht hat.

> *»Von seiner Veranlagung her ist der Mensch das mitfühlendste, klügste, fantasiebegabteste, humorvollste Tier auf dem gesamten Planeten. Die Natur hat uns ganz besondere Talente in die Wiege gelegt, auch wenn wir es bisher nur selten verstanden haben, diese Talente sinnvoll zu nutzen.«*
> *(Schmidt-Salomon: Hoffnung Mensch:*
> *Eine bessere Welt ist möglich, 2014).*

Wenn genügend Information zu einem Sachverhalt vorliegt, kann eine detaillierte, komplexe Analyse erfolgen. Das macht dann besonderen Sinn, wenn man etwa die Vergangenheit erklären will oder wenn die Zukunft mehr oder weniger vollständig vorhersehbar ist. In diesem Fall ist es nicht nur wünschenswert, sondern eigentlich auch einzumahnen, reflektierend-rational an die Sache heranzugehen. Viele, wenn nicht sogar die meisten Menschen, wollen natürlich heute im Anthropozän, dem Zeitalter, in dem der Mensch als der wichtigste Einflussfaktor auf alle Prozesse auf der Erde angesehen wird, im modernen Homo sapiens das rationalste Wesen erkennen. Darum identifiziert sich der moderne Mensch auch viel lieber mit System 2, dem rationalen, regelgeleiteten Selbst, das sein langsames Denken und Handeln bewusst kontrolliert. Viele Neurowissenschaftler und Psychologen haben die Verwendung dieser Beschreibung der Funktionsweise des Gehirnes mittels zweier Systeme schon in ihren Alltag übernommen, auch wenn es, betreffend diese Unterteilung, auch manchmal Unschärfen gibt. Diese Unterscheidung zwischen intuitiv-automatischem und reflektierend-rationalem Denken hat spätestens durch den internationalen Bestseller *Schnelles Denken, langsames Denken* des Kognitionsforschers und Wirtschaftsnobelpreisträgers Daniel Kahnemann Weltbekanntheit erreicht. In die Verhaltensökonomie hat diese Beschreibung zweier kognitiver Systeme, dem automatischen System 1 und dem reflektierenden System 2, jedenfalls Einzug gefunden. System 1 arbeitet intuitiv, automatisch, schnell, weitgehend mühelos, ohne willentliche Steuerung, unbewusst, erlernt, assoziierend und unkontrolliert. System 2 ist reflektierend, rational, langsam, kontrolliert, angestrengt, deduzierend, bewusst und regelgeleitet. System 1 beschreibt das Denken, das als Intuition oder auch »Bauchgefühl« bezeichnet werden könnte. System 2 steht für »Nachdenken«. Das System 2, das rationale Denken, wenden wir an, wenn wir mathematische Aufgaben lösen, wenn wir das Gedächtnis durchsuchen, um ein gewohntes Geräusch zu identifizieren, oder wenn wir eine berufliche Entscheidung anhand der Abwägung vieler Daten treffen.

Auch wenn uns das System 2 das Gefühl von Handlungsmacht, Entscheidungsfreiheit und Konzentration vermittelt, so entstehen die Eindrücke und Gefühle, auf denen diese bewussten Entscheidungen und Überzeugungen beruhen, im System 1. Man muss sich immer wieder bewusst machen, dass das menschliche Denken auf einer gemeinsamen, viele Millionen Jahre andauernden Stammesgeschichte mit anderen Arten beruht. Die grundlegenden Prozesse, anhand derer unser Gehirn denkt und entscheidet, sind auch heute noch überwiegend identisch mit jenen von anderen Tieren. Kahnemann spricht von zwei »Selbsten« – Biologie kontra Rationalität – und schreibt: »Zu den Funktionen von System 1 gehören angeborene Fähigkeiten, die wir mit anderen Tieren gemeinsam haben. Wir werden mit der Fähigkeit geboren, unsere Umwelt wahrzunehmen, Gegenstände zu erkennen, unsere Aufmerksamkeit zu steuern, Verluste zu vermeiden und uns vor Spinnen zu fürchten. Andere mentale Aktivitäten werden durch lange Übung zu schnellen, automatisierten Routinen. […] Die höchst vielfältigen Aktivitäten von System 2 haben ein Merkmal gemeinsam: Sie erfordern Aufmerksamkeit, und sie werden gestört, wenn die Aufmerksamkeit abgezogen wird.« (Kahnemann: *Schnelles Denken, langsames Denken*, 2011).

Der Verhaltensökonom und Wirtschaftsnobelpreisträger Richard Thaler schreibt gemeinsam mit Cass Sunstein dazu: (Thaler, Sunstein: *Nudge: Wie man kluge Entscheidungen anstößt*, 2011): »Das automatische System funktioniert schnell und instinktiv – zumindest fühlt es sich so an. Wir verstehen darunter nicht, was wir normalerweise mit dem Begriff ›Denken‹ bezeichnen. Das System reagiert beispielsweise, wenn Sie sich ducken, weil unerwartet ein Ball nach Ihnen geworfen wird, wenn Sie nervös werden, weil Ihr Flugzeug in Turbulenzen gerät, oder wenn Sie lächeln, weil Sie süße Welpen sehen. Gehirnforscher haben festgestellt, dass diese Aktivitäten in den ältesten Teilen unseres Gehirnes verarbeitet werden – in den Bereichen, die wir mit Echsen (und mit Welpen) gemeinsam haben.«

Es besteht eine permanente Wechselwirkung zwischen diesen beiden immer aktiven Systemen. System 1 liefert immerzu Eindrücke, Absichten und Gefühle und zusätzlich genetisch mitbedingte Verhaltenskomponenten wie zum Beispiel Reflexe oder instinktive Reaktionen. Wenn System 2 diese nachvollziehen kann, entstehen Überzeugungen oder willentlich gesteuerte Handlungen. Es ist Ihr System 1, das es Ihnen automatisch ermöglicht, schlechte Laune oder Feindseligkeit aus einer Stimme herauszuhören. Und System 2 überwacht Ihr Verhalten und sorgt dafür, dass Sie dann nicht jedem sagen, was Sie sich wirklich denken. Und trotzdem, dieses Zusammenspiel kann auch die Quelle für Denkfehler sein. Und außerdem kann man sowohl rational zu falschen Schlüssen kommen, wie sein Bauchgefühl auch irren kann. Die besten Profisportler wissen, dass es oft nicht sinnvoll ist, zu viel zu denken, und es oft besser ist, einfach auf sein Bauchgefühl zu hören und es dann einfach zu machen. Um es noch plakativer auszudrücken, wer erst darüber rational nachdenkt (oder gar schnell versucht, es zu berechnen), wie die Fluglinie des Balles genau sein könnte, verschafft sich beim Fangen des Balles eher Nachteile. Antizipation ist das Schlüsselwort. Andererseits passieren aber auch sehr viele Fehler nur deshalb, weil wir uns zu sehr auf unser Bauchgefühl verlassen. Schließlich könnte man die Todesängste in von Turbulenzen geschüttelten Flugzeugen (Bauch) gut durch das Denken daran, dass Fliegen ausgesprochen sicher ist (Verstand), wieder loswerden.

Und wenn es aber schnell gehen muss und wir blitzartig entscheiden müssen, weil wir wieder einmal keine Zeit haben, dann haben wir eine besondere Vorliebe für Faust- beziehungsweise Daumenregeln, die sich »ja schon so oft bewährt haben«, unter dem Motto: »Das funktioniert schließlich immer!« Sammlungen von Faustregeln gibt es für nahezu alle Fachbereiche und Lebenslagen. Eine von mir besonders gemochte Zusammenstellung findet sich in dem Buch *Rules of Thumb* des ehemaligen Herausgebers des *Harvard Business Review* und langjährigen Mitstreiters unseres Thinktank Academia Superior, Alan Webber. »You don't know if you don't go«, »Entrepreneurs choose serendipity over efficiency«, »The survival of the fittest is the business case for diversity« gehören davon zu meinen Favoriten. So nützlich solche Regeln manchmal sein können, so falsch kann man damit aber in anderen Fällen auch liegen.

Hans Rosling hat sein gesamtes Leben diesem Problem gewidmet. In seinem hoch relevanten Buch *Factfulness. Wie wir lernen, die Welt so zu sehen, wie sie ist* beschreibt er unzählige Beispiele und Fragestellungen zu den wichtigsten Fakten über die Welt, bei deren Beantwortung so viele Menschen, von ganz normalen Leuten bis hin zu gebildeten und hochintelligenten Experten, so falschliegen. Die faktengestützte Weltsicht zeigt klar, dass die Welt zwar einerseits vor noch sehr großen Herausforderungen steht, aber andererseits permanent besser wird. Und obwohl sich unzählige Parameter wie Bildung, Gesundheit, Lebenserwartung, Chancengerechtigkeit, Sicherheit, Wohlstand, Freiheit und viele mehr verbessert haben und es der Menschheit noch nie so gut ging wie heute, glauben die meisten Menschen immer noch »Früher war alles besser«. Der moderne Homo sapiens denkt mehrheitlich, dass er in einer Welt zunehmender Kriege, Gewaltverbrechen, Naturkatastrophen, menschengemachter Katastrophen, Korruption, Armut und Ungerechtigkeit lebt. Rosling nennt das die überdramatisierte Weltsicht und gibt die Schuld nicht den böswilligen Medien, die nur mehr Negativschlagzeilen und Katastrophenberichte bieten, oder der Propaganda, den Fake News oder den »alternativen Fakten«. Er schreibt es jenen menschlichen Instinkten zu, die während Millionen von Jahren andauernder Evolution im menschlichen Gehirn verankert wurden. Wir wollen nicht hören, dass Fliegen eine enorm sichere Fortbewegungsart ist. Wir wollen von dem katastrophalen Flugzeugabsturz hören. Unsere genetisch mitbestimmten Verhaltensmuster, unsere Instinkte, von Gefahren und alarmierenden Situationen immer und immer sofort erfahren zu wollen, haben sich evolutiv durchgesetzt. Sie haben unseren Vorfahren in Zeiten von Jägern und Sammlern dabei geholfen, stets nach neuen Gefahren Ausschau zu halten, um ihnen unmittelbar aus dem Weg gehen und dadurch überleben zu können. Das menschliche Gehirn kommt sehr oft zu raschen Schlussfolgerungen und Entschlüssen, ohne großes Nachdenken (mittels System 2). Und wenn solche Instinkte vor ein paar Tausend Jahren auch überlebenswichtig waren, so leben wir heute doch in einer vollkommen anderen Welt.

Yuval Noah Harari schreibt in seinem Buch *21 Lektionen für das 21. Jahrhundert* sogar, dass es vielleicht ein Fehler wäre, zu viel Vertrauen in das rationale Individuum zu setzen, weil Verhaltensökonomen und Evolutionspsychologen ja gezeigt haben, »[…] dass die meisten menschlichen Entscheidungen auf emotionalen Reaktionen und heuristischen Kurzschlüssen basieren, weniger auf rationaler Analyse, und dass unsere Emotionen und Strategien der Problemlösung möglicherweise für ein Leben in der Steinzeit geeignet waren, im ›Silicon Age‹ jedoch bedauerlicherweise völlig unbrauchbar sind.«

Malcolm Gladwell, der Autor des Bestsellers *Überflieger: Warum manche Menschen erfolgreich sind – und andere nicht* beschreibt in seinem 2005 erschienen Buch *Blink! Die Macht des Moments*, dass Menschen in Situationen wie zum Beispiel Vorstellungsgesprächen viel mehr ihrer Intuition folgen und spontan entscheiden. Das Spannende daran ist allerdings, dass Forschungsergebnisse zeigen, dass Menschen selbst meinen, sie brauchen sehr viele Daten und Informationen, um zu ihren Entscheidungen kommen zu können. Ob es um Fragen geht, wie oft man ein Kunstwerk betrachten muss oder einen Saft geschmeckt haben muss, damit man zu seinem Urteil darüber kommen kann, oder wie viel Information man über einen Bewerber braucht, damit man als Personalmanager zu einem Entschluss kommen kann, die Menschen überschätzen permanent das für ihre Entscheidungen notwendige Ausmaß (Klein, O'Brien: »People use less information than they think to make up their minds«, 2018).

>> Sowohl für die Lösung vieler aktueller Fragen der Menschheit als auch für die täglichen Herausforderungen im Berufs- oder Privatleben geht es darum, das enorme Potenzial des logischen Denkens laufend zu aktivieren (um nicht zu sagen: zu reaktivieren) und unter einem möglichst unübertriebenen Ausmaß an Angst, Stress oder Ablenkung in kreativen Prozessen einzusetzen. <<

In diese Kerbe schlägt auch der Bestsellerautor Steven Pinker in seinem lesenswerten Buch *Enlightenment Now: The Case for Reason, Science, Humanism and Progress*. Er beschreibt darin unter anderem den Aufstieg und die heutige Unverzichtbarkeit einer »new ethic of fact-checking«.

Der soziale Mensch

Das exklusive Interesse des Menschen für alarmierende Situationen und Katastrophen hat sich also evolutiv durchgesetzt und seinen Vorfahren in Zeiten von Jägern und Sammlern das Überleben gesichert. Psychologen sprechen von *Negativity Bias*, wenn sie beschreiben, dass der Mensch sensibler für das Böse als für das Gute ist. *Availability Bias* steht dafür, dass der Mensch glaubt, dass, wenn er ein Beispiel für etwas sieht oder nennen kann, das dann auch öfter auftritt, als es in Wirklichkeit der Fall ist (Kahnemann: *Schnelles Denken, langsames Denken*, 2011; Pinker: *Enlightenment Now*, 2018). Und die Medien liefern die entsprechenden Bilder dazu, um ihre Klientel bei der Stange zu halten. In einem ganz besonderen Ausmaß bedient das Internet diese Angst des Menschen – ohne jegliche Unterbrechung, Tag und Nacht, mit noch nie da gewesener Effizienz. Wer sich ausschließlich an diesen Bildern orientiert, muss fast konsequenterweise ein ganz bestimmtes Bild von der Zukunft der Welt entwickeln: Über Terror oder Atomkrieg wird sich der Mensch selbst vernichten. Eingriffe in das menschliche Erbgut läuten den Untergang des Homo sapiens ein. Bei Laborexperimenten freigesetzte Bakterien oder Viren raffen die Menschheit dahin. Roboter übernehmen die Welt. Wenn es denn dann überhaupt noch eine Welt gibt und der Planet nicht schon durch den Klimawandel vollkommen zerstört worden ist. Und schuld daran ist, nach Meinung so mancher, nur einer – der Mensch selbst. Der Mensch ist nun einmal so, wie der Mensch nun einmal ist. Daran kann man nichts ändern, so das Credo. Es ist das evolutionsbiologische Erbe des *Survival of the fittest*. Es liegt ihm in den Genen! Nur der Brutalste, Egoistischste und Kriegerischste konnte und kann überleben. Der Mensch ist von Angst getrieben, fürchtet Neues und lehnt Fremdes und Fremde ab, lautet immer wieder einmal die Argumentation. Kann schon sein, dass er grundsätzlich vielleicht lösungsbegabt und vernunftbegabt wäre, aber er denkt und handelt noch immer viel zu oft rein intuitiv nach evolutiv Jahrtausende alten Instinkten. Und außerdem, so wird es immer wieder gesagt, sind dem Menschen die Probleme anderer einfach egal. Es liegt also alles in der Natur des Menschen – er ist egoistisch, aggressiv, unsolidarisch, xenophob, pessimistisch, machthungrig und kann einfach nie genug bekommen. So häufig man diese Argumentation auch hört, so sehr man aus den täglichen Nachrichten auch manchmal diesen Eindruck bekommen könnte, so falsch bleibt es dennoch. So sind wir nicht. Der Homo sapiens hat sich keineswegs im Zuge der darwinschen Evolution in diese eine Richtung entwickelt. Die Erkenntnisse aus Genetik und Epigenetik zeigen klar, dass der Mensch weder genetisch ausschließlich gut noch genetisch ausschließlich schlecht ist. Der Mensch ist bei diesen Fragen auch nicht so einfach auf seine Gene reduzierbar.

»Humans are a highly social and co-operative species.« (Currie: »How the Dual Inheritance of Genes and Culture Shapes Behaviour«, 2019). Eigentlich liebt der Mensch es zu kooperieren. Er ist grundsätzlich sozialer als alle anderen Tiere auf diesem Planeten. Und auch dieses Verhalten ist nun einmal von Genen und Umwelt gesteuert: »Animal behaviour is often complex and is affected by genes, experiences, and the environment.« (Weitekamp, Keller: *Genes and Behaviour*, 2019). Daraus leitet sich ab, dass der Mensch zu einem relevanten Anteil die Wahl hat. »Die Gene in unseren Zellen sind von Natur aus darauf ausgerichtet, mit uns und unserer Umwelt zu kommunizieren. Dieser Umstand sollte für uns eine besonders große Motivation sein, unser Leben und unser Schicksal selbst in die Hand zu nehmen: Wir können unsere seelische und körperliche Gesundheit beeinflussen, wir können mitbestimmen, wie widerstandsfähig wir sind und wie lange wir leben. Und weil wir einen Teil unserer Prägung sogar vererben, haben wir auch die Persönlichkeit, Lebensqualität und Gesundheit unserer Kinder und Kindeskinder ein Stück weit in der Hand.« (Spork: *Der zweite Code: Epigenetik*, 2020).

Ob im Kapitalismus oder Kommunismus, ob in Religionen oder in der Aufklärung, irgendwie wurde aber immer davon ausgegangen, dass es Machtstrukturen oder Institutionen braucht um zu verhindern, dass sich die dünne Fassade der Zivilisationen auflöst. »Dass Menschen von Natur aus egoistisch, panisch und aggressiv sind, ist ein hartnäckiger Mythos. Der Biologe Frans de Waal spricht deshalb von einer ›Fassadentheorie‹. Die Zivilisation wäre demnach eine dünne Fassade, die beim geringsten Anlass einstürzen würde. Die Geschichte lehrt uns aber das genaue Gegenteil.« (Bregman: *Im Grunde gut: Eine neue Geschichte der Menschheit*, 2020). Geht es nach dem Historiker Rutger Bregman, so ist das negative Menschenbild ein Produkt von *Negativity Bias, Availability Bias* und etwa auch des Noceboeffekts. Demnach wird das, was wir werden, sehr stark davon beeinflusst, was wir glauben. Und das, was eintritt, wird von dem, was wir vorhersagen, bestimmt. Danach fördern wir das Schlechteste in uns zutage, wenn wir einander der Annahme »der Mensch ist im Grunde schlecht« folgend, auch dementsprechend gegenseitig behandeln. Anhand vieler historischer Beispiele untermauert er seine These, dass der Mensch eigentlich im Grunde gut ist. Gemeint ist dabei nicht uneingeschränkt gut, sondern dass der Mensch eine gute und eine schlechte Seite hat und man sich die Frage stellen muss, welche man stärken will. Er zitiert eine Parabel, bei der ein Großvater seinem Enkel erzählt, dass in ihm, wie in jedem Menschen, ein Kampf zwischen zwei Wölfen, einem bösen, schlechten, habgierigen,

und einem liebevollen, ehrlichen und vertrauenswürdigen statt-
findet. Auf die Frage des Enkels, welcher Wolf gewinnen wird,
antwortet der alte Mann: »Der Wolf, den du fütterst.« Es muss
natürlich die Frage erlaubt sein, ob es nicht blauäugig wäre,
einfach auf das Gute in jedem Menschen zu vertrauen. Sicher
ist aber, dass der Homo sapiens bei dieser Frage sehr viel selbst
in der Hand hat.

Der Mensch, auch beeinflusst von *Survival of the Friendliest*
(Hare: »Survival of the Friendliest: Homo sapiens Evolved via
Selection for Prosociality«, 2017) ist ein schlechter Lügner, vertraut anderen schnell und ist eine supersoziale Lernmaschine:
»Schimpansen und Orang-Utans erreichen bei fast allen men-
talen Fähigkeiten ähnliche Ergebnisse wie zweieinhalbjährige
Kinder. Aber in der Kategorie des social learning sind Klein-
kinder in jeder Hinsicht überlegen.« (Bregman: *Im Grunde gut:
Eine neue Geschichte der Menschheit*, 2020). Um diese ausgepräg-
te Fähigkeit, von anderen zu lernen, zum Erblühen zu bringen,
geht es daher auch darum, im Ideen- und Lösungsfindungsprozess stetig Schnittstellen mit Menschen anderer Disziplinen
und anderer Kulturen zu fördern.

Im Mai 2020 wurde der Afroamerikaner George Floyd in der
US-amerikanischen Stadt Minneapolis durch einen Polizisten
getötet. Während drei Kollegen tatenlos zusahen, kniete der
Polizist fast neun Minuten lang auf Floyds Genick, bis dieser
erstickte. Vor allem weil das bei Weitem kein Einzelfall ist, war
die Welt wieder einmal erschüttert, und eine entsprechende
Protestwelle erstreckte sich über den gesamten Globus (Black
Lives Matter). An dieser Stelle muss darauf hingewiesen werden,
dass die Wissenschaft das Konzept »Rasse« für den Menschen
schon seit längerer Zeit ablehnt. Zwischen verschiedenen Po-
pulationen kann es zum Beispiel viel weniger genetische Varia-

tionen geben als innerhalb einer Population (American Society of Human Genetics: *ASHG Denounces Attempts to Link Genetics and Racial Supremacy*, 2018). Ob im Zusammenhang mit Rassismus oder auch etwa mit der gesamten Migrationsdiskussion, muss man sich die Frage stellen, ob Xenophobie (Fremdenfeindlichkeit) dem Menschen in die Wiege gelegt ist. »Aber sprechen die Fakten tatsächlich dafür, dass Xenophobie per se in den Genen liegt? Sind unsere Einstellungen nicht vielmehr von Umwelt und Sozialisierung geprägt? Wie im Falle anderer Merkmale trifft beides zu. So begegnen in den meisten Kulturen manche Leute Fremden mit Skepsis. Dies wird aber bei Weitem nicht von allen Mitmenschen geteilt, was zu erheblichen Zweifeln an Xenophobie als genetisch festgelegter menschlicher Universalie berechtigt.« (Kotrschal: *Mensch: Woher wir kommen, wer wir sind, wohin wir gehen*, 2019). Um im Gegensatz zu Abwehrhaltungen die in der menschlichen Natur durchaus auch angelegte Offenheit und Neugier gegenüber anderem zu stärken, braucht es einen Appell an die Vernunft. Mindestens genauso wichtig ist aber die Ermöglichung von persönlichen Erfahrungen, die dann den Beweis erbringen können, dass es nicht nur anders auch geht, sondern dass dadurch äußerst positive Wirkungen erzielt werden können. Und letztendlich ist es auch wegen ihrer inspirierenden Wirkung für kreative Lösungsprozesse von größter Bedeutung, laufend die Wahrscheinlichkeit für interkulturelle Schnittstellen hochzuhalten.

Der mutige Mensch

»Wir sollen lieber versuchen, der eigenen Endlichkeit und Unzulänglichkeit eingedenk und bewusst, die vorletzten Fragen halbwegs zufriedenstellend zu beantworten.«
(Wetz: Die Kunst der Resignation, 2020).

» Der Mensch wäre also ein grundsätzlich sehr soziales, vernunftbegabtes und lösungsbegabtes Wesen. Und gerade in unserer heutigen Zeit braucht es Menschen, die sich einbringen. Man darf sich dabei von Aussagen wie ›Mein Beitrag ändert ohnedies nichts‹, ›Die anderen werden es schon richten‹, ›Der Mensch ist halt genetisch so‹ oder ›Für eine unvorhersehbare Zukunft kann man sich nicht vorbereiten‹ niemals abhalten lassen. Es braucht also mutige Menschen, die neue Wege gehen und durch Kooperation Veränderungen bewirken wollen. **«**

Die einzelnen Kapitel des Buches *Factfulness* tragen Titel wie *Der Instinkt der Negativität, Der Instinkt der Verallgemeinerung, Der Instinkt der Schuldzuweisung* oder *Der Instinkt der Dringlichkeit*. Ein besonders spannendes Kapitel heißt *Der Instinkt der Angst*. Auch wenn Angststörungen und krankhafte Ängstlichkeit in der westlichen Welt extrem zunehmen, so ändert das nichts daran, dass Angst grundsätzlich ein wertvoller und rettender Instinkt ist. Sätze wie »Wir brauchen mehr Mut zu Neuem!« führen bei so manchen von uns zu der Annahme, dass ängstliche Menschen grundsätzlich nicht bereit sind, Neuland zu betreten. Dieses Widerspruchsverhältnis zwischen Angst und Mut existiert aber so nicht, und diese beiden Zustände sind nicht unvereinbar. Angst und Mut ergänzen einan-

der und führen letztendlich in der richtigen Mischung zu pro-
aktiven, aber auch abwägenden Herangehensweisen an neue
Fragestellungen. Angst ist in unserer heutigen Zeit ein Instrument, nicht verantwortbares, dumm-tollkühnes Handeln zu
minimieren, und Mut dient gleichzeitig dazu, unbegründeten
Ängsten begegnen zu können.

Wissenschaftlich unterscheidet man die Furcht vor konkreten Ereignissen oder Bedrohungen von einer diffusen Angst
wie etwa einer Lebensangst, die eher ein unbestimmtes Gefühl
der Besorgnis und Beklemmung darstellt. Angst kann auch
in unklaren Situationen auftreten, zum Beispiel, wenn man
allein zu Hause ist und ein unbekanntes Geräusch hört. Die
Begründung, warum in der Umgangssprache häufig nur das
Wort »Angst« für beide Emotionen verwendet wird, mag unter anderem auch darin liegen, dass man sich vor ganz konkreten Dingen genauso fürchten kann wie vor eher abstrakten
und dass es auch verschiedenste Ängste gibt. Hin und wieder
ein Risiko einzugehen, neue Ansätze zu verfolgen und kreativer zu sein, kann von Furcht gebremst werden. Von der Furcht
davor, sich zu blamieren, ausgelacht zu werden, Freunde oder
Kollegen vor den Kopf zu stoßen, seinen guten Ruf zu schmälern, seinen Job zu verlieren, kurzfristig weniger Gewinne zu
machen und vieles mehr. Unterfüttert wird das dann auch
noch von diffuseren Befürchtungen (oder Ängsten) vor der
Veränderung, vor dem Versagen, vor dem Scheitern oder vor
der Zukunft. Es gibt sogar so etwas wie eine Furcht vor Erfolg
und dem damit oft verbundenen Erzeugen von Aufmerksamkeit. Auch wenn nach der maslowschen Bedürfnispyramide
Erfolg und Wertschätzung zu den Individualbedürfnissen
gehören, ist es dennoch für so manche Menschen vielleicht
eine Horrorvorstellung, plötzlich im Mittelpunkt zu stehen.
Klar abzugrenzen ist all das von den pathologischen Formen

von Angst wie Angststörungen, Angstzustände oder Panik-attacken.

Angst beziehungsweise Furcht haben letztendlich einen enorm positiven Nutzen. Ängste wurden im Zuge der Evolution verankert, sichern das Überleben und sind ohne Zweifel von so großer Bedeutung, dass der Homo sapiens heute ohne sie nicht wäre, was er ist. Im Angstzustand werden Prozesse im Gehirn ausgelöst, die schließlich zur Ausschüttung von entsprechenden Hormonen im Körper führen. So kommt es neben so manchen anderen Reaktionen zu den wichtigsten Konsequenzen dieses biochemischen Prozesses – der Steigerung der Aufmerksamkeit, der Konzentration und der Leistungsfähigkeit. Unter Angst läuft der Mensch schneller, und mit Angst denkt der Mensch auch anders. Der Physiologe Walter Cannon hat den Begriff »Kampf-oder-Flucht-Reaktion« (fight or flight) geprägt, um damit entsprechend schnelle, intuitive Entscheidungen und Anpassungen in einer Angst- beziehungsweise Stressreaktion zu beschreiben. Ängste können aber auch Unbeweglichkeit auslösen, sie können lähmen. Die extremste Form davon, die Angststarre, ist bei vielen Spezies verankert. Als Konsequenz seiner Evolution trägt auch der Homo sapiens dieses Konzept noch in sich. Es war schon immer quasi eine Lebensversicherung, durch stilles Ausharren von einem möglichen Angreifer unbemerkt zu bleiben. Und wenn man nicht weiß, was die Zukunft bringt, könnte es dann vielleicht besser sein, sich ganz ruhig zu verhalten? Es begegnet einem ja nicht selten immer noch die Idee, dass eigentlich doch alles so bleiben müsste, wie es ist, wenn man nichts tut beziehungsweise zumindest nichts verändert. Das Gegenteil ist der Fall. »Wenn wir wollen, dass alles so bleibt, wie es ist, müssen wir zulassen, dass sich alles verändert« (Giuseppe Tomasi di Lampedusa).

Das richtige Maß an Angst macht den Menschen also wachsam und führt eventuell sogar zu konzentrierten Abwägungen. Es ist außerdem ein sehr erhebendes Gefühl, wenn die Furcht beziehungsweise Angst einen dann wieder verlässt. Angst empfinden zu können hat durchaus auch eine genetische Komponente. Interessanterweise lernt der Mensch Angst aber zusätzlich von Vorbildern. Wenn die Mutter vor einer tödlichen Gefahr flieht, macht es für das Kind Sinn, auch davonzulaufen, auch wenn es die Gefahr selbst noch nicht kennt und selbst noch keine Erfahrungen damit gemacht hat. Es ist eine sinnvolle Überlebensstrategie, dass das Kind als potenzielle Beute von der Angst der Mutter »angesteckt« wird und dann flieht, auch wenn es diesen Räuber noch nie gesehen hat. Dieses Phänomen kennt man auch beim Menschen heute noch. Wenn die Eltern zum Beispiel Angst vor Hunden haben und Hunden ständig aus dem Weg gehen, können die Kinder ähnliche Ängste vor Hunden entwickeln, sich diese Angst quasi »abschauen«. So sinnvoll dieses Abschauen und Verbreiten von Angst sein kann, in unserer Gegenwart könnte es dazu führen, dass man vor etwas Angst hat, obwohl man es gar nicht kennt. Das ist insbesondere von Bedeutung, weil Menschen, was ihre Ängste und Befürchtungen betrifft, durchaus individuell unterschiedlich sein können. Manche fürchten sich unglaublich vor Spinnen, andere nicht. Manche haben mehr Angst davor, Risiken einzugehen, andere weniger.

>> Um die Lösungsbegabung zur Entfaltung zu bringen und immer wieder Neuland zu betreten, braucht es den richtigen Umgang mit einem förderlichen Verhältnis zwischen Angst und Mut. Solch ein fein eingestelltes Verhältnis bietet den idealen Nährboden für das Wachsen der Bereitschaft, sich mutig, kreativ und

kooperativ einzubringen. Es geht einerseits darum, die lähmenden Komponenten eines instinktiven, intuitiven, evolutiv Jahrtausende alten Angstgefühls zu minimieren. Andererseits sollen aber gleichzeitig die durch Angst initiierten Abwägungsprozesse in Gang gehalten werden. **≪**

>»*Und wenn die Wahrheit unerträglich ist,*
>*dann darf man auch gelegentlich mal Urlaub von ihr machen*
>*und sich an Illusionen ausruhen.*«
>*(Wetz: Die Kunst der Resignation, 2020)*

WAS ES BRAUCHT -
Gegenwartskompetenz
Die richtige Mischung

Es gibt verschiedene Formen von Mischungen. Eine Suspension ist ein Gemisch aus Festkörpern, die ganz fein in einer Flüssigkeit verteilt sind. Diese festen Anteile lösen sich dabei nicht in der Flüssigkeit auf wie bei einer homogenen Lösung. Eine Besonderheit der Suspension ist ihre Neigung zur Sedimentation, dem Ablagern oder Absetzen der festen Teilchen aus der Flüssigkeit, etwa unter dem Einfluss der Schwerkraft. Lässt man eine Suspension zum Beispiel einfach stehen, so sinken die festen Anteile zu Boden. Bei einer vollständigen Suspension mit hoher Qualität sind alle festen Partikel gut von Flüssigkeit umspült. Der Sedimentation kann man entgegenwirken, indem man das System in Bewegung hält und durch Rühren und Mischen die festen Anteile immer wieder aufwirbelt, um sie in Schwebe zu halten.

Um die Gefahr des Durchschnitts zu erläutern, habe ich in meinem Buch *Die Durchschnittsfalle* ein Beispiel von Kindern entworfen, denen in einem Turnsaal die Aufgabe gestellt wird, einen Ball (oder mehrere Bälle) zu fangen. Das Beispiel (man sollte es besser eine Geschichte im Sinne des Storytellings nennen), das keinerlei Anspruch auf wissenschaftliche Korrektheit erhebt, hat sich gut bewährt, um meine diesbezüglichen Argumente zu illustrieren. Ich möchte es hier jetzt in einer erweiterten Form anwenden. Und wieder sind Kinder in einem Turnsaal, die die Aufgabe gestellt bekommen, sich heute so aufzustellen, damit sie Bälle, die in der Zukunft kommen werden, fangen können. Diesmal aber wird ihnen gesagt, dass es zwei verschiedene Balltypen gibt, solche, von denen man schon weiß, aus welcher Richtung sie kommen werden, und solche, von denen man nicht weiß, aus welcher Ecke, von welcher Stelle des Saals sie kommen werden (Stichwort – zwei Zukünfte). Es versteht sich fast von selbst, dass sich Kinder dort hinstellen werden, wo mit Sicherheit oder zumindest sehr hoher Wahrscheinlichkeit auch Bälle hinfliegen werden. Sie werden sich dabei selbstverständlich auch intuitiv antizipativ verhalten und versuchen, einen Platz einzunehmen, wo Bälle ankommen, also landen werden, und nicht, wo sie herkommen. Man fängt Bälle nicht dort, wo sie losfliegen. Man muss dafür einen günstigen Platz auf ihrer Flugbahn einnehmen. Wenn man das Team der Kinder »managen« müsste, würde man ihnen auch zu solch einer Vorgehensweise raten.

Aber welchen Rat würden wir den Kindern geben, um auch Bälle fangen zu können, von denen man nicht weiß, woher sie kommen? Wo würde man sich selbst hinstellen? Zuerst würde man natürlich klären wollen, wie unvorhersehbar dieses Zukunftsszenario wirklich ist. Vielleicht kann man ja auch etwas über diese Bälle in Erfahrung bringen? Indem man etwa die Vergangenheit zur Lösung des gegenwärtigen Problems bemüht: »Wo sind die unvorhersehbaren Bälle bisher so her- und angekommen, in all den Turnsälen dieser Welt?« Mit all den dafür erhobenen Daten, vielleicht sogar Big-Data-Analysen, könnte man dann berechnen, wo sie durchschnittlich in Zukunft herkommen könnten (und dafür braucht es jetzt noch nicht einmal eine KI). Aber: Wenn man sich zu sehr auf den Durchschnitt verlässt, kann das zur Gleichmacherei führen. Die abgeleitete Empfehlung an die Kinder könnte dann sogar vorsehen, dass sie sich alle auf beziehungsweise um einen Punkt, der dem Durchschnitt entspricht, aufstellen sollen, denn dort werden schließlich in Zukunft die Bälle auch durchschnittlich ankommen. Gute Statistiker würden das so natürlich nicht rechnen oder vorschlagen, da gibt es viel bessere Ansätze. Wenn nämlich alle auf oder um einen Punkt im Turnsaal stehen, ist die Wahrscheinlichkeit, dass sie viele unvorhersehbare Bälle fangen, die an verschiedensten Stellen ankommen können und werden, nicht hoch. Die Wahrscheinlichkeit ist aber auch nicht null, es könnten ja auch Bälle am Punkt ankommen. An dieser Stelle sei noch einmal darauf hingewiesen, dass dieses Beispiel keinerlei wissenschaftlichen Anspruch erhebt, sondern lediglich ein Bild im Kopf erzeugen soll.

Am Abend kommt eines der Kinder nach Hause und wird von den Eltern gefragt, was es heute gemacht habe. Das Kind antwortet, es habe auf einem Punkt im Turnsaal gestanden und auf einen Ball gewartet, von dem es nicht gewusst habe, wann, woher und wohin er fliegen würde. Natürlich nehmen die Eltern an, das Kind hätte diesen einen Punkt im Saal gewählt, weil früher dort schon viele dieser Bälle hingeflogen seien. Vielleicht aber ist gerade auf diesem einen Punkt überhaupt noch nie ein Ball angekommen. Die dann schwer an ihrem Kind zweifelnden Eltern könnten schließlich nur noch mit der Aussage beruhigt werden: »Liebe Eltern, macht euch keine Sorgen. All die anderen Kinder haben auch an diesem Punkt im Turnsaal gestanden!« Na, wenn es doch alle so machen, so falsch kann das dann ja wieder auch nicht sein. Ab wie vielen Kindern an einem Punkt würden wir das Gefühl entwickeln, so viele können sich gar nicht irren? Ab wie vielen »Likes« glauben wir eine Geschichte, einen Hoax oder Fake News, ohne überhaupt weiter nachzudenken oder zu recherchieren?

>> Und dabei kann man sich die Macht von neuen Ideen, die Wirkung, die das Betreten neuer Wege erzielt, die Kraft der Kreativität, so gut vor Augen führen: Wenn viele um einem Punkt herum stehen und einer stellt sich ganz woanders hin, so kann dieser eine die Wahrscheinlichkeit, wirklich unvorhersehbare Bälle in diesem Turnsaal zu fangen, ganz wesentlich steigern. Es ist weder sicher, dass ein Ball zu diesem einen fliegt, genauso wenig, wie mit Sicherheit ein Ball an dem Punkt ankommt, wo die vielen Kinder (immer) noch stehen. Aber wenn man keine Ahnung hat, wo die Bälle in Zukunft ankommen werden, steigert dieser eine die Wahrscheinlichkeit, irgendeinen davon zu fangen, enorm – vorausgesetzt, man weiß nichts über diese kommenden Bälle, nichts aus der Vergangenheit und auch nichts für die Zukunft. Man kann als Einzelner etwas bewirken! Der Beitrag eines Einzelnen kann sogar Enormes bewirken! Das zu verstehen, ist der beste Wegweiser raus aus der Mitmachkrise.

Und doch hat man in einer Welt von Social Media, Likes, Filterblasen, Echokammern, Shitstorms und Cyber-Mobbing das Gefühl, dass es der eine, der sich vielleicht sogar ganz gern woanders hinstellen würde, wirklich nicht leicht hat. Leicht hatte er es schon früher nicht. Wann sind wir eigentlich an dem Punkt angekommen, an dem es für einen jungen Menschen, der in Ruhe und ohne Probleme Karriere machen will, klüger geworden ist, sich mit der Mehrheit zu irren, als allein recht zu haben? Und so bleibt uns nur, darauf zu achten, dass er es in der Zukunft der Gegenwart leichter hat. Vieles muss dafür getan werden. Anfangen könnte man einmal bei der richtigen Fehlerkultur. <<

Fail Forward (»vorwärts scheitern«) steht für die große Bedeutung des Fehlermachens und des Lernens aus Fehlern im Zusammenhang mit der Entwicklung von neuen, alternativen Lösungen. Wenn man sich heute mit vielen gemeinsam geirrt hat, löst das bestimmt keine Panikattacken aus, wenn man am Abend zu Hause noch einmal den Tag reflektiert. Schlecht fühlt man sich meist nur, wenn man etwas riskiert hat, wenn man einen neuen Weg gegangen ist und sich dabei allein geirrt hat, und die anderen hatten recht. Das muss sich ändern! Die richtige Fehlerkultur führt zum Beispiel in einem Unternehmen dazu, dass der eine, dessen Risikobereitschaft und Kreativität nicht von Erfolg gekrönt war, sich nicht schlecht fühlt. Man soll denselben Fehler nicht zweimal machen. Aber für den einen, der als Einziger und allein woanders im Turnsaal gestanden und sich geirrt hat, soll eigentlich das Gefühl im Vordergrund stehen: »Ich habe die Wahrscheinlichkeit, unkalkulierbare Bälle zu fangen, allein gesteigert!« Solch eine Fehlerkultur fördert Mut.

Erweitern wir dieses Beispiel um noch eine Fragestellung. Begeben wir uns, wie man in der Gaming-Community sagen würde, auf das nächste Level. Nehmen wir an, es wären überhaupt keine berechenbaren Bälle dabei. Was, wenn alle kommende Bälle unvorhersehbar sind, und man hat keinerlei Wissen darüber, wo sie früher einmal hergekommen sind, noch weiß man irgendetwas darüber, wo sie herkommen respektive ankommen werden? Welchen Rat würden wir den Kindern für solch eine komplett unkalkulierbare Zukunft geben? Auch hier gäbe es so manche wirklich wissenschaftliche Herangehensweise. Intuitiv und schnell würden wir wahrscheinlich darauf achten, dass sich die Kinder verteilen, dass jedes Kind woanders steht, dass niemals zwei Kinder genau auf derselben Stelle stehen – Individualität, Vielfalt, Diversität. Auch die Evolution hält viele unterschiedliche Antworten parat, um für die Unvorhersehbarkeit der Zukunft gerüstet zu sein. Man könnte dieses Beispiel auf diesem Level vielleicht auch heranziehen, um über die Wechselwirkungen zwischen Intuition (System 1) und Nachdenken (System 2) zu spekulieren. Zu oft folgen wir einfach dem Gefühl, das uns zum Anpassen an die Mehrheit verleitet. Vielleicht würden wir öfter durch einen Alleingang die Erfolgswahrscheinlichkeit steigern, wenn wir darüber in Ruhe nachdenken würden. Aber eine logisch erscheinende Empfehlung könnte auch manchmal eine intuitive, sogar bessere Lösung behindern. Wir müssen uns fragen, was Kinder tun würden, wenn wir sie nicht bitten würden, sich hinzustellen, sondern wenn wir ihnen nur sagen würden: »In diesem Turnsaal kommen Bälle, ich weiß nicht woher, bitte schaut doch, dass ihr welche davon fangt!« Niemand kennt ein Kind, das sich daraufhin auf einen Punkt im Turnsaal (wo auch immer) stellen würde und den ganzen Tag fixiert darauf warten würde, dass vielleicht einmal ein Ball zu ihm fliegt. Die Kinder würden vielleicht gar nicht viel Nachdenken, sie würden ihrer Intuition folgen. Sie würden im Turnsaal herumlaufen, immer wieder verschiedene Positionen einnehmen (was Kinder halt nun einmal so tun), und dadurch würde eines der wichtigsten Gegenwartselemente entstehen, das uns für eine unvorhersehbare Zukunft rüstet – Flexibilität. Kinder, die sich flexibel bewegen können, können auch reagieren und den antizipierten Platz schnell einnehmen, wohingegen Kinder, die immer statisch auf einem Platz stehen bleiben müssen, selbst einen Ball, der in ihrer Nähe vorbeifliegt, nicht fangen können.

>> Flexibilität ist das Zauberwort schlechthin in dieser schnelllebigen VUKA-Welt mit solch einem laufend hohen Veränderungsausmaß. Das betrifft das Privatle-

ben des Menschen und wahrscheinlich sogar noch mehr seine Berufswelt. Die nachfolgenden Generationen werden nicht mehr ein Leben lang einen einzigen Job haben. Man wird im Laufe eines Berufslebens verschiedene Aufgaben übernehmen und ausfüllen. So manche Berufe werden im digitalen Wandel verschwinden, viele neue werden entstehen. Vor allem auch psychische Flexibilität wird für die notwendige Resilienz unentbehrlich sein. Das gilt es zu trainieren. An den im Turnsaal beweglichen Kindern kann man festmachen, dass zu hohe Flexibilität das Risiko steigert, einander gegenseitig hineinzulaufen oder auf die Nase zu fallen, zu niedrige Flexibilität aber weniger Erfolgserlebnisse durch gefangene Bälle erzeugt. Zu hohe Geschwindigkeit und Flexibilität kann genauso zum Burn-out führen wie zu niedrige. Und ganz niedrige Geschwindigkeit führt auch immer wieder zum Bore-out. **《**

In der Gegenwart der realen Welt müssen wir aber nun einmal beides erwarten, berechenbare und vorher unergründbare Anteile der Zukunft. Für jene Bälle, von denen der Mensch keine Ahnung hat, woher sie kommen könnten, ist flexibles, ungerichtetes Vorgehen gefragt. Für Bälle, von denen er weiß, woher sie (zumindest mit hoher Wahrscheinlichkeit) kommen werden, sollte er sichere, gerichtete, fokussierte Herangehensweisen wählen. *Flexicurity* ist ein Schachtelwort, bestehend aus *Flexibility* und *Security*, das diese Dualität eigentlich gut beschreiben würde. Dieser Begriff (ursprünglich von dem niederländischen Soziologen Hans Adriaansens erstmals verwendet) wird seit vielen Jahren zur Beschreibung eines von Ton Wilthagen erarbeiteten Modells der Arbeitsmarktpolitik, das den Interessenausgleich zwischen Arbeitgebern (Flexibilisierung des Kündigungsschutzes) und Arbeitnehmern (Beschäftigungssicherheit) organisiert, verwendet. Ich schlage für das parallele Anwenden ungerichteter und gerichteter Strategien den Begriff *Un-Directedness* vor. Und »Gegenwartskompetenz« steht für die Fähigkeit, im Jetzt diese Dualität leben zu können. Für das Individuum bedeutet das ein Hin- und Herbewegen zwischen den beiden Strategien unter Berücksichtigung der Tatsache, dass die eingesetzte Zeit und Energie für das eine oder das andere auch immer entsprechend der aktuellen Bedarfslage angepasst werden muss. Für das Organisieren und Führen von Teams mit dem Anspruch, Kreativität und Wandel zu initiieren (Leadership), lautet das Motto »Individualität im Team«. Wenn man zwei Kinder im Turnsaal berät, kann man sie gemeinsam auf eine Stelle stellen (vielleicht sogar erarbeiteten Leitlinien folgend), aber sie werden dann nicht mehr unvorhersehbare Bälle fangen als einer allein. Teambildung bedeutet, ihnen den Rat zu geben, sich auf zwei verschiedene Positionen zu stellen und dann festzulegen, dass jeder gefangene Ball für beide zählt. Dadurch entsteht eine wesentlich höhere Wahrscheinlichkeit. Und noch besser, man schafft Rahmenbedingungen, unter denen auch ein signifikanter Anteil der Kinder auf längere Zeit flexibel sein kann. Wie viel Sicherheit und Fokussierung und wie viel Risiko und Flexibilität gerade für das geleitete Team oder Unternehmen empfehlenswert ist, gilt es, laufend zu evaluieren.

Auf die richtige Mischung kommt es an. Das gilt für die Gestaltung des individuellen Lebensweges jedes Einzelnen genauso wie für die Förderung einer entsprechenden Kultur in Gesellschaften oder Unternehmen. Bei Letzterem kommt die Mischung nicht nur innerhalb des Handlungsspielraums eines Individuums zum Tragen, sondern hier können und müssen zusätzlich viele Individuen zu einem Gesamtkonzept beitragen.

Aktuell ungefährdete Cashcows neben durchaus riskanten, ungewissen Projekten, die vielleicht sogar die SMART-Regeln (spezifisch, messbar, akzeptiert, realistisch, terminiert) einmal außer Acht lassen – das stetig aktualisierte Mischungsverhältnis davon macht es aus.

Anhand dieses Beispiels ist auch klar zu sehen, dass es Grundfähigkeiten gibt, die man jedenfalls braucht, um für die Zukunft gerüstet zu sein. Egal, wo es im Turnsaal steht oder sich bewegt, jedes Kind muss die grundlegende Fähigkeit haben, einen Ball fangen zu können.

Die nachhaltige Förderung von Mut

>*»Sehr kurz und voller Sorgen ist das Leben derer,*
die das Vergangene vergessen, das Gegenwärtige vernachlässigen
und vor der Zukunft Angst haben.«
(Seneca)

Die Ängste des Menschen basieren, wie gesagt, auch auf genetischen Komponenten. Die Entstehung und Ausprägung von Ängsten wird aber sehr stark von der Umwelt mitbestimmt, und daher kann man darauf auch Einfluss nehmen. So nützlich viele dieser instinktiven, intuitiven Ängste über Jahrtausende waren, so sehr haben sie in unserer Zeit oft ihren Nutzen verloren beziehungsweise stehen uns sogar im Weg (Rosling: *Factfulness*, 2018; Pinker: *Enlightenment Now*, 2018). Das ist von besonderer Bedeutung, weil Angst auch ansteckend ist und sich auf einen ganzen Freundeskreis, ein Netzwerk, eine Social-Media-Community oder auf eine ganze Belegschaft ausbreiten kann. So könnte es am Ende des Tages dazu kommen, dass ein Einzelner, obwohl er vielleicht gar keine Angst davor entwickeln würde, deshalb keine neuen Wege einschlägt, weil viele in seinem Umfeld davor Angst haben. Um den individuellen Bedürfnissen des Menschen nach Selbstverwirklichung entgegenzukommen, muss daher ein seine Lösungsbegabung förderndes Umfeld geschaffen werden. Nur dadurch wird die Chance hochgehalten, dass jeder seine Potenziale ausschöpfen und seine Kreativität umsetzen kann, um auch neue Routen zu wählen. Es gilt zu verhindern, dass die Ängste der Mehrheit dem Mut des Einzelnen entgegenwirken. Weil ja schließlich klar ist: »Am Mute hängt der Erfolg.« (Theodor Fontane).

>> Mut ist nicht einfach das Gegenteil von Angst. Und wer mutig ist, ist nicht notwendigerweise frei von Angst. Mut könnte etwas mit der Beherrschung von Angst zu tun haben, auch unter Bedingungen, unter denen die Angst nicht komplett verschwindet. Es wäre sogar kontraproduktiv, Mut dadurch nachhaltig fördern zu wollen, indem man jegliche Ansätze von Angst bekämpft. Man würde dadurch sowohl die unglaublich antreibende Kraft der Angst als auch die Effekte der Angst auf die Leistungsfähigkeit verlieren. Angst kann ein Problem, eine Fragestellung in einen anderen Rahmen bringen (Reframing) und dadurch möglicherweise genau jenen Perspektivenwechsel bewirken, der notwendig ist, um neue kreative Lösungen dafür entwickeln zu können. Wenn man seine gerichteten bewährten Gefilde verlässt und einmal ein neues Konzept ausprobiert, kann durch die damit verbundenen emotionalen Veränderungen Kreativität entstehen, die jemand, für den solche Ansätze seine Komfortzone sind, nicht entwickelt. Seine bekannten angstfreieren Strategien in Richtung angstbehaftete,

neue Herangehensweisen zu verlassen, könnte mit einer Schärfung der Sinne einhergehen und das Reframing könnte dann sogar sehr wahrscheinlich Ideen initiieren, die jemandem, für den diese Herangehensweisen gut bekannt und daher angstfrei sind, vielleicht niemals in den Sinn kommen. **«**

Umgekehrt darf die Angst davor, neue Wege zu gehen, nicht so groß sein, dass man dadurch letztendlich auf den alten Wegen bleibt. Ob unbegründet oder begründet, die Furcht vor dem Blamieren, davor, ausgelacht zu werden, vor dem Verlust seines Arbeitsplatzes etc. muss soweit minimiert werden, dass der Startschuss Richtung neue Routen dadurch gegeben werden kann. Das Auffangnetz der Sicherheit, die Rückversicherung durch den gleichzeitig bestehen bleibenden gerichteten Anteil, die Stabilität des parallel laufenden Bewährten (*Directedness*) ist der Hebel, der die Wahrscheinlichkeit, aktiv zu werden, um das tiefverwurzelte menschliche Bedürfnis nach Selbstverwirklichung und nach der Umsetzung seiner Kreativität (*Undirectedness*) befriedigen zu können, steigert. Die laufende gleichzeitige Verfolgung sicherer und riskanter Konzepte erlaubt es außerdem, sich Schritt für Schritt an den Umgang mit seinen Ängsten heranzutasten, sie soweit in den Griff zu bekommen, dass sie nicht mehr im Weg stehen, sondern sogar genutzt werden können. Das angemessene Maß an Angst schärft die Sinne für kreative Ansätze, und das richtige Ausmaß an Mut durch Sicherheit ist die Eintrittskarte dafür, neue Wege zu betreten. Zu wenig Angst durch möglicherweise zu viel Sicherheit hemmt die Anwendung der Kreativität genauso, wie zu viel Angst die Initiation des kreativen Prozesses blockiert. Nur das richtige Maß an Sicherheit, gemeinsam mit der entsprechenden Fehlerkultur, beflügelt Flexibilität und stabilisiert den notwendigen

Mut, um auch immer wieder kreativ zu sein und neue Wege zu beschreiten.

>> Das richtige Maß an Mut ist außerdem dabei deshalb so entscheidend, weil zu viel Mut gar nicht so selten in Dummheit überschlägt und dann zu vielleicht tollkühnem oder sogar unverantwortbarem Verhalten führen kann. Auch wenn sich vieles dabei erst im Nachhinein herausstellt, kann Risikoeinschätzung und laufende Abwägung etwas mehr Sicherheit schaffen. Sicherheit beflügelt das notwendige Quantum Mut, Sicherheit kann nachhaltig Mut aufrechterhalten, und Mut ohne Sicherheit ist viel zu oft nicht mehr als Dummheit. Einfach nur hemmungslos zu riskieren, ist die eine Sache, aber ein Risiko mit Bedacht und Weitsicht einzugehen, ist die andere. Die nachhaltige Aufrechterhaltung der Dualität aus Mut und Angst, aus Sicherheit und Risiko, soll zu einem stetig proaktiven, aber gleichzeitig abwägenden Einschlagen neuer Wege führen. Das Hin- und Hergehen zwischen den beiden Welten ermöglicht es zusätzlich laufend dazuzulernen, mehr über seine individuellen Erfolgsraten zu erfahren und seinen emotionalen Status beziehungsweise seine Ängste nicht nur besser kennenzulernen, sondern sie vor allem auch in Richtung Kreativität weiterzuentwickeln. In Teams könnte sich diese ›neue‹, im positiven Sinn entwickelte Angst sogar ausbreiten und von Kollegen abgeschaut werden. <<

Die in der Evolution entwickelte Angst vor Verlusten kann sogar größer sein, als uns Gewinne und Erfolge motivieren könnten. Entwicklungsgeschichtlich hat zum Beispiel der Gewinn oder Erfolg oft weniger unmittelbare dramatische Auswirkungen, als ein Verlust, der das Leben oder zumindest einen Körperteil kosten könnte. Daraus leitet sich auch ab, dass die Minimierung dieser instinktiven Angst vor Verlust nicht selten kreativitätsförderndere Effekte hat, als das In-Aussicht-Stellen von Incentives bei Erfolg.

Frau Professor Hartman schreibt in ihrem Buch *Ihr kriegt den Arsch nicht hoch: Über eine Elite ohne Ambition*: »Der Elitist leistet lieber nicht, versucht es gleich gar nicht, damit er auch nicht scheitern kann – und sich somit die Versagensangst spart [...] Im Single Loop gedacht, bedeutet das: ›Warum sollte ich etwas tun, das mir Angst macht? Es widerspricht dem Lustprinzip.‹ Natürlich ist Vermeidungsverhalten kein konstruktiver Umgang mit Angst [...].« Es besteht Einigkeit darüber, dass Angst gerade für junge Menschen der schlechteste Ratgeber in der Gegenwart für eine erfolgreiche Zukunft ist. Aber ist es nicht so, dass die Talente der nächsten Generation auch deshalb oft nur schwer erblühen können, weil die Generationen darüber ihr zu oft Angst vor der Zukunft machen – ob im Elternhaus, in der Ausbildung oder in den Medien? Ist diese Angst vor der Zukunft nicht überhaupt unbegründet, weil die Fragen der Zukunft eigentlich Fragen der Gegenwart sind, nur zu einer anderen Zeit? Sind viele Probleme, vor denen man sich zum Beispiel im Zuge der industriellen Revolutionen der Menschheit gefürchtet hat, nicht heute schon gelöst? Wer fürchtet sich heute noch vor dem Jahr 2019? In der Zukunft der Gegenwart muss jedenfalls alles daran gesetzt werden, den Menschen nachhaltig zu ermutigen, immer wieder seine Kreativität zu entfalten.

Gerichtete und ungerichtete Strategien

Eine Strategie ist ein Plan, bei dem man im Vorhinein, also in der Gegenwart, versucht, möglichst alle Parameter zu kalkulieren und sie dann zu berücksichtigen, um schließlich ein definiertes Ziel in der Zukunft zu erreichen. Eine Strategie ist also auf ein Ziel ausgerichtet. Das führt oft zu der Argumentation, dass es keine Strategie für die unvorhersehbare Zukunft geben kann. Welches Ziel sollte man da verfolgen? Zusätzlich sollte man diskutieren, wie sehr ein ungerichteter Prozess eine Strategie sein kann. Beides muss deshalb genauer hinterfragt werden, weil man zu oft beobachten muss, dass ungerichtete Konzepte nicht verfolgt werden und, noch schlimmer, dass man sich in der Gegenwart nicht ausreichend mit den unberechenbaren Zukunftsanteilen beschäftigt.

Vielleicht entstehen entsprechende Unklarheiten sogar eigentlich mehr dadurch, dass es verschiedene Auffassungen darüber gibt, was ein Ziel ist. Die einen argumentieren, dass ein Ziel ein in der Zukunft liegender Endpunkt ist. Hat man diesen Endpunkt erreicht, ist man da angelangt, wo man hinwollte, dann hat man auch das Ziel erreicht. Dafür muss das Ziel zumindest relativ klar definierbar sein, und man muss es sich vorstellen können (grundsätzlich einmal unabhängig davon, ob es etwas Gutes oder etwas Schlechtes ist). Der Ausspruch »Der Weg ist das Ziel« soll von dem chinesischen Philosophen Konfuzius stammen. Auch in diesem Fall kann man eine Vorstellung davon haben, auch wenn das Ziel nicht ein bestimmter Endpunkt sein muss. Diese Dualität beinhaltet, dass einerseits ein definiertes Ziel als Endpunkt durch ein gerichtetes Vorgehen erreichbar ist, dass aber auch andererseits das Etablieren und Verfolgen eines laufenden ungerichteten Prozesses ein Ziel sein kann.

Davon unabhängig ist es selbstverständlich empfehlenswert und zugleich wünschenswert, sich Ziele zu setzen. Und es ist auch überhaupt nichts dagegen einzuwenden, Erfolg darüber zu definieren, ob man sein Ziel erreicht hat oder nicht. Allerdings erst dann, wenn man Erfolg durch das Werk eines Menschen beschreibt (Hürter, Reinhard, Vašek: *Das Märchen vom Erfolg*, 2015), fügen sich die Dualitäten sinnvoll ineinander. Das Werk eines Menschen beschreibt nämlich einerseits das Tätigsein, das Am-Werk-Sein selbst und andererseits auch das Endprodukt, das Werk, das den Tag überdauert. Der Weg in Richtung bekannte Zukunft steuert gerichtet auf ein Ziel zu, und das Erreichen des gesetzten Endpunktes ist sehr oft durch das Fertigstellen eines Werkes (im weitesten Sinn) von Erfolg gekrönt. In Richtung unvorhersehbare Zukunft ist der Weg das Ziel, und man soll dabei erfolgreich ungerichtet am Werk sein und bleiben.

» Und nun gilt es noch, die Frage zu klären, ob es überhaupt eine Strategie sein kann, ungerichtet am Werk zu sein. Die Antwort ist so einfach wie wichtig: Ungerichtet ist nicht planlos! Einerseits bedarf es eines Planes, wenn man fokussiert auf ein bekanntes Ziel zusteuern will. Andererseits ist es aber genauso wichtig, einen konkreten umsetzbaren Plan zu haben, wie man sich für die unvorhersagbaren Zukunftsanteile rüstet und man sie dadurch auch gestaltet. Beides, sowohl fokussierte als auch ergebnisoffene ungerichtete Strategien, braucht es im Bildungswesen, im Talent- und Personalmanagement, in der Wissenschaft, in der Medizin, in der Politik und in der Arbeitswelt. Gerichtet oder ungerichtet, es braucht immer Strategien mit dem entsprechenden Monitoring, mit Korrekturmöglichkeiten und mit laufenden Weiterentwicklungen. **«**

Es muss sogar die Frage erlaubt sein, ob es in einem kompetitiven Umfeld, sei es nun in der Unternehmenswelt oder etwa in der Wissenschaft, nicht in Summe und auf längere Zeit betrachtet, erfolgversprechender ist, sich mehr auf ergebnisoffene flexible Strategien zu konzentrieren, als auf die fokussierten Konzepte in Richtung bekannter Ziele zu setzen. Lösungsbegabung kann dann ideal zur Entfaltung gebracht werden, wenn beides parallel geschieht. Aber es gäbe vielleicht sogar ein Argument, flexible, riskante Strategien mit besonderer Akribie zu verfolgen. Ganz allgemein, aber speziell in einem kompetitiven Umfeld gilt es ja schließlich zu fragen, wo sich mehr Unterschied erzeugen lässt, und wodurch ein Alleinstellungsmerkmal (USP, *unique selling proposition* oder *unique selling point*) entwickelt werden könnte. Es gab einmal eine Welt oder eine Zeit, in der Erfolg auch wesentlich vom Informationsvorteil abhängig war: Ich weiß etwas über die Gegenwart und noch besser über die Zukunft, was du nicht weißt! Es scheint allerdings ein grundlegendes Wesensmerkmal des digitalen Wandels zu sein, dass solche Informationsvorteile immer mehr verschwinden.

Noch nie in der Menschheitsgeschichte hatte der Homo sapiens solch einen umfangreichen und niedrigschwelligen Zugang zu Daten und Informationen wie heute. Vorbei die Zeiten, in denen man am richtigen Lagerfeuer sitzen musste, um an die richtigen Informationen zu kommen. Und welchen enormen Einfluss auf den Zugang zu Information und Wissen hatte erst die Erfindung des modernen Buchdruckes durch Johannes Gutenberg. Und heute? Die weltumspannenden Möglichkeiten, über das Internet an Echtzeitinformationen zu gelangen, digitale Daten zu sammeln oder sogar digitale Fußabdrücke auszuwerten, stehen heute jedem Tag und Nacht, wo auch immer man sich gerade befindet, zur Verfügung. Dies führt wahrscheinlich auch immer öfter dazu, dass andere mehr über mich, mein Tun oder mein Unternehmen wissen als ich (auch weil mich all diese Daten über mich vielleicht gar nicht so interessieren). Es gab Zeiten, in denen – so wie ich es nenne – »*Keep-them-busy*«-Strategien noch erfolgversprechend waren. Damals war es vielleicht noch möglich, einen Konkurrenten beschäftigt und in Schach zu halten, indem man ihm nicht sagte, was man schon wusste, oder noch perfider, indem man ihm die falschen Informationen zukommen ließ. Aber in Zeiten einer digitalen, gläsernen Welt weiß jeder doch eigentlich immer schon alles über alles oder jeden. Die Richtung, aus denen die vorhersehbaren Bälle kommen werden, sind allgemein bekannt, und es stehen folglich auch all die anderen schon auf den entsprechenden Punkten im Turnsaal. Unterschiede kann man eigentlich mehr dadurch erzeugen, indem man seine ungerichteten Strategien für die unvorhersehbaren Bälle schärft. Gerade in solch einem volatilen schnelllebigen Wandel wird sich in Bezug auf Erfolg die Spreu vom Weizen wahrscheinlich auf lange Sicht eher dadurch trennen, wie intensiv man sich als Mensch oder Unternehmen mit dem unberechenbaren Morgen beschäftigt. Seine Kreativität und Innovationskraft darauf auszurichten, Lösungen für bereits bekannte offensichtliche Probleme wie beispielsweise offene Kundenwünsche, bekannte Krankheiten ohne dafür existierende Therapien oder notwendige technologische Anforderungen zu entwickeln, ist so unverzichtbar wie auch erfolgversprechend. Aber vollkommen neue, noch ungerichtete Entwicklungen können einerseits Antworten auf Fragen sein, die man heute noch nicht kennt, die aber morgen kommen können, und haben andererseits auch ein höheres Potenzial, die Zukunft schöpferisch mitzugestalten. Zusätzlich ist es möglich, dass man sich bei den die Zukunft betreffenden Vorhersagen geirrt oder verkalkuliert hat. Dann kann es sehr schnell den entscheidenden Unterschied machen oder gar überlebenswichtig werden, parallel auch immer riskantere, ergebnisoffenere Strategien verfolgt zu haben. Die Bedeutung eines fokussierten, zielstrebigen Gehens in die Zukunft soll natürlich keinesfalls geschmälert werden. Es ist geradezu unverantwortlich, oft auch schlechtweg enttäuschend, dass so manche nicht dazu bereit sind, den antizipierten Punkt im Turnsaal für bereits kalkulierte Bälle einzunehmen. Einen Arzt, der eine gute Therapie kennt, sie aber zur Heilung nicht anwendet, würde man zu Recht fragen, warum er diesen Ball nicht gefangen hat. Einen Mitarbeiter, der die Richtung des Balles kannte, aber entweder zu wenig gut vorbereitet oder gar zu faul war, um den richtigen Platz im Turnsaal einzunehmen, würde man zu Recht darauf ansprechen. Und genauso muss man mit Nachdruck fragen, warum der Homo sapiens auf dem »Planeten Turnsaal« nicht bereit ist, zum Beispiel auf das für seine Zukunft fatale Faktum von zu viel Plastik in den Ozeanen auch entsprechend zu reagieren.

Relativ unabhängig davon, wen man fragt, die meisten kommen zu der Einschätzung, dass etwa 90 Prozent aller neu gegründeten Start-up-Unternehmen scheitern, sehr oft in den ersten Jahren nach Gründung. Viele Start-ups erreichen den Break-even-Point (Gewinnschwelle), nachdem sie Gewinne machen können und nicht mehr vom Geld der Investoren leben müssen, nie. *Unicorns* (Einhörner) werden Start-ups genannt, die es schaffen, vor dem Börsengang von Investoren mit mindestens einer Milliarde US-Dollar bewertet zu werden. Wenn man die Wahrscheinlichkeit für solch ein Ereignis in Zahlen ausdrücken will, kommt einem vielleicht sogar ein anderer Tiervergleich in den Sinn – der schwarze Schwan (auch wenn diese beiden Tiervergleiche inhaltlich nichts miteinander zu tun haben). Der von der Universität Duisburg-Essen, dem *Bundesverband*

Deutsche Startups und von PricewaterhouseCoopers herausge-
gebene *Deutsche Startup Monitor 2019* stellt bei Start-ups eine
hohe Flexibilität fest: »Auf Ereignisse wie neue Marktchancen
(90,5 Prozent) sowie Veränderungen der Kundenbedürfnisse
und -präferenzen (87,0 Prozent) reagieren die untersuchten Start-
ups besonders häufig (eher / sehr) flexibel.« Erfreulicherweise
geben über 60 Prozent der Gründer an, im Falle des Scheiterns
des Unternehmens wieder ein Start-up gründen zu wollen (*Deutscher Startup Monitor. Mehr Mut, neue Wege*, 2019).

CB Insights ist selbst ein Start-up mit Sitz in New York, das
Software programmiert, die auf umfangreiche Daten basieren-
de Prognosen zu Zukunftstrends erlaubt. Ihr Motto lautet:
»Without data, you're just another person with an opinion.« CB
Insights hat sich 101 gescheiterte Start-ups näher angeschaut.
Über 40 Prozent davon scheiterten am Marktpotenzial, weil sie
ihre Produkte oder Dienstleistungen am Markt vorbeigeplant
hatten. Im schumpeterschen Sinn handelt es sich ja erst dann
um eine Innovation, wenn sie sich am Markt auch durchsetzt.
Der zweithäufigste (29 Prozent) unter den 20 Top-Gründen,
warum diese Unternehmen scheiterten, waren Liquiditätspro-
bleme (www.cbinsights.com). Start-ups beruhen auf kreativen
Ideen und sind flexibel, scheitern aber oft an mangelnder stra-
tegischer Planung und Umsetzung. Es scheint so, dass so manche Start-ups nicht deshalb scheitern, weil sie ungerichtet un-
terwegs sind, sondern eher, weil sie dabei manchmal keinen
Plan haben. Umgekehrt kommt die klassische *Corporate-World*
nicht selten dadurch ins Schwanken, dass sie zu sehr auf bewährte gerichtete Strategien setzt und Flexibilität, Kreativität
und Innovationskraft dabei zu kurz kommen. Die einen sind
Profis in Flexibilität und Kreativität, könnten aber manchmal
etwas mehr gerichtete Strategiearbeit brauchen. Die anderen
surfen zumeist schon viele Jahre auf bewährten fokussierten

Strategiewellen und könnten sich nicht selten durch etwas mehr Risiko, Kreativität und Innovationskraft besser dagegen absichern, ins Wasser zu fallen. Gegenwartskompetenz kann folglich beiden helfen.

Die beflügelnde Wechselwirkung

Von dem österreichischen Lyriker Erich Fried stammt der Ausspruch: »Wer will, dass die Welt so bleibt, wie sie ist, der will nicht, dass sie bleibt.« Unter dem heutzutage zunehmenden globalen Konkurrenzkampf sind für viele Unternehmen Slogans wie »Wer im Strom nicht rudert, treibt zurück!« oder »Wer stehen bleibt, fällt zurück!« zu allgegenwärtigen Maximen geworden. »Veränderung«, »Agilität« und »Flexibilität« sind aber auch Begriffe, die aus dem Privatleben in VUKA-Zeiten nicht mehr wegzudenken sind.

>> All das meint keinesfalls, dass man Bewährtes nicht bewahren soll. Es bedeutet auch nicht, dass man Lösungsansätze, die in der Vergangenheit gut funktioniert haben, nicht weiterhin verwenden soll. Bewährte Errungenschaften fortlaufend wieder einzusetzen, ist die Basis für Fortschritt. Immer wieder auf den Ausgangspunkt zurückzugehen beziehungsweise auf nichts aufzubauen, stünde im klaren Widerspruch zu dem eigentlichen Charakter des Fortschrittes, der auf einem fortlaufenden, immerwährenden Voranschreiten beruht. Man muss das Rad nicht laufend neu erfinden, bereits etablierte Technologien können und sollen zur Lösung neuer Probleme angewendet werden, und man ist verpflichtet, gut wirkende Therapien weiterhin zur Heilung einzusetzen.

Man kann, soll und muss dabei selbstverständlich auch auf die bereits zur Verfügung stehenden Erfahrungen, Entdeckungen und Erkenntnisse anderer aufbauen. Keinesfalls soll oder muss man jede Erfahrung selbst machen und auch selbst auf die heiße Herdplatte greifen. Der Fluss der Wissenschaft, im wahrsten Sinne des Schaffens von Wissen, fließt voran, indem die Beantwortung der einen Frage die Basis bildet, um die nächste Frage stellen zu können. Innovationen sind die Steigbügelhalter für die Entwicklung nächster Innovationen. Und Innovationen beruhen in der Regel auf der Neukombination, Anwendung und Weiterentwicklung bereits existierender Technologien oder Konzepte, genauso wie revolutionäre Ideen durch die Neukombination von bereits existierenden Gedanken und Erkenntnissen entstehen. Kein neuer Einfall, keine frischen Gedanken ohne alte, bereits zur Verfügung stehende Geistesblitze. **❮❮**

An dieser Stelle muss betont werden, dass eine in die Zukunft orientierte kompetente Gegenwart nur dann möglich ist, wenn man die Vergangenheit gut kennt. Das kann natürlich nicht so verstanden werden, dass man alles, was einmal war und was es bereits gibt, wissen beziehungsweise kennen muss. Aber einerseits unterstreicht es die enorme Bedeutung des Archivierens von Daten, Informationen und Wissen. Dasselbe gilt übrigens im Besonderen auch für das Archivieren von Fehlern oder gescheiterten Ansätzen. Gleichzeitig muss all dieses Wissen in der Gegenwart so organisiert sein, dass es gut zugänglich und effizient verwendbar ist. Und schlussendlich sollte man in seinen spezifischen Fachgebieten, in allen Bereichen, in denen man erfahren ist, Wissen in abrufbarer und verwendbarer Form mit sich tragen. Ob etwas neu ist oder nicht, kann nämlich nur der wirklich beurteilen, der in diesem Fachbereich das bereits Bekannte und Existierende tatsächlich gut kennt. Die Beurteilung des Neuwertes bedarf eines wirklich fachkundigen Blickes zurück. Nur ein Spezialwissen, das ein Thema wahrhaftig durchdringt, stellt sicher, dass dieses Know-how über die Vielfalt und die Qualität der entwickelten Netzwerke und Quellen stetig auf dem neuesten Stand gehalten werden kann und dann auf höchstem Niveau im Zusammenhang mit neuen, anderen Fragestellungen abgerufen und angewendet werden kann. Altes Wissen neu zu kombinieren und neu zu denken, ist unverzichtbar, um neue komplexe Assoziationen entstehen lassen zu können. Solch ein Kontextverständnis gemeinsam mit der Kenntnis der Dynamik eines Fachgebietes und dem bevorzugten Zugang zu neuem Wissen als Insider bildet die Basis für die Entwicklung von Kompetenzen, bei denen der Homo sapiens Maschinen überlegen ist (Gutstein, Sviokla: *7 Fähigkeiten, die keine Maschine beherrscht*, 2019). Die optimale Ausgangslage dafür, neue Lösungen zu entwickeln, ist es, in einem Fachbereich wirklich etwas zu können und zu wissen.

Dieses hochqualitative Wissen, gepaart mit den individuellen Erfahrungen, setzt man ja bei seinen gerichteten, fokussierten Strategien permanent ein. Und wann immer man neue, riskantere Strategien startet, nimmt man dieses Wissen natürlich mit. All die Fertigkeiten, die man laufend für gerichtete Konzepte zum Einsatz bringt, können dann im Zuge der Etablierung von flexibleren, ergebnisoffeneren und vielleicht auch riskanteren Herangehensweisen zur Anwendung kommen. Genau dasselbe gilt auch für die Netzwerke an tiefen Freundschaften und an oberflächlichen Bekanntschaften, die man sich im Laufe seiner gerichteten Tätigkeit im Zusammenhang mit vorhersehbaren Zukunftsanteilen aufgebaut hat. Auch diese Netzwerke, bei denen der Mensch Maschinen ebenfalls überlegen ist

(Gutstein, Sviokla: *7 Fähigkeiten, die keine Maschine beherrscht,* 2019), nimmt man natürlich immer mit. Und so erweitert sich der Kreis der Menschen, deren Denken und Handeln das Erarbeiten von neuen kreativen Ansätzen für die unbekannte Zukunft beeinflusst, automatisch und wesentlich. Dasselbe gilt im gleichen Maße für alle Ressourcen, Technologien und für die Infrastruktur, die für fokussiertes Denken und gerichtetes Arbeiten zur Verfügung stehen. Durch das gleichzeitige Anwenden gerichteter und ungerichteter Strategien und durch das immer wiederkehrende Verlassen seiner Komfortzone können Erfahrungen, Wissen, Netzwerke, Ressourcen, Infrastruktur und Technologien, mit deren Anwendungen man gut vertraut ist, in andere Beziehungen gebracht werden und durch den damit verbundenen Perspektivenwechsel mit Sicherheit immer wieder erfolgreich zur Lösung anderer Probleme eingesetzt werden. Ob in privaten oder beruflichen Zusammenhängen, das gleichzeitige Weiterverfolgen sicherer gerichteter Konzepte führt zu einer laufenden Qualitätssteigerung der dafür eingesetzten Instrumente, die dann auch immer in ihrer ganz aktuell verbesserten weiterentwickelten Form der Aktivierung der Lösungsbegabung und dem Kreativprozess in Richtung unbekannte Zukunft zugutekommen.

Das alles wäre nur halb so erfolgversprechend, würde nicht die Beflügelung auch in die andere Richtung stattfinden. Denn obwohl ein bewährter Ansatz eigentlich immer gut funktioniert hat, kann es trotzdem einen anderen geben, der noch besser funktioniert. Auch wenn das traditionelle Geschäftsmodell jetzt schon über lange Zeit krisensicher und gewinnbringend war, es ist trotzdem mit hoher Wahrscheinlichkeit noch verbesserbar. Und auch wenn im privaten und gesellschaftlichen Leben Traditionen von großem Wert sein können, ist es auch immer wieder notwendig, sie am aktuellen Stand der Zeit zu hinterfragen.

Selbst ein bisher hoch erfolgreicher Lebensweg kann manchmal neuen Gegebenheiten nicht mehr gerecht werden. Es gibt nichts, was nicht auch noch besser werden könnte. »Das war schon immer so« berücksichtigt außerdem nicht, dass sich die Zeiten ändern. Was gestern gut war, kann heute im extremsten Fall sogar schlecht sein. Und ob das, was heute gut ist, morgen auch noch passt, hängt von vielen Parametern ab – viele davon lernt man erst in Zukunft kennen. Diesem Aspekt kommt in VUKA-Zeiten mit höchstem globalen Veränderungsgrad nahezu im Stundentakt eine größere Bedeutung zu. Die Bedingungen ändern sich stetig – heute aber eben mit viel höherer Geschwindigkeit als früher.

Im Zuge der neolithischen Revolution begann der Aufstieg einer der wichtigsten Innovationen der Menschheit, die das Überleben des Homo sapiens bis heute entscheidend mitgeprägt hat – der Landwirtschaft. Dank laufender inkrementeller und radikaler Weiterentwicklungen ist es möglich, zumindest den überwiegenden Anteil einer so stark gewachsenen Bevölkerung auf dem Planeten Erde zu ernähren. Dass Hunderte Millionen Menschen weltweit immer noch an Hunger leiden, liegt heute immer seltener daran, dass es mengenmäßig zu wenig Nahrung gibt, sondern meist eher daran, dass die Nahrung aufgrund sozialer, politischer oder ökonomischer Faktoren nicht dorthin gelangt, wo sie gebraucht wird. Aber gerade die quantitativen Entwicklungen der Landwirtschaft haben dazu geführt, dass sie im 21. Jahrhundert als Mitverursacher der Klimakrise diskutiert werden müssen. Das Treibhausgas Methan, das wesentlich klimawirksamer ist als CO_2, entsteht nicht nur, aber unter anderem auch, im Zuge der weltweiten Tierhaltung zur Abdeckung des Fleischkonsums. Es steht daher genauso zur Diskussion wie zum Beispiel die Abholzung von Regenwald, um das Futtermittel Soja anbauen zu können. Innovationen und Technologien sind per se nicht gut oder schlecht, die Frage ist, was man damit macht. Nachhaltig Landwirtschaft zu betreiben, Aufforstungen zu fördern, die Verschwendung von Lebensmittel einzudämmen und einfach auch weniger Fleisch zu essen, wären entsprechende Lösungsansätze. Das Internet ist genauso wenig schuld an der missbräuchlichen Verwendung digitaler Daten, wie etwa gentechnische Innovationen dafür verantwortlich sind, dass der Forscher He Jiankui widerrechtliche genetische Eingriffe in das Erbgut von Menschen gemacht hat. Selbst mit einem Messer kann man Brot schneiden oder jemanden ermorden – es kommt darauf an, was man damit macht.

Es gibt aber auch die Möglichkeit, dass neues, die Technologie selbst betreffendes Wissen den Blick verändert. Die aus natürlich vorkommenden Mineralen hergestellten Asbestfasern haben aufgrund ihrer Dämmeigenschaften, ihrer Verwebbarkeit, Hitze- und Säurebeständigkeit und Festigkeit breite Anwendung in der Schifffahrt-, Autoreifen- und Bauindustrie sowie etwa in der Wärmedämmung oder der Produktion bestimmter Textilien gefunden. Heute ist der Einsatz von Asbest in der Europäischen Union, in der Schweiz oder in den USA verboten (oder nur mehr für ganz bestimmte Anwendungen erlaubt), weil man herausgefunden hat, dass dadurch verschiedene Krebsarten wie etwa Lungenkrebs, Rippenfellkrebs oder Kehlkopfkrebs ausgelöst werden können. Ich spreche gern vom sogenannten »Asbest-Faktor«, wenn es möglich ist, Entwicklungen und Technologien, von deren negativen Folgen oder Eigenschaften man später Kenntnis gewinnt, dann auch wieder aus dem System zu nehmen. Es muss aber auch klar sein, dass dieser »Asbest-Faktor« eben bei manchen Entwicklungen nur schwer umsetzbar ist beziehungsweise es ab einem bestimmten Punkt dafür einfach zu spät sein kann.

>> Man muss also laufend überprüfen, ob sich auch noch so erfolgreiche Ansätze heute in dieser Form noch bewähren. In diesem Zusammenhang kann die Rolle eines effizienten, sensitiven und spezifischen Monitorings nicht hoch genug eingeschätzt werden. Nicht selten verhält es sich mit bewährten Geschäftsmodellen oder mit lang erfolgreichen individuellen Konzepten im Berufs- und Privatleben wie mit der Flamme einer Kerze. Sie brennt immer gleich und in derselben Höhe, und man erkennt erst, dass die Kerze abgebrannt ist, wenn es schon zu spät ist. Alle Lösungen, die man beim Anwenden ungerichteter Strategien gefunden hat, alle Fehler, die man gemacht hat, alle Erkenntnisse, Erfahrungen, Innovationen und Netzwerke, die man dabei dazu gewonnen hat, können durch die Umsetzung beider Strategien immer sehr rasch, nahezu zeitgleich, auch auf ihren Nutzen für die gerichteten, vielleicht eben nur scheinbar bewährten Prozesse überprüft werden. **<<**

Es ist an dieser Stelle wichtig, noch einen weiteren Aspekt klarzustellen. Die Empfehlung, auch nach der Entscheidung etwas zu riskieren, zusätzlich weiterhin sichere gerichtete Strategien weiterzuverfolgen, entspricht nicht dem Konzept eines Risikomanagements. *Directedness* managt nicht das Risiko von *Undirectedness*, und ein entsprechendes Risikomanagement ist sowohl für gerichtete, bewährte als auch für ergebnisoffene, flexible Vorgehensweisen unumgänglich. Vorwiegend in Unternehmen, aber im übertragenen Sinn quasi auch im individuellen Privat- oder Berufsleben, steht Risikomanagement für die Beurteilung von Risiken, inklusive Risikoidentifikation, -analyse und -bewertung, und für Risikobewältigung und Risikokommunikation. Die große Bedeutung des Risikomanagements ergibt sich auch aus der Tatsache, dass Risiken individuell verschieden wahrgenommen werden. Monitoring und eine möglichst objektive Wahrnehmung von Risiken sind bei gerichteten, fokussierten, scheinbar komplett sicheren Konzepten deshalb so wichtig, weil sich eben die Zeiten ändern und man gar nicht selten auch unter Betriebsblindheit leidet. Selbst die ganz persönlichen Annahmen »Damit bin ich immer erfolgreich gewesen« oder »Das hat immer so sehr gut funktioniert« immunisieren nicht gegenüber vielleicht schon seit Längerem dabei bestehenden Risiken, die man subjektiv nicht wahrnimmt oder wahrnehmen will. Das Nicht-Wahrnehmen von Gesundheitsrisiken ist zum Beispiel ein ganz typischer mitbestimmender Faktor bei der Verursachung von Herzinfarkten oder Burn-out-Syndromen, die gerade im Hamsterrad des Gewohnten und Bewährten häufig auftreten. Wenn man neue Wege einschlägt und dabei flexiblere, riskantere Vorgehensweisen verfolgt, ist aus Gründen, die nicht weiter erklärt werden müssen, ein entsprechendes Risikomanagement sowieso unverzichtbar. Nicht nur Mut ohne Sicherheit und nicht nur planloser Mut, sondern auch ein mutiges Vorgehen ohne begleitendes Monitoring und ohne laufende Risikobewertung muss sich den Vorwurf der »Dummheit« gefallen lassen.

Sowohl im Privatleben als auch im beruflichen Umfeld sind die beiden Hebel, Mut aus Sicherheit und die gegenseitig befruchtenden Kräfte auf die wechselwirkenden Instrumente, Treiber des Erfolgs. Es ist dabei naheliegend, dass das dafür notwendige gleichzeitige Verfolgen gerichteter und ungerichteter Strategien vorwiegend innerhalb seines traditionellen Fachbereiches, innerhalb seiner Kerndisziplin, zur Anwendung kommt. Sollte man den Plan verfolgen, in einer grundlegend anderen Disziplin tätig zu werden, so müsste die Empfehlung, das unter Anwendung von *Un-Directedness* zu tun, noch nachdrücklicher sein. Ob in seiner traditionellen Disziplin oder in einem anderen bisher noch nicht betretenen Fachbereich, vorhersehbare und unvorhersehbarere Zukünfte gilt es in beiden zu berücksichtigen. Eigentlich muss man sogar zu dem Schluss kommen, dass gerade Menschen oder Unternehmen, die ihren Beschäftigungsbereich wechseln, besonders von solch einer dualen Vorgehensweise profitieren können.

» In diesem Zusammenhang ist es wichtig, klarzustellen, dass es nicht darum geht, sich permanent gleichzeitig mit zwei komplett verschiedenen Disziplinen zu beschäftigen. Es ist nicht gemeint, gerichtete Strategien in seinem Fachbereich und ungerichtete Strategien in einer anderen Disziplin zu verfolgen – oder gar umgekehrt. Es geht vielmehr um den intradisziplinären Umgang mit zwei Zukünften. Das primäre Ziel ist die Weiterentwicklung von Kreativität, Ideenreichtum und Erfolg innerhalb einer, seiner, Disziplin. Man soll bei dem, was man tut, besser werden, indem man die Chance der Unvorhersehbarkeit mit ins Boot holt. Die Hoffnung ist, dass man ein noch höheres Niveau erreicht, indem man sich noch tiefgründiger mit einer Sache beschäftigt und sich dabei gleichzeitig auch breiter aufstellt. **«**

Ob nun in seiner ureigenen, gut bekannten Disziplin oder in einem neuen Fachbereich, diese intradisziplinäre Anwendung initiiert Mut, aus Sicherheit über neue Ansätze nachzudenken. Dabei entsteht allerdings oft automatisch auch eine Nähe zu anderen Disziplinen, innerhalb derer diese Strategien schon erfolgreich für andere Fragestellungen angewendet wurden. Zusätzlich sucht man beim Arbeiten an riskanten Konzepten auch wahrscheinlicher den Rat von Experten und Profis aus anderen Disziplinen oder Branchen, die schon Erfahrungen mit vergleichbaren Ansätzen gewinnen konnten. Das erzeugt eine Grundbeweglichkeit im Denken, initiiert Mut, Neues zu planen, und unterstützt den positiven, vielleicht sogar kreativitätsfördernden Umgang mit seinen Ängsten. All das schmälert die Berührungsängste mit anderen Fachbereichen genauso, wie es die Neugier auf die strategischen Herangehensweisen anderer Disziplinen fördert.

Durch die empfohlene Beschäftigung mit beiden Zukünften ergibt sich noch ein zusätzlicher Antrieb, sich mit anderen Disziplinen auseinanderzusetzen. Obwohl die beiden Faktoren untrennbar miteinander verbunden sind, ist, sich für die Zukunft zu rüsten, nicht ganz dasselbe, wie sie zu gestalten. Weil man es aufgrund seiner Kompetenz kann, ist es gewissermaßen Recht und Pflicht zugleich, in seiner ureigenen Disziplin zu gestalten. Rüsten soll man sich aber auch für Trends aus anderen Bereichen. Diese Wechselwirkung zwischen Gestalten und Sich-Rüsten steigert zusätzlich die Wahrscheinlichkeit, an den Schnittstellen verschiedener Disziplinen zu agieren. In Summe kommt es dabei dazu, in seinem Fachbereich mutig gerichtet und ungerichtet zu gestalten und sich auch mit anderen Disziplinen zu beschäftigen, um für seinen Fachbereich zu lernen und um sich zu rüsten. Genau an dadurch entstehenden interdisziplinären Schnittstellen entwickelt sich das, was der Harvard-Absolvent, Gründer und Berater Frans Johansson den *Medici-Effekt* nennt.

Die zentrale Aussage des 2004 erstmals erschienenen und 2017 neu aufgelegten Buches *Der Medici-Effekt: Wie Innovation entsteht* lautet, dass Interdisziplinarität Innovationen vorantreibt. Johansson beschreibt darin die innovationssteigernden Effekte, die entstehen, wenn Profis verschiedener Fachgebiete gleichzeitig nach der Lösung eines Problems suchen. Nach

Johansson gibt es Ideen, die innerhalb eines Fachgebietes entstehen, und solche, die sich an den Schnittstellen verschiedener
Disziplinen entwickeln. Die Wahrscheinlichkeit, an diesen
Schnittstellen etwas Neues, Bedeutendes zu erfinden, wird
laut Johansson durch das Kombinieren von Ideen aus unterschiedlichen Fachgebieten, Disziplinen, Branchen und Kulturen erhöht. Benannt ist dieser Effekt der Interdisziplinarität
nach der mächtigen Familie der Medici, die in Florenz sowohl
als Mäzene als auch als innovative Unternehmer am Werk
waren. Durch das Fördern der Vernetzung verschiedenster
Disziplinen, vom Handwerk über Wissenschaft und Kunst bis
zur Philosophie, wurden sie zu bedeutenden Weichenstellern
der florentinischen Renaissance.

Als ein Beispiel für eine interdisziplinäre Idee führt Johansson in seinem Buch das von Richard Dawkins entwickelte Konzept des »Mems« als Einheit der kulturellen Vererbung an.
Diesen Begriff verwendete Dawkins erstmals in seinem 1976
erschienenen Buch *Das egoistische Gen*. Die eigentliche Idee
dieses Buches war eine direktionale, wie Johansson das nennt, –
nämlich eine innerhalb des Fachgebietes des Evolutionsbiologen
Dawkins. Dieses Buch beinhaltet aber eben neben der Beschreibung der Rolle des Gens in der darwinschen Evolution noch
eine zweite Idee, die zwischen zwei Disziplinen anzusiedeln
ist. Er prägte den Begriff »Mem« als Einheit der kulturellen
Vererbung, gewissermaßen abgeleitet aus der genetischen Evolution. Meme sind zum Beispiel Ideen, Angewohnheiten, Fähigkeiten, Verhaltensweisen, Moden, Klänge, Lieder und Ge-
schichten, die sich von Gehirn zu Gehirn verbreiten (Dawkins:
The selfish gene, 1976; Blackmore: *Die Macht der Meme: Oder die
Evolution von Kultur und Geist*, 2000). Es gibt also das Gen als
Einheit der Vererbung auf Ebene der DNA und das Mem als
Einheit der kulturellen Vererbung. Im Jahr 2012 habe ich noch

das Epigem (zusammengesetzt aus Epigenetik, Gen und Mem) als Einheit der Vererbung epigenetischer Prozesse, die ja in chemische Beeinflussung der Gene münden und dadurch ermöglichen, Erfahrenes, Erworbenes, Erlerntes auch im kulturellen Sinn zu vererben, hinzugefügt (Hengstschläger: *Die Durchschnittsfalle*, 2012).

Der Medici-Effekt bezieht sich also auf die Kraft der Interdisziplinarität. Mit Blick auf die hier angesprochenen Ansätze könnten dabei folgende Erweiterungen angedacht werden:

1) Es ist davon auszugehen, dass Medici-Effekte bei der interdisziplinären Beschäftigung sowohl mit vorhersehbaren Zukunftsanteilen, als auch mit unvorhersehbaren entstehen können. Wenn an den Schnittstellen verschiedener Disziplinen, vielleicht von einer Person, vielleicht von Profis aus verschiedenen Fachbereichen, sichere, fokussierte, gerichtete Strategien für bereits vorhersehbare Fragestellungen entwickelt werden, so können hierbei Medici-Effekte entstehen. Und wenn an den Schnittstellen verschiedener Disziplinen flexible, ungerichtete, ergebnisoffene Strategien in Richtung unvorhersehbare Zukunft implementiert und betrieben werden, so könnte das auch unter dem Einfluss von Medici-Effekten geschehen. Das gleichzeitige Verfolgen beider Strategien kann Medici-Effekte für kalkulierbare und für unberechenbare Zukünfte fördern und nutzen.

2) Das Denken und Arbeiten an der Schnittstelle zwischen verschiedenen Zukünften, der vorhersehbaren und der unvorhersehbaren, führt auch zu Schnittstelleneffekten, natürlich zu anderen als jenen, die durch die Beschäftigung mit verschiedenen Disziplinen entstehen.

3) Auch das Arbeiten an der Schnittstelle zwischen gerichteten und ungerichteten strategischen Ansätzen, mit all den dafür

notwendigen Erkenntnissen, Ressourcen und Netzwerken steigert die Wahrscheinlichkeit für Medici-Effekt-ähnliche Prozesse. Das sind klarerweise auch andere als jene, die an der Schnittstelle verschiedener Disziplinen entstehen.

4) Wie bringt man Menschen dazu, die Voraussetzungen für Medici-Effekte zu schaffen, also ihre Komfortzonen zu verlassen, neue Ansätze zu verfolgen, dabei Risiken einzugehen und ihre Ängste zu überwinden? Ich plädiere ja dafür, all das immerwährend zu tun, aber gleichzeitig seine bewährten, sicheren Konzepte auch weiterzuverfolgen. Das schafft Mut aus Sicherheit und steigert dadurch die Wahrscheinlichkeit für die Entstehung von Medici-Effekten.

5) Um die Chance für die Entstehung von Medici-Effekten zu steigern, muss man Menschen in Bewegung versetzen. Durch das laufende Hin- und Hergehen zwischen gerichteten und ungerichteten, sicheren und riskanten Ansätzen entsteht eine Grundbewegung, die dann auch die Dynamik für interdisziplinäres Denken erhöht. Diese Grundbewegung kann und soll auch dazu führen, Serendipität zu ermöglichen, also Dinge zu finden, die man nicht gesucht hat. Die so gesteigerte Wahrscheinlichkeit für Serendipität betrifft schließlich auch zufällige Begegnungen mit anderen Disziplinen und begünstigt die Wahrscheinlichkeit, mit Personen aus anderen Fachbereichen oder einfach mit Menschen mit anderen Interessen zufällig in Kontakt zu kommen.

6) Durch die immer fortlaufende duale Betreibung sicherer und riskanter Projekte erhöht man die Wahrscheinlichkeit dafür, dass mehrere sequenzielle Medici-Effekte mit verschiedenen Personen und mit verschiedenen Disziplinen entstehen können. Sollte die erste interdisziplinäre Interaktion scheitern, so besteht die Möglichkeit, aus dem Betreiben

sicherer Projekte immer wieder Mut, Neugier und Lust auf weitere interdisziplinäre Ansätze zu schöpfen.

7) *Un-Directedness* kann intradisziplinär sowohl in seinem ureigenen als auch in einem neuen Fachbereich angewendet werden. Und schließlich kommt noch der Überlappungsbereich von Disziplinen, die interdisziplinäre Schnittstelle, als drittes Terrain für die mögliche Anwendung dazu.

8) Mut aus Sicherheit, gegenseitige beflügelnde Wechselwirkung der Instrumente gerichteter und ungerichteter Strategien, gesteigerte Kreativität und das Aufrechterhalten der Chancen für Serendipität, wirken genauso bei intradisziplinären Fragestellungen wie beim Arbeiten an der Schnittstelle verschiedener Disziplinen.

Zur Förderung einer erfolgreichen Zusammenarbeit zwischen Menschen oder Unternehmen, und ganz besonders, wenn sie aus verschiedenen Disziplinen stammen, wäre allerdings noch so manches zu sagen. Alessandro Di Fiore und Jonas Vetter vom European Center for Strategic Innovation nennen zum Beispiel vier Gründe, warum die Zusammenarbeit von verschiedenen Unternehmen bei Forschung und Entwicklung häufig scheitert: »Der Initiator veranstaltet einen Event, statt einen langfristigen Prozess einzurichten; er will ein Problem lösen, das für den Partner keine Relevanz besitzt; die zeitlichen Vorstellungen der Unternehmer stimmen nicht überein; oder es entsteht keine emotionale Verbindung zwischen den beteiligten Mitarbeitern.« (Di Fiore, Vetter: »Die Tücken der Zusammenarbeit«, 2017). Es ist also zweifelsfrei notwendig, im Bildungswesen, in der Talentförderung und im Personalmanagement neben gerichteten Fertigkeiten vor allem auch ungerichtete Kompetenzen wie Teamfähigkeit, emotionale Intelligenz, soziale Kompetenz und vieles mehr zu lehren beziehungsweise zu fördern.

Die Chance des Unvorhersehbaren

Die Sehnsucht nach einer glänzenden Idee ist groß. Ob im Privatleben oder im beruflichen Alltag, nichts ist erbaulicher als ein brillanter Einfall. Die Emotionen, die bei einem Menschen ausgelöst werden, wenn er bemerkt, dass er gerade einen wirklich neuen brauchbaren Geistesblitz gehabt hat, sind unbeschreiblich und vielleicht vergleichbar mit einer individuellen Mondlandung. Aber die Ängste vor der Blamage, die durch eine nicht so geniale oder vielleicht sogar schon alte Idee entstehen könnte, sind auch allgegenwärtig. Hierfür bietet sich Mut aus Sicherheit als Gegenrezept schon einmal an.

>> Ideen werden gebraucht – immer und überall. Ideen sind der Ausgangspunkt für wissenschaftliche Projekte, für technologische Entwicklungen, für neue handwerkliche Ansätze, für künstlerisches Arbeiten, für neue gesellschaftliche, juristische oder politische Konzepte, für Unternehmensgründungen und vieles mehr. Ideen bilden den Auftakt für Innovationsprozesse. Wo immer eine neue Fragestellung auftaucht, ob vorhergesehen oder nicht, ist die Parole ›Da muss uns jetzt aber etwas einfallen!‹ nicht weit. Und am Ende kümmert es niemanden, ob es sich um einen spontanen intuitiven Einfall aus dem Bauch heraus (System 1) gehandelt hat oder ob die kreative Idee im Zuge eines konzertierten Ideenfindungsprozesses durch Nachdenken entstanden ist (System 2). Durch Kreativität ist man in der Lage, etwas Neues, noch nie Dagewesenes zu erschaffen, das nützlich beziehungsweise brauchbar ist. Man spricht in diesem Zusammenhang auch gern von der kreativen Person, dem kreativen Prozess, dem kreativen Produkt und dem

kreativen Umfeld. Für Kreativität braucht es bestimmte intellektuelle Fähigkeiten, qualifiziertes Wissen und eine entsprechende Persönlichkeit. Durch die Komponente des andauernden Beschäftigens mit der Unvorhersehbarkeit initiiert und fördert man eine kreative Grundhaltung mit der dafür notwendigen Denkweise, Neugier, Assoziationsfreude, Flexibilität und Spontaneität, und mit der Bereitschaft, Perspektiven zu wechseln und Grenzen zu überschreiten. Damit kreative Ideen schließlich auch in umsetzbare Ergebnisse münden, braucht es die Fähigkeit, Probleme zu erkennen, die richtigen Fragen zu stellen, Beharrlichkeit, Genauigkeit, Beobachtungsgabe, detailliertes Dokumentieren, Realitätssinn und vieles mehr (Anders ist noch nicht automatisch besser!). **

Letztendlich dreht sich mehr oder weniger alles um die Frage, wie man einen kreativen Prozess initiiert und wie man zu einer Idee kommt. Damit Ideen entstehen können, damit sie offen kommuniziert, diskutiert und evaluiert werden können, braucht es zweifelsfrei das ideale Umfeld. Man spricht gerne von einer inspirierenden Umgebung. Die Inspiration, die unerwartete Eingebung, sei ja schließlich das Maß aller Dinge. Und es geht das Gerücht um, dass es dafür keine wirkliche Erklärung gibt, weil ja schließlich die besten Eingebungen im Schlaf, beim Joggen oder beim Duschen kommen. Das Wichtigste wird dabei zumeist nicht erwähnt: Solche Eingebungen haben nur jene Menschen, die sich in der Regel lange, intensiv, auf hohem Niveau und mit konstantem Engagement mit einem Thema oder einer Problematik befasst haben. »Inspiration requires a clear head, and thoughts have to flow, so that you can connect the most disparate associations [...] Scientists may come up with the solution to a problem in a dream, but they likely have been pondering the problem for years.« (Plüss: *Facilitating inspiration*, 2016). Was auch immer Menschen inspiriert, ob es die Natur ist, ein guter Vortrag oder Rotwein und Käse, erhellt werden nur jene, die den Boden dafür schon lange und intensiv bereitet haben. Dafür braucht es wiederum Konstanz und Konsequenz. Der Künstler, der wie besessen arbeitet, oder der Wissenschaftler, der in einem andauernden Flow-Zustand am Werk ist, stehen praktisch synonym für die Willenskraft, Ideen zu ermöglichen. Um empfänglich für solche Eingebungen zu sein, muss man sich vielleicht schon in einem kreativen Flow befinden. Und eine Inspiration kann natürlich auch der Ausgangspunkt eines neuen kreativen Prozesses sein – im Sinne einer Initialzündung. Wer aber Kreativität als Grundhaltung immer bei sich trägt, wird für Inspirationen viel zugänglicher sein – dem fällt einfach immer wieder etwas ein.

Wenn der Boden bereitet ist und man selbst über detailliertes Wissen verfügt beziehungsweise Zugang zu vielen bereits bestehenden Problemlösungsansätzen hat, dann kann das Neue durch die Neukombination des Bestehenden entstehen. Bereits existierende Lösungsansätze müssen in anderen Zusammenhängen gedacht und umgesetzt werden. Unterschiedliches Wissen muss neu miteinander verknüpft werden. Das bisher nicht Bedachte beziehungsweise in diesem Zusammenhang noch nie Erwogene muss in den Fokus gerückt werden. Auch der Ökonom Josef Schumpeter war davon überzeugt, dass ein Großteil aller Innovationen durch die Rekombination bereits bestehender Konzepte entsteht. Wer sich intensiv und fokussiert mit berechenbaren Fragen beschäftigt, erweitert laufend seinen großen Pool an Wissen und Fachkenntnissen. All die darin enthaltenen Informationen neu zu verflechten und querzudenken, kann die Basis für die gleichzeitige Entwicklung erfolgreicher, ergebnisoffener Strategien sein. Solch ein permanentes duales Leben, Denken und Arbeiten entspricht dem dialektischen Charakter von Kreativität, die im Wechselspiel zwischen Bekanntem und Unbekanntem, zwischen Wissen und Fantasieren, zwischen Kernkompetenz und Out-of-the-box-Denken erblüht. Der Kreativitätsforscher Professor Rainer M. Holm-Hadulla sagt in einem Interview dazu, dass es zwar richtig sei, dass Kreativität die Neukombination vorhandener Information sei. »Aber das kombinatorische Denken kann nur das neu denken, was Sie selbst gespeichert haben«, und an anderer Stelle: »Kreativität ist etwas Dialektisches, das zwischen unterschiedlichen Polen hin- und hergeht: Struktur und Freiraum, Ordnung und Chaos.« (Karabasz: *Das Innovationsparadox*, 2020). Vorstandsmitglied und Innovationsexperte des voestalpine-Konzerns, Dr. Peter Schwab, und Innovationsmanager Dr. Stefan Punz schreiben in ihrem Buch, in dem sie auch dem Zitat des britischen Automobilrennfahrers Stirling Moss »If everything is under control you are just not driving fast enough« ein Kapitel widmen: »Innovation erfordert den Spagat zwischen kreativem Spinnen und diszipliniertem Arbeiten, zwischen detaillierter Einzelarbeit und abteilungsübergreifender Kommunikation, zwischen Bauchgefühl und umfassender Projektbewertung, zwischen lähmender Kontrolle und völlig zweckfreiem künstlerischen Schaffen.« (Schwab, Punz: *Vorne ist immer Platz. Durch Innovation an die Spitze*, 2015).

Um sich selbst in eine kreative Grundhaltung zu versetzen, um kreative Prozesse immer wieder zu starten, bedarf es zuerst eines Anfangs und dann einer nachhaltigen Aufrechterhaltung dieses Zustandes. Kreativitätsprozesse müssen zuerst einmal in Gang gesetzt werden. Das Zitat von Hermann Hesse »Und jedem Anfang wohnt ein Zauber inne« hat zweifellos seine Berechtigung. Und trotzdem bleiben viele Menschen, wahrscheinlich auch ob ihrer Ängste vor dem Versagen und Scheitern, in ihrem konvergenten, logischen, auf einen bekannten Lösungspunkt hinsteuernden Denken verhaftet. Divergentes Denken, das bei kreativen Prozessen vorherrscht, ist offen, unsystematisch, frei assoziierend und experimentierfreudig. Für solch einen Perspektivenwechsel, solch eine Verbreiterung des Horizontes, bedarf es Mut. Es muss gelingen, basierend auf dem laufend konvergenten, gerichteten Denken, den notwendigen Mut aus Sicherheit zu entwickeln, um divergentes, ungerichtetes, freies Denken zu initiieren und auch parallel fortlaufend aktiv zu halten. Die nachhaltige Förderung von Mut steigert die Motivation, auch ungerichtet in Bewegung zu bleiben, divergent zu denken und proaktiv Ausschau nach neuen Ideen zu halten. Dadurch wird zusätzlich die Wahrscheinlichkeit für Serendipität, also auch zufällig immer wieder neue Ideen zu entdecken oder zu kreieren, gesteigert.

>> Divergentes, kreatives Denken, inklusive unüblicher Assoziationen, Neukombinationen und bisher noch nicht erkannter Verflechtungen, wird zusätzlich über Eindrücke, Informationen, Erfahrungsschätze und Lösungskonzepte aus verschiedenen Fachbereichen beflügelt. Es müssen Berührungspunkte für verschiedene Disziplinen und Kulturen geschaffen werden, die das Interagieren von Personen aus verschiedenen Fachrichtungen oder mit verschiedenen Denkhintergründen begünstigen. Es geht darum, sowohl die Wahrscheinlichkeit für interdisziplinäre Innovationseffekte als auch für andere Effekte an den Schnittstellen zwischen vorhersehbareren und unvorhersehbareren Zukunftsanteilen und zwischen gerichteten und ungerichteten Strategien zu steigern. Und es geht schließlich darum,

sowohl den Taktschlag des Begegnens mit neuen Eindrücken als auch die Vielfalt von Inspirationsquellen zu erhöhen. Das ermöglicht es auch, nie geplante Entdeckungen zu machen. **‹‹**

Amerika, Penicillin, Teflon, Röntgenstrahlung und Viagra haben etwas gemeinsam: Niemand hat sie gesucht, sie wurden zufällig gefunden, und ihre Entdeckung hat die Welt verändert. Als sich Christopher Kolumbus auf den Weg machte, sucht er den Seeweg nach Indien. Gefunden hat er im Jahr 1492 Amerika – zufällig. Im Jahr 1928 konnte Alexander Fleming nur deshalb einen wesentlichen Beitrag für die spätere medizinische Verwendung des Antibiotikums Penicillin leisten, weil er durch eine Verunreinigung der Experimente mit Schimmel ganz zufällig seine antibakterielle Eigenschaft entdeckte. Der Begriff »Serendipität« steht für zufällige Beobachtungen und Entdeckungen. Das Serendipitätsprinzip beschreibt, dass man überraschend etwas finden kann, was man ursprünglich nicht gesucht hat. Jeder, der in der Wissenschaft arbeitet, kennt dieses Phänomen gut und kann ganz sicher einige – wahrscheinlich nicht immer weltbewegende – Entdeckungen aufzählen, die er zufällig bei der Arbeit gemacht hat.

›› ›Bei der Arbeit‹ ist dabei die Schlüsselformulierung. Wer nicht in Bewegung ist, wer nicht auf der Suche nach irgendetwas ist, kann auch nichts finden. Nur wer konstant und konsequent am Werk ist, macht Begegnungen, egal ob er sie gesucht hat oder nicht. Das Hin- und Herwechseln zwischen fokussiertem und ergebnisoffenem Gehen hält eine Grundspannung und Mobilität aufrecht, die das zufällige Finden von Lösungen und Ideen fördern. Wenn die Förderung von Lösungsbegabung erfolgreich zu neuen Konzepten führen soll, muss man sie bedingungslos als permanent laufenden Prozess verstehen. Lässt man eine Suspension einfach stehen, so setzen sich in der Mischung die festen Teilchen am Boden ab. Diese Sedimentation kann nur durch stetige Energiezufuhr verhindert werden. Die dadurch aufrecht gehaltene Dynamik begünstigt das Auftreten von Serendipität. **«**

Der schnelllebige Wandel unserer Zeit setzt Menschen und Unternehmen gewissermaßen unter laufenden Veränderungsdruck, um am Ball bleiben zu können. Dafür sollen immer wieder weitreichende Änderungen betreffend Strategien, Prozesse und Verhaltensweisen bewirkt werden. In Unternehmen implementiert man ein spezielles Changemanagement, um dieser »Permanent-Change-Situation« gerecht werden zu können. Und in Turnsälen können Kinder, die fix auf einem Platz stehen müssen, nicht flexibel reagieren und daher viel weniger wahrscheinlich unberechenbare Bälle fangen. Statisch stehende Kinder sind einfach in vielen Fällen nicht nahe genug am Ball. Im März 2019 ist eine Ausgabe des *Harvard Business Manager* erschienen, die auf dem Cover titelte: *Das Darwin Prinzip. Effizienz ist nicht alles. Wie Unternehmen anpassungsfähiger werden.* Jim Hackett, der CEO des Automobilherstellers Ford, der das Unternehmen nach Erkenntnissen der Evolutionstheorie führt, sagt darin in einem Interview: »Sie können sich nicht darauf verlassen, dass der Berg, den Sie erklimmen wollen, unverändert bleibt.« Und an anderer Stelle: »Was Darwin uns gelehrt hat, ist Demut: Es gibt keine Garantie für die Zukunft. Das heißt nicht, dass wir nicht optimistisch sein dürfen. Es heißt lediglich, dass sich das Design wahrscheinlich verändern wird.« (Hackett: *Darwin hat uns Demut gelehrt*, 2019). Die Zukunft, auf die wir in der Gegenwart zugehen, verändert sich permanent. Daraus kann der Schluss gezogen werden, dass einfach immer »mehr desselben« zu tun, kein erfolgversprechender Ansatz sein kann. In seinem 1983 erstmals erschienenen Buch *Anleitung zum Unglücklichsein* erzählt und interpretiert der Psychologe Paul Watzlawick die Geschichte eines Betrunkenen, der unter einer Straßenlaterne seinen Schlüssel sucht. Als ihn ein vorbeikommender Polizist fragt, ob er sich sicher ist, den Schlüssel auch hier verloren zu haben, erwidert der Betrunkene, er habe den Schlüssel woanders verloren, aber dort sei kein Licht. Vielleicht wollen wir einfach nichts ändern, sondern immer mehr desselben tun. Wir wollen auch dann noch an Verhaltensweisen, die irgendwann einmal sinnvoll waren, festhalten, wenn wir vielleicht sogar schon wissen, dass das nicht mehr der richtige Ansatz sein kann. Wir sind viel zu sehr in dem verankert, was wir kennen. Der Homo sapiens neigt sogar dazu, eine Variante, die sich einmal als bestmögliche herausgestellt hat, als die für immer einzig mögliche beizubehalten. Dass man dabei gewohnte Verhaltensweisen eher beibehalten kann, könnte einer der Gründe sein, warum wir vorwiegend für die Vorhersehbarkeit unterrichten, planen, managen und trainieren. Natürlich muss das getan werden, aber es reicht nicht.

Eine weitere Begründung für den Hang des Menschen für das Vorhersagbare könnte in der verbreiteten Annahme zu finden sein, dass fokussiert auf ein bekanntes Ziel hinzuarbeiten sicherer ist – sicherer im Sinne von höherer Wahrscheinlichkeit auf Erfolg. Wenn allerdings die eine dafür gewählte fokussierte Strategie falsch ist, ist die Erfolgschance sicher null. Man könnte auch in Richtung bekannte Zukunft immer wieder einmal riskantere Strategien wählen, anstatt immer nur mehr desselben zu tun. Und schließlich ist Flexibilität manchmal sogar sicherer – sogar im Sinne von höherer Wahrscheinlichkeit auf

Erfolg. Man denke an die unkalkulierbaren Bälle im Turnsaal. Und wer sich zusätzlich mit dem weniger berechenbaren Morgen beschäftigt, begünstigt außerdem auch die Chancen, »unabsichtlich« und »zufällig« zu lernen.

>> Umso mehr man zuhört, sucht und tut, ob fokussiert oder ergebnisoffen, umso häufiger kann man lernen ohne Lernabsicht. Man spricht dabei von sogenanntem inzidentellen Lernen. Wer experimentiert, vergleicht und Ungewöhnliches ausprobiert, kann inzidentell besonders viel Neues im Zuge des Handelns lernen. Das ist aber natürlich auch möglich, wenn man zum Beispiel etwas beabsichtigt und ganz gezielt (intentional) sucht. Dabei begegnet einem genauso viel nicht Passendes. Das muss man abwägen und einschätzen – kognitiv bearbeiten – und dabei lernt man etwas. Dieses Lernen über andere Dinge geschieht nicht intentional. Erkenntnisse, die man sich durch inzidentelles Lernen aneignet, können aber quergedacht in anderen Zusammenhängen einmal zu Lösungen beitragen. Sich gleichzeitig mit vorhersagbaren und noch ungewissen Aspekten zu beschäftigen, erweitert den Aktionsradius, innerhalb dessen man inzidentell, also ›beiläufig‹, ›nicht zielgerichtet‹ lernen kann. <<

Wenn man das Ungewisse bewusst zulässt, eröffnet sich noch eine weitere Perspektive: Umso höher die Flexibilität, umso häufiger man etwas riskiert und etwas Neues ausprobiert, desto öfter scheitert man allerdings auch. Man macht Fehler und erlebt Rückschläge. Der Mensch im permanenten Wandel ist automatisch immer öfter mit großen psychischen Herausforderungen konfrontiert. Unter Resilienz versteht man die Widerstandsfähigkeit, die man braucht, um Ausnahmesituationen und Krisen zu bewältigen. Eine Bewältigungsstrategie (*Coping*) beruht unter anderem darauf, in solchen Situationen auf stabile Ressourcen zurückzugreifen. Folglich kann man Resilienz in unsicheren Situationen dadurch unterstützen, dass laufend parallel bewährte stabile Konzepte verfolgt werden, auf die immer wieder zurückgegriffen werden kann. Durch die Wechselwirkung zwischen dem erwünschten Fehlermachen und der Verarbeitungsmöglichkeit von Rückschlägen kommt ein Prozess in Gang, bei dem man Resilienz erlernen kann. Das Experimentieren erlaubt es dem Menschen, Rückschläge als Instrumente der Weiterentwicklung zu akzeptieren und Schritt für Schritt die persönliche Resilienz zu erweitern.

》 Für eine hohe Innovationskraft von Menschen und Unternehmen ist zweifelsfrei die Wechselwirkung zwischen harter Arbeit und Kreativität notwendig. *Extra Miles* zu gehen bedeutet nicht, dass man so viel macht, wie notwendig ist, um sein Ziel wahrscheinlich zu erreichen. Es bedeutet auch nicht, dass man beobachtet, wie hart die anderen arbeiten und es dann genauso macht. *Extra Miles* zu gehen, steht dafür, mehr als das offensichtlich Notwendige zu machen. Innovationskraft wird durch die entsprechende Kultur von Fehlertoleranz, Experimentierfreudigkeit, Kooperationsgeist und flachen Hierarchien, in der man keine Angst davor hat, seine Meinung zu sagen, begünstigt. Um das in Unternehmen erfolgreich umsetzen zu können, braucht es aber gleichzeitig strenge Disziplin, schonungslose Offenheit, ein hohes Verantwortungsbewusstsein und Führungsstärke ohne Nachsicht bei Inkompetenz (Pisano: *Innovation erfordert Disziplin*, 2019). **《**

Wann immer man allerdings über *Extra Miles* diskutiert, müssen unmittelbar zwei wichtige Aspekte angesprochen werden:
1) Wer 24/7 auf 50 Prozent ist, ist niemals auf 100 Prozent.
2) Das unbeschäftigte Gehirn ruht nicht.

Die Abkürzung 24/7 (*twenty-four seven*) steht dafür, dass jemand 24 Stunden am Tag, 7 Tage die Woche, also rund um die Uhr, erreichbar ist beziehungsweise für ein Projekt arbeitet. Wenn sich 24/7 auf die Erreichbarkeit eines Systems oder einer Einrichtung wie etwa Polizei, Rettung, Feuerwehr, Krankenhäuser, Nothandwerksdienste oder Bankautomaten bezieht, macht es natürlich Sinn. Der digitale Wandel hat aber eine Erwartungshaltung geschürt, gegen die sich der Homo sapiens zur Wehr setzen muss. Aus verschiedensten Gründen ist es abzulehnen, dass man alle Aspekte der Schnelllebigkeit unserer Zeit noch verstärkt, indem man von jedermann erwartet, Tag und Nacht über seine digitalen Devices erreichbar zu sein. Außerdem scheinen zwei Strömungen zurzeit deshalb in Verruf zu geraten, weil sie von so manchen einfach übertrieben interpretiert und umgesetzt werden. Da wäre auf der einen Seite das Konzept »Work-Life-Balance«. Eigentlich soll es dabei um die Erreichung eines zutiefst begrüßenswerten Zustandes gehen, bei dem Privat- und Arbeitsleben im Einklang stehen. Einige befürchten, immer öfter auch lautstark, dass sich in unserer Zeit das Verhältnis allerdings zunehmend weg von *Work* in Richtung *Life* verschiebe. Die andere Strömung betrifft die ebenso immer noch und immer wieder stark vertretene Ansicht, dass, ohne 24/7 zu arbeiten, kein Erfolg zu erzielen ist. Der Ansatz »Ohne Fleiß kein Preis« hat seine Bedeutung selbstverständlich nicht verloren. Dennoch muss man hinterfragen, ob jemand, der im Beruf oder bei einem Projekt im Privatleben alternativlos Tag und Nacht *Extra Miles* geht, wirklich die Chancen auf Erfolg proportional steigern kann. Dabei notgedrungen auftretende physische und psychische Verschleißerscheinungen können nämlich dazu führen, dass man zwar weiterhin permanent arbeitet, jedoch über ein bestimmtes Leistungsniveau nicht mehr hinauskommt. Gerade aber wenn es um Kreativität und die Innovationskraft des Menschen geht, soll daran erinnert werden, dass das Ziel doch eigentlich herausragende Ideen sind. Der Geistesblitz, der inkrementell oder radikal Tür und Tor für das nächste Level eröffnet, wird aber meist nur im Zuge der vollen Ausschöpfung seiner Kräfte möglich sein. Begeistert, hoch motiviert und mit vollem Engagement bei der Sache zu sein, ist unverzichtbar für Erfolg. Konstantes konsequentes Arbeiten braucht jedoch auch Pausen, um sicherzustellen, dass dabei die 100-prozentige schöpferische Kraft auch immer wieder abgerufen werden kann.

Der zweite Aspekt betrifft die Tatsache, dass das menschliche Gehirn in »Pausen« nicht ruht. Im Gegenteil, gerade tagträumerische Pausen, und wenn man dabei auch manchmal nur aus dem Fenster auf den Himmel schaut, könnten die Quelle für kreative Ideen sein. Dass sich 24/7 auch auf Organfunktionen beziehen kann, muss nicht weiter erläutert werden. Man denke etwa an das menschliche Herz. Dass aber auch das Gehirn des Menschen niemals ruht, scheint vielleicht nicht so flächendeckend bekannt zu sein. Wie sonst könnte man sich den weitläufig verwendeten Appell »Gehirn einschalten!« erklären? Das Gehirn schaltet sich nie aus, es schaltet eher um. Im Gehirn des Homo sapiens gibt es eine Gruppe von Regionen, bekannt als *Default Mode Network* (Ruhezustandsnetzwerk), die beim Lösen von Aufgaben deaktiviert ist und erst beim »Nichtstun« aktiviert wird. Das unbeschäftigte Gehirn nutzt diese Regionen während des Tagträumens im Zuge von routinemäßigen, eher monotonen Tätigkeiten wie zum Beispiel Joggen oder Duschen. Menschen, die sich intensiv und konsequent mit einer Thematik beschäftigen, können ja gerade beim Joggen oder Duschen unvorhersehbare Inspirationen, unerwartete Eingebungen, haben. Seit einigen Jahren wird die Rolle des *Default Mode Network* für die kreative Leistungsfähigkeit des Menschen wissenschaftlich untersucht. Es ist hier noch sehr viel Forschung notwendig, um ein klareres Bild zu bekommen. Einige Daten weisen aber jedenfalls schon darauf hin, dass der Zustand des Tagträumens, in dem die Gedanken umherschweifen, gute Voraussetzungen für Kreativität schafft (Beaty et al.: *Creativity and the default network*, 2014; Ayan: *Die Vorteile des Tagträumens*, 2016). Unerwartete Inspirationen während des Tagträumens stellen eine ganz spezielle Chance des Unvorhersehbaren dar, auf die der Mensch keinesfalls verzichten sollte.

Neben der Tatsache, dass man etwas finden kann, was man nicht gesucht hat, ergeben sich durch das Voranschreiten in eine ungewisse Zukunft noch weitere, bisher nicht angesprochene Chancen. Wenn man in der Gegenwart etwas erschafft, das nicht unmittelbar zur Beantwortung einer bereits bekannten Frage dient, gestaltet man den Lauf der Zukunft trotzdem mit. Man verändert quasi die Zukunft, während man in der Gegenwart in ihre Richtung geht. Geht man in Richtung bekannte, kalkulierbare Zukunft, so wird der Gestaltungsrahmen ein anderer sein, als wenn man den noch brachen Boden der Unvorhersehbarkeit betritt und ihn dabei auch gleichsam verändert. Die Zukunft wird dann berechenbar, wenn wir aus der Vergangenheit anwendbares Wissen und brauchbare Konzepte zu ihrer Berechnung zur Verfügung haben. Dieses Lernen aus der Vergangenheit ist von größter Bedeutung. Man lernt aber auch aus der Zukunft. Sinne, die offen sind für das, was gerade kommt, ermöglichen Serendipität und entdecken beziehungsweise entwickeln laufend neue Fragestellungen. Man lernt gleichsam während des Gehens, durch das, was dabei entsteht. Otto Scharmer von der Sloan School of Management des Massachusetts Institute of Technology (MIT) bezeichnet diese Form von Lernen als das »Lernen von einer im Entstehen begriffenen Zukunft«. Er argumentiert, dass man, um sich in eine Zukunft zu bewegen, die sich grundsätzlich von der Vergangenheit unterscheidet, fähig sein muss, die Zukunft zu verstehen, während sie sich entwickelt (Scharmer: *Theorie U: Von der Zukunft her führen*, 2007). Der Mensch muss also ermutigt werden, von der unvorhersagbaren Zukunft zu lernen, während sie entsteht.

Innovationsketten im wirtschaftswissenschaftlichen Sinn bilden den gesamten Prozess ab – von einer Idee bis hin zur ökonomischen Umsetzung einer daraus resultierenden Innovation auf dem Markt. Innovationsmanagement beschäftigt sich folglich intensiv mit der Frage, wie Inventionen zu marktreifen Innovationen gemacht werden können. Das inkludiert Konzeptarbeit, Produktentwicklung, Markteinführung, Marketing, Vertrieb, Controlling und vieles mehr. Das hier vorgeschlagene Konzept zur Förderung von Lösungsbegabung hat den Menschen, ob im Privatleben oder in der Arbeitswelt, im Fokus. Wann immer die Innovationskraft des Menschen durch Inspirationen, Serendipität, inzidentelles Lernen, Kreativität und Ideenreichtum beflügelt werden soll, kann es unterstützend wirken. Ein zentraler Punkt zielt dabei darauf ab, Ungewissheit mehr als vielleicht bisher als Chance zu sehen. All diese Aspekte können auch die Umsetzung von Ideen in Richtung Marktreife positiv unterstützen. Sie reichen dafür aber nicht aus. Es ist naheliegend, dass jener Teil des Innovationsmanagements, der sich mit Ideengenerierung, Ideensammlung, Ideenkonkretisierung und Ideenbewertung beschäftigt, davon profitieren kann. Innovationsmanagement sieht in diesem Zusammenhang vor, eine entsprechende Innovationskultur zu schaffen. Um das zu erreichen, werden unzählige Zielsetzungen angeführt, die auch immer wieder verschieden gewichtet werden: ein offenes Klima des Vertrauens und der Toleranz entfalten, Fehlerkultur ermöglichen, kreative Zeiten für Querdenken und Experimentieren schaffen, Ängste nehmen und Mut fördern, Risiken eingehen, Flexibilität ermöglichen, Vielfalt und Autonomie fördern, Erfolge vor den Vorhang holen, intradisziplinäre und interdisziplinäre Begegnungen und Teamarbeiten ermöglichen und vieles mehr. Auch die Instrumente, die zur Förderung der Innovationskraft in der Praxis vorgeschlagen werden, sind mannigfaltig: das Einrichten von *Creative Labs*, von *Innovation Labs*, Kreativitätsworkshops, *Experience Sharing Events*, um Erfahrungsaustausch zu ermöglichen, Ideenbörsen, *Pitching Contests*, um Ideen vergleichen und evaluieren zu können, Innovationstage, Innovationspreise, *Radical Collaboration*, um Teamarbeit zu fördern, Hackathons, um 24 bis 48 Stunden freies Denken zu beflügeln, *Design Thinking*, um den Weg vom Brainstorming über die Entwicklung einer Idee bis zum Austesten von Prototypen zu ebnen, und vieles mehr. Die Anwendung und Umsetzung dieser Konzepte kann durch eine duale Gegenwartsstrategie nachhaltig unterstützt werden.

All diese Innovationsmotoren sind allerdings nur Leinwand, Pinsel und Farbe. Das Bild muss schließlich von motivierten Mitarbeitern beziehungsweise enthusiastischen Menschen gemalt werden. Das Werk, das dabei entsteht, ist niemals 100-prozentig vorhersehbar. Diese laufende Veränderbarkeit fördert Imagination und den produktiven Umgang mit Mehrdeutigkeiten. Unvorhersehbarkeit nicht nur zu akzeptieren, sondern als Chance zu sehen, ist die wahre Kunst. Anfangen und immer weitermachen führt dazu, dass etwas beim Tun entstehen kann, dass man von dem in der Zukunft Entstehenden lernen kann, und bildet den Nährboden für Serendipität und inzidentelles Lernen. Ray Kurzweil, *Director of Engineering* bei Google, geht davon aus, dass der Mensch eines Tages unsterblich werden kann. Der Tesla-Gründer Elon Musk will mit seinem Raumfahrtunternehmen SpaceX dazu beitragen, dass der Mensch eines Tages auf dem Mars leben kann. Und Craig Venter, dessen Firma Celera an der ersten Sequenzierung eines gesamten menschlichen Genoms beteiligt war, arbeitet daran, über synthetische Biologie künstliches Leben aus dem Chemiekasten zu erschaffen, was ihm bei Bakterien schon gelungen ist. All diese Visionen auf den Homo sapiens umgelegt, erscheinen heute einfach utopisch. Leben entsteht ohne Sex?! Ein Leben ohne Sex und dann noch auf dem Mars?! Ein Leben ohne Sex, und dann noch auf dem Mars, und dann noch unsterblich?! Wer will das schon? Aber Scherz beiseite: Wer nicht losgeht und mit offenen Augen und offenen Ohren dabei lernt, findet nicht, was er sucht, er findet aber auch nicht, was er nicht sucht.

Die Zukunft der Gegenwart

Hier die fünf Hebel zur Förderung und Anwendung von Lösungsbegabung auf einen Blick.

Jetzt losgehen mit und ohne Richtung, um

1) Mut für neue Ansätze aus der gleichzeitig existierenden Sicherheit zu schöpfen,

2) die wechselwirkende Befruchtung gerichteter und ungerichteter Strategieinstrumente zu ermöglichen,

3) die Wahrscheinlichkeit für interdisziplinäre / interkulturelle Ideen zu steigern,

4) kreative Prozesse zu induzieren,

5) die Chance für Serendipität laufend aufrechtzuerhalten.

Der schnelllebige Wandel unserer Zeit mündet in immer mehr sowohl vorhersehbaren als auch unvorhersehbaren Aufgabenstellungen, die es täglich zu lösen gilt.

Man muss sich im Privat- und Berufsleben für beides rüsten – kann aber auch beides gestalten.

Das Anwenden gerichteter Strategien für vorhersehbare Zukunftsanteile schafft Sicherheit. Ungerichtete Strategien für unvorhersehbare Zukunftsanteile steigern zusätzlich Flexibilität.

Nachhaltig erfolgreich ist, wer in der Gegenwart permanent beides gleichzeitig umsetzt.

Durch den kontinuierlichen Schwebezustand zwischen fokussiertem und flexiblem Einsatz von Talenten entsteht **Mut aus Sicherheit.**

Dieser Mut für **gerichtete und ungerichtete Strategien aktiviert den Effekt gegenseitiger Befruchtung und Beflügelung.**

Dieser duale Ansatz **steigert außerdem die Wahrscheinlichkeit für Ideen an den Schnittstellen verschiedener Fachgebiete und Kulturen.**

Neue mögliche Verflechtungen zu erkennen, unterschiedliches Wissen miteinander in noch nie da gewesener Form zu verknüpfen und bestehende Lösungsansätze in anderen Zusammenhängen zu denken, bilden die Basis für Querdenken und das Erschaffen von Neuem. Der gesteigerte Mut für das Hin- und Hergehen zwischen Bekanntem und Unbekanntem, Geordnetem und Ergebnisoffenem ermöglicht die Neukombination verschiedenster Eindrücke, Informationen, Erfahrungsschätze und Lösungskonzepte, **steigert die Möglichkeiten für Inspirationen und bringt kreative Prozesse in Gang.**

Die Gegenwart ist kein Event, sondern ein Prozess. Ein kontinuierlicher Bewegungszustand durch stetige Energiezufuhr im Heute hält den Schwebezustand zwischen gerichteten und ungerichteten Strategien aufrecht. Das **steigert die Wahrscheinlichkeit für Serendipität – in Zukunft auch etwas zu finden, was man nicht gesucht hat.**

Dieses duale Gegenwartskonzept soll Anwendung finden in den Bereichen Bildung, Talentmanagement, Forschung, Politik, in der Arbeitswelt und in unserem Privatleben.

WO ES ETWAS BRAUCHT –
im Namen der Lösungsbegabung
Die Vielfalt von Wissen und Bildung

Auf formaler Ebene fasst man Bildung einerseits als das Produkt, als die Ausprägungen der Persönlichkeit eines Menschen, auf. Und andererseits beschreibt der Begriff »Bildung« auch den Prozess, wie diese Persönlichkeitsausprägungen vermittelt werden. Auf inhaltlicher Ebene gilt es zu fragen, welche Persönlichkeitsausprägungen gesellschaftlich wünschenswert sind. Gerade die Ansichten darüber ändern sich aber mit der Zeit. Es gab Zeiten, in denen abrufbares Faktenwissen dabei im Vordergrund stand. Heute wird neben fachlichen Qualifikationen immer mehr auch auf soziokulturelle Kompetenzen Wert gelegt (Spiel, Reimann, Wagner, Schober: *Bildungspsychologie*, 2010).

Welches Faktenwissen und welche Kompetenzen braucht es in der Gegenwart, um für die Zukunft gerüstet zu sein und sie auch gestalten zu können? Unter Kompetenzen werden in der Regel Fähigkeiten und Fertigkeiten verstanden, die es ermöglichen zu handeln, Situationen zu bewältigen, Aufgaben auszuführen und Probleme zu lösen. Was man unter »Wissen« versteht, ist in der heutigen Zeit oft Inhalt unendlich erscheinender Diskussionen. Das gilt insbesondere dann, wenn der Anspruch erhoben wird, dass Wissen möglichst nahe an der Wahrheit beziehungsweise an der Wirklichkeit sein sollte. Wissen gilt es aber jedenfalls abzugrenzen von Daten und Information. Gesammelte, archivierte, abrufbare Daten (etwa Zahlen,

Buchstaben, Symbole) sind gewissermaßen das Ausgangsmaterial und müssen, um Bedeutung zu erlangen, erst in einen Kontext gesetzt werden. Dadurch entsteht Information, zum Beispiel über Personen oder Sachverhalte. Für Informationen werden Daten in Beziehungen gebracht und interpretiert. Werden verschiedene Informationen durch Denken zu einem Bild zusammengefügt und auch mit Erfahrungen vernetzt, entsteht dadurch Wissen. Daten sind also Fakten über etwas. Informationen sind Daten, die eine Bedeutung bekommen. Und Wissen ist eine Sammlung von Informationen, mit dem Ziel, Überzeugungen mit möglichst hohem Wahrheitsgehalt darzustellen. Professor Peter Burke bezieht sich bei der Beantwortung der Frage »Was ist Wissen?« auf Bronisław Malinowski und Claude Lévi-Strauss und zitiert auch noch andere Autoren, wenn er schreibt: »Ein erster Schritt könnte darin bestehen, Wissen von dem zu unterscheiden, was der polnische Anthropologe Bronisław Malinowski ›das Rohmaterial der Information‹ nannte. ›Wir ertrinken in Informationen‹, sagt man uns, und gehen gleichzeitig ›an Wissenshunger zugrunde‹. Wir mögen vielleicht ›Informationsgiganten‹ werden, laufen aber Gefahr, zu ›Wissenszwergen‹ zu verkommen. In Anlehnung an die berühmte Metapher eines anderen Anthropologen – Claude Lévi-Strauss – ließe sich Information auch als das ›Rohe‹ und Wissen als das ›Gekochte‹ definieren. Information ist natürlich nur relativ roh, da die ›Daten‹ überhaupt nicht objektiv ›gegeben‹ sind, sondern von Menschen mit all ihren Vermutungen und Vorurteilen subjektiv rezipiert werden. Wissen jedoch ist insofern ›gekocht‹, als es verarbeitet wird, und zwar in Form einer kritischen Aneignung durch Verifizieren, Messen, Vergleichen und Systematisieren.« (Burke, *Die Explosion des Wissens*, 2014).

Will man der Frage nachgehen, ob und wie stark das Wissen des Homo sapiens zunimmt, gilt es, mehrere Ebenen zu unterscheiden: 1) Das Wissen, das auf dem Planeten Erde als Konsequenz von Wissenschaft und Fortschritt allgemein zur Verfügung steht. 2) Das Wissensniveau im Sinne des Bildungsniveaus der Menschheit. 3) Das individuelle Wissen von Menschen im digitalen Wandel.

Ad 1) Das Wissen auf dem Planeten Erde ist gerade in den letzten Jahrhunderten unglaublich angewachsen. Daran besteht kein Zweifel. Und die Auswirkungen davon beeinflussen die Evolution des Menschen. Aber wie schnell hat Wissen in der jüngeren Vergangenheit zugenommen? Der Wissenschaftshistoriker Franz Graf-Stuhlhofer beschreibt in einem 1983 veröffentlichten Artikel, dass sich unser Wissen alle 100 Jahre verdoppelt (Stuhlhofer: *Unser Wissen verdoppelt sich alle 100 Jahre. Grundlegung einer »Wissensmessung«*, 1983). Der Informatikprofessor Klaus Haefner schreibt in seinem Buch *Mensch und Computer im Jahre 2000* andererseits von einer Verdopplungszeit von wenigen Jahren (Haefner: *Mensch und Computer im Jahre 2000*, 1984). Letzterer spricht dabei allerdings nicht über Wissen, sondern über Information. Es gibt heute Unmengen gedruckter beziehungsweise auf Computerfestplatten gespeicherter Information, die nichts mit Wissen zu tun hat. Aus verschiedensten Gründen ist auch die Quantifizierung wissenschaftlichen Wissens anhand der Zahl einschlägiger Publikationen nur sehr bedingt aussagekräftig. Ein universelles Maß für Wissen gibt es nicht. Wie stark Wissen in der Gegenwart wächst, ist folglich sehr schwer einschätzbar (Senoner: *Die Springflut der Daten*, 1997). Aber sicher ist, dass Datenmengen als Konsequenz des digitalen Wandels aktuell rasant zunehmen. Vielleicht liegen die Verdopplungsraten hierbei sogar eher bei Tagen als bei Jahren? Wir leben heute nicht in einer Wissensgesellschaft, sondern vielmehr in einer Datengesellschaft (Nida-Rümelin, Weidenfeld: *Digitaler Humanismus*, 2018).

Ad 2) Das Bildungsniveau der Menschheit verzeichnet eine beeindruckende Erfolgsgeschichte. Hatten um 1800 nur zehn Prozent der Erwachsenen über 15 Jahre Grundfertigkeiten im Lesen und Schreiben, so waren es im Jahr 2016 86 Prozent. Lag der Anteil der eingeschulten Mädchen im Grundschulalter im Jahr 1970 noch bei 65 Prozent, so lag er 2015 bereits bei 90 Prozent. Ein anderer Vergleich verdeutlicht außerdem den Aufstieg der Wissenschaft: Im Jahr 1665 wurden 119 wissenschaftliche Fachartikel veröffentlicht, im Jahr 2016 waren es 2 550 000 (Rosling: *Factfulness*, 2018). Und trotzdem, es gibt immer noch viel zu viele Menschen ohne Zugang zu Bildung. Es gibt noch viel zu tun.

Ad 3) Und wie steht es nun um das individuelle Wissen von Menschen in der digitalen Revolution? Wie viel verinnerlichtes Wissen haben Menschen in unseren Breiten? Und nimmt dieses Wissen zu? Denn wenn auch die dem Kollektiv »Menschheit« zur Verfügung stehenden, aktuell als gesichert angenommenen Erkenntnisse zunehmen, muss man sich fragen, was das für den einzelnen Menschen bedeutet. Gerade dabei unterscheidet der Philosoph Michael Polanyi kommunizierbares, explizites Wissen von intuitivem, erfahrungsgebundenem, nicht verbalisierbarem, implizitem Wissen (»stilles Wissen«). Stilles Wissen beruht oft auf einem Können, das man durch Üben erlangt hat. Im Zusammenhang mit künstlicher Intelligenz haben wir das sogenannte Polanyi-Paradoxon (der Mensch hat Wissen, das er nicht verbalisieren und übertragen kann) bereits angesprochen. Aktives Wissen ist ständig abrufbar. Passives, implizites Wissen kann man nicht verbal erklären, man erkennt es jedoch wieder, wenn man es hört. Zusätzlich wird häufig deklaratives Faktenwissen von prozeduralem Wissen unterschieden. Letzteres bezieht sich auf das Beherrschen von geübten Handlungsabläufen wie etwa Fahrradfahren. Es ist natürlich vollkommen klar, dass das stille Wissen junger Menschen, die im digitalen Wandel aufgewachsen sind, ein anderes ist als das der 68er-Generation. Babyboomer unterscheiden sich dabei auch stark von den Generationen Y oder Z. Es gibt allerdings eine Erkenntnis, die für alle Generationen gleich gilt. Ein Gespräch, das man einmal geführt hat und dessen Inhalt man vergessen hat, ist viel wichtiger als ein Gespräch, das man nie geführt hat. Ein Sachbuch, das man einmal verschlungen hat, dessen Detailthesen man nicht mehr in Erinnerung hat, ist viel bedeutender als ein Sachbuch, das man nie gelesen hat. Die Frage ist, ob das auch für ein Videospiel gilt, das man einmal gespielt hat, dessen Handlung man aber vergessen hat. Vielleicht wäre es besser gewesen, es nie gespielt zu haben? Natürlich ist es daher wichtig, darüber nachzudenken, welche Erfahrungen Kinder machen sollen beziehungsweise dürfen, die ja schließlich ihr implizites Wissen beeinflussen.

Und wie steht es aktuell mit dem Faktenwissen? Wann immer in einer Diskussion eine konkrete Frage auftaucht, wird heute sofort gegoogelt. Man hat außerdem das Gefühl, dass sich diese Wisch-und-Klick-Generation immer mehr über alle Altersgruppen erstreckt. Auch Studenten sind zunehmend geneigt, eine Antwort aus der Suchmaschine zu präsentieren. Diese Antwort muss keinesfalls falsch sein. Aber wenn man fragt, ob man sich diese Antwort denn nun merken würde, bekommt man nicht selten einen Blick, der zu sagen scheint: »Warum? Ich habe nicht vor, mein Smartphone zu verlieren.«

Natürlich bietet das Internet enorme Chancen dafür, Bildung zu verbreiten (Stichwort: Massive Open Online Courses, Khan Academy). Aber die Frage ist, welchen Einfluss der 24/7-Zugang zu Daten, Informationen und Wissen für das »Verinnerlichte« des Homo sapiens hat? Darauf muss deshalb mit dem notwendigen Nachdruck Bedacht genommen werden, weil Inspirationen, spontane kreative Geistesblitze ja eben nur jenen vorbehalten sind, die sich wirklich intensiv mit einem Thema beschäftigt haben und viel Wissen im Kopf und nicht in der Hosentasche mit sich tragen. Nur wer wirklich stabil verinnerlichtes Wissen abrufen kann, kann es zum kreativen Querdenken unter der Dusche oder beim Joggen nutzen. Für Menschen, die mit ihrem expliziten und impliziten Wissen, mit ihrem Know-how und ihren Erfahrungen, neue Zusammenhänge auch out of the Box im Gespür haben und auch denken können, habe ich die nicht ernst gemeinte Bezeichnung *Homo digitus minimus*, der Mensch, der es im kleinen Finger hat, erfunden (und hier ist nicht der Smartphone-Wischfinger gemeint). Der *Homo digitus minimus* ist jene »Stufe der Evolution«, die man gern zur Rate zieht, wenn es darum geht, wirklich hochkarätiges Ideen-Pingpong zu spielen.

Im Zusammenhang mit diesen Entwicklungen kann die Bedeutung von digitaler Bildung nicht hoch genug eingeschätzt werden. Digitale Bildung ist ein weites Feld. Nicht jeder muss ein Profi im Coding werden. Aber ein Leben im digitalen Wandel ohne bestimmte Grundkenntnisse wird andererseits immer schwerer vorstellbar. Berufe, bei denen man keinerlei solcher Kenntnisse benötigt, werden rasant weniger werden. Medienkompetenz wird in der digitalen Welt immer mehr zur digitalen Kompetenz. Man muss genauso lernen, mit digitalen Technologien im Bildungswesen umzugehen, wie man über digitale Ethik, Internetbetrug, Hasspostings, Cyber-Mobbing und die Konsequenzen seines digitalen Fußabdrucks im Internet Bescheid wissen sollte. Und wenn es um Wissen geht, drängt sich noch ein zusätzlicher Aspekt auf. Man muss lernen, Informationen aus dem Internet einzuschätzen. Woher kommen diese Informationen? Welche Intention verfolgen sie? Handelt es sich dabei um gesicherte Informationen beziehungsweise um anerkanntes Wissen? Informationskompetenz ist dabei das Schlüsselwort.

Im Zuge des US-Wahlkampfs hat das Online-Tool Twitter-audit berechnet, das von 12,4 Millionen Donald-Trump-Follo-wern auf Twitter 4,6 Millionen Fake-Accounts waren. Darunter waren auch Bots, Computerprogramme, die darauf program-miert waren, automatisch Stimmung für Trump zu machen (Lobe: *Trump und Clinton – Duell der Wahlbots*, 2016). Laut einer Studie der Oxford-Universität waren bei der Twitterdiskussion während der ersten Präsidentschaftsdebatte 33 Prozent der Trump unterstützenden Tweet-Nachrichten und 22 Prozent bei Hillary Clinton von *Social Bots* und automatischen Accounts erstellt worden (Howard: *A third of pro-Trump tweets are generated by bots*, 2016). Ob Textnachrichten oder die vor allem bei jungen Menschen noch beliebteren Fotos und Videos, ob auf Facebook, Twitter, YouTube, Instagram, Snapchat oder TikTok, es wird immer schwieriger, Fake News zu identifizieren. All jene, wie ich sie gern nenne, »kommunizierte Information« auf ihre Brauchbarkeit oder Richtigkeit zu überprüfen, ist dem indivi-duellen User nur noch schwer möglich. Noch nie gab es auf der Welt so viele gebildete Menschen, und noch nie war Wissen so leicht für so viele zugänglich. Aber Falschmeldungen, Verschwö-rungstheorien, Echokammern, Filterblasen, Hasspostings und Shitstorms gegen unliebsame Meinungen sind die Zutaten einer postfaktischen Suppe, die gerade global gekocht wird. Ein im Recherchieren nicht kundiger Homo sapiens läuft Gefahr, in ein postfaktisches Zeitalter zu rutschen, in dem die Frage, ob etwas richtig ist oder nicht, gegenüber der Bedeutung von Likes in den Hintergrund rückt. Wenn es so viele liken, kann es nicht falsch sein, oder? Derlei unkundige Menschen sind wesentlich leichter zu manipulieren, zu polarisieren und dazu zu verführen, exzentrische populistische Politiker zu wählen.

Ich möchte gern vorschlagen, von Wissen, Bildung und Kompetenzen zu sprechen, die gerichtet oder ungerichtet sein können. Man stelle sich vor, einem Kind wird im Kindergarten die Aufgabe gestellt, ein Haus zu zeichnen. Das Kind zeichnet daraufhin ein Haus – einen Kreis, mit einer runden Tür darin, lila und ohne Fenster. Diese Zeichnung bringt es dann nach Hause, wo es unmittelbar gefragt wird, was das sei. Wir mögen uns alle an der Nase nehmen und fragen, wie wir auf die Antwort »Das ist ein Haus!« reagieren würden. Die meisten von uns würden wahrscheinlich sofort ein Blatt Papier und einen Stift zur Hand nehmen und ein Haus so vorzeichnen, wie eben ein Haus aussieht. So wie ein Haus auf Zeichnungen immer ausgesehen hat! Ein Haus schaut nun einmal so aus! Bitte stellen Sie sich jetzt kurz das Haus vor, das Sie zeichnen würden. Und hier ist auch schon die Auflösung: ein quadratisches Haus mit einem dreieckigen Dach, einer Tür in der Mitte, links und rechts je ein Fenster und zu guter Letzt ein Schornstein mit einer Rauchwolke. Ihr Bauchgefühl würde Ihnen vermitteln, Sie hätten etwas Gutes getan, denn jetzt weiß Ihr Kind auch, wie ein Haus nun einmal ausschaut. Wenn Sie sich ganz sicher sind, dass Häuser in Zukunft auch so ausschauen werden, wie sie mehrheitlich in der Vergangenheit ausgesehen haben, dann besteht dagegen eigentlich gar kein Einwand. Wenn die Zukunft so voraussagbar ist, dann macht es Sinn, dafür über gerichtete Bildung gerichtetes Wissen an die nächste Generation weiterzugeben. $E = mc^2$ und $a^2 + b^2 = c^2$, das ist so, und das wird in Zukunft auch so sein. Wann immer diese (beziehungsweise sehr ähnliche) Fragen auftauchen, wenden wir dieses Wissen an. Wir müssen das Rad nicht neu erfinden. Wenn Sie auf der Erde eine Tasse fallen lassen, ist es vorhersagbar, dass sie auf den Boden fallen wird. Fällt sie nicht nach unten, sondern nach oben, machen Sie sich keine Gedanken über physikalische Gesetze. In so einem Fall stimmt dann, dort wo Sie sind, etwas nicht. Und das wird hoffentlich noch lange Zeit so bleiben. Gerichtete Bildung also, um gerichtetes Wissen für vorherzusehende und bereits beantwortbare Fragestellungen weiterzugeben.

>> Aber was, wenn wir nicht wissen, wie Häuser in Zukunft aussehen werden beziehungsweise ausschauen sollen? Dann müssen wir den nächsten Generationen mittels ungerichteter Bildung Wissen und Kompetenzen vermitteln, die sie *empowern*, selbst neue, bisher noch nie da gewesene Häuser zu entwerfen und zu bauen. Dafür braucht es vieles, das in diesem Moment vielleicht noch gar nicht auf ein konkretes Ziel hin ausgerichtet ist. Es braucht aber jedenfalls auch eine ganze Reihe an ungerichteten Fähigkeiten wie etwa soziale Kompetenzen. <<

Es braucht die vom Psychologen Daniel Goleman populär gemachte emotionale Intelligenz (Goleman: *Emotional Intelligence*, 1995). Es werden in diesem Zusammenhang auch immer inter- und intrapersonale Intelligenzen genannt, entsprechend dem, zumindest in der Pädagogik noch verbreiteten, Konzept multipler Intelligenzen des amerikanischen Psychologen Howard Gardner (Gardner: *Kreative Intelligenz*, 2002). Das 4-K-Modell des Lernens mit den Elementen Kommunikation, Kollaboration, Kreativität und kritischem Denken wäre hier anzuführen. Diese vier Ks sind auch in dem Set an Fertigkeiten enthalten, die seit den 1980er-Jahren als die *21st Century Skills* entwickelt werden. Verantwortungsgefühl, Entscheidungsfreudigkeit, Selbstbewusstsein und Motivation sind genauso von Bedeutung wie die bereits angesprochenen Komponenten Flexibilität, interkulturelle und interdisziplinäre Interaktionsfähigkeit, Informationskompetenz, Anpassungsfähigkeit, Ethik und Resilienz. Und das Wichtigste ganz am Schluss: Mut, neue Wege einzuschlagen. Das Wissen über ethische Grundregeln ist grundsätzlich einmal genauso ungerichtet wie emotionale Intelligenz. Sie unterscheiden sich dadurch von dem gerichteten Wissen darüber, wie man den Flächeninhalt eines Kreises ausrechnet oder der gerichteten Fertigkeit, einen Nagel mit einem Hammer in die Wand schlagen zu können.

»In der Zukunft der Gegenwart sollen beide Formen des Wissens mit der gleichen Gewichtung, parallel und wechselwirkend durch die gleichzeitige Umsetzung der beiden Formen von Bildung und Ausbildung entwickelt werden. Das bietet die notwendigen Voraussetzungen für die Vermittlung von Berufsfähigkeiten, für die Entwicklung der Persönlichkeit und für sinnstiftenden Erkenntnisgewinn. Es kann auch die Wechselwirkung zwischen dem, was man im deutschsprachigen Raum gern mit ›Ausbildung‹ und zweckfreierer ›Bildung‹ bezeichnet, fördern. Gerichtete Bildung ist in diesem Zusammenhang allerdings keineswegs mit Ausbildung gleichzusetzen. Für eine gute Berufsausbildung braucht es genauso gerichtete und ungerichtete Komponenten, wie beide auch zu einer wertvollen Bildung gehören. ›Gerichtet‹ könnte vielleicht eher so interpretiert werden, dass schon allgemein bekannt ist, was man wissen oder tun muss, um die absehbare Frage zu beantworten. ›Ungerichtet‹ beschreibt hier eventuell mehr jenes Wissen und jene Kompetenzen, die zusätzlich notwendig sind, um neue Wege zu gehen. Wenn sich Bildung und Ausbildung im wechselwirkenden Raum dieser beiden

Segmente bewegen, bilden sie die idealen Voraussetzungen für die Entfaltung und Umsetzung von Lösungsbegabung. **❰❰**

Auf den ersten Blick könnte man mit gerichteter Bildung beziehungsweise Ausbildung vielleicht auch jene meinen, die sich an den heute bereits bekannten zukünftigen Anforderungen orientiert und daher auch aus heutiger Sicht hohe Nachfrage am Markt und dementsprechend auch eine hohe Jobgarantie für die Zukunft verspricht. Und sofort fallen einem in digitalen Zeiten die so stark propagierten MINT-Fächer, Mathematik, Informatik, Naturwissenschaft und Technik, ein. Auch dem kann man etwas abgewinnen. Aber ganz so einfach ist es nicht. Einerseits sind auch in diesen Fachbereichen beide Formen von Wissen für ein erfolgreiches Werk unverzichtbar. Und außerdem verhält es sich mit der Vorhersehbarkeit in diesem Zusammenhang nicht immer so eindeutig. Was in der Gegenwart noch als sogenanntes Orchideenfach bezeichnet wird, könnte sogar in einer nahen Zukunft schon die Lösung sehr wesentlicher Probleme sein. Wenn man vor 30 Jahren in Mitteleuropa beschloss, Orientalistik zu studieren, bekam man von Freunden vielleicht sogar den gut gemeinten Ratschlag, doch sicherheitshalber zusätzlich noch eine verwertbare Ausbildung zu machen. Heute aber bräuchten wir viel mehr Menschen, die ein entsprechendes einschlägiges Wissen bei Themen wie Terrorismus, Migration, Integration oder Religionskonflikte einbringen könnten. Gerade in Zeiten der digitalen Revolution muss man sich zum Beispiel die Frage stellen, was die Universaltechnologie künstliche Intelligenz zum Wohle der Menschheit hervorzubringen vermag, wenn sie nicht in Kombination mit dem Denken und Forschen aus den Geistes-, Sozial- und Kulturwissenschaften zur Anwendung kommt.

➤➤ Wenn ich heute weiß, was morgen gebraucht wird, kann ich die Bildung beziehungsweise Ausbildung der nächsten Generation darauf ausrichten. Das ist nachvollziehbar und wird ja etwa an berufsbildenden höheren Schulen oder an Fachhochschulen schwerpunktmäßig umgesetzt. Gymnasien und Universitäten würden eher zu jenen Bildungseinrichtungen gezählt werden, die noch mehr Fokus auch auf ungerichtete Bildung legen. Solch eine Zuordnung zu verschiedenen pädagogischen Konzepten oder Institutionen muss aber infrage gestellt werden. Es geht vielmehr darum, dass man für die Lösung von Fragestellungen, die man aufgrund der Vergangenheit gut vorhersagen kann, mehr an gerichtetem, bewährtem, fokussiertem Wissen einsetzen kann und auch soll. Wer sich aber parallel dazu auch in Richtung unberechenbare Zukunft auf den Weg machen möchte beziehungsweise noch nie Dagewesenes erschaffen will, muss zusätzlich viel an ungerichtetem Wissen und Kompetenzen mit im Rucksack haben. Erst die parallele Anwendung beider Strategien entwickelt die volle Kraft der Lösungsbegabung auf dem Weg in die beiden Zukünfte. ◀◀

Dieser Ansatz fokussiert primär einmal auf jene, denen die angesprochene Bildung und das Wissen vermittelt werden sollen. Es ergibt sich aber der zusätzliche Aspekt, dass diese duale Herangehensweise auch den Lehrenden zugutekommen kann. Unabhängig davon, ob es um den Flächeninhalt eines Kreises oder um das Stärken von Selbstbewusstsein geht, es sind bereits ganze Bibliotheken mit Büchern darüber gefüllt worden, welche didaktischen Methoden für ihre Vermittlung eingesetzt werden können und sollen. Lehrende beziehungsweise Systeme, die gleichzeitig in beiden »Bildungswelten« vermitteln, können bei ihrer Arbeit zusätzlich die gegenseitig befruchtenden Effekte nutzen. Vielleicht sollte man dann auch konsequenterweise von den wechselwirkenden positiven Effekten gerichteter und ungerichteter Lehre sprechen.

Talent- und Personalmanagement neu gedacht

In dem dritten Kapitel seines Bestellers *Der Weg zu den Besten: Die sieben Management-Prinzipien für dauerhaften Unternehmenserfolg* schreibt der Vordenker Jim Collins über die Bedeutung der richtigen Personalentscheidung für den unternehmerischen Erfolg: »Die Manager der Take-off-Unternehmen wählten eine andere Vorgehensweise: Sie legten nicht zuerst die Route des Busses fest und machten sich dann Gedanken, wer ihn dorthin fahren sollte. Sie sagten sich: Wir wissen eigentlich gar nicht genau, wohin wir den Bus steuern sollen, aber wenn die richtigen Leute einsteigen, sich an die richtige Stelle setzen und die Leute, die wir nicht brauchen können, aussteigen, werden wir schon einen Weg finden, in der Spitzengruppe mitzufahren.« Die richtigen Leute werden also den Weg in eine ungewisse Zukunft erfolgreich bestreiten und beim »Busfahren« lernen. Collins bietet auch drei Begründungen für seine »Erst wer, dann was«-Strategie an. 1) Wenn Mitarbeiter nur deshalb in den Bus steigen, weil ihnen das zu erwartende Ziel gefällt, weiß man nicht, wie sie reagieren, wenn man einmal die Richtung ändern muss. 2) Die richtigen Leute motivieren sich selbst und müssen nicht laufend kontrolliert und angespornt werden. 3) Mit den falschen Menschen im Team kann das vorausgesagte Ziel noch so erstrebenswert sein, man erreicht es ohnedies nicht.

Das widerspricht keineswegs der Tatsache, dass gute Führung (*Leadership*) auch Planung inkludiert. Wir haben es bereits angesprochen: Ungerichtet bedeutet nicht planlos! Genauso wie auf dem Weg in eine voraussagbare Zukunft geht es auch auf der Fahrt in das unbekannte Morgen nicht, ohne zu planen, zu organisieren und zu kontrollieren. Es geht Collins mehr darum, den Menschen dabei in den Mittelpunkt zu stellen. Es gilt, die optimalen Bedingungen zu schaffen, damit Mitarbeiter alles Notwendige vorfinden, um ihre Potenziale ausschöpfen zu können, um den Weg in die beiden Zukünfte erfolgreich mitzugestalten. Der Bus kann in eine prädiktable Zukunft gesteuert werden oder die Richtungen können flexibler immer wieder einmal geändert werden, weil man von der noch ungewissen Zukunft her führen und lernen will. Lösungsbegabung beflügelt das Voranschreiten in beide Richtungen. *Leadership* inklusive entsprechendem Human-Resources-Management muss sicherstellen, dass das Team eine gute Mischung darstellt aus Stabilität und Flexibilität. Manche müssen dort stehen, wo die Bälle erwartungsgemäß ankommen werden. Manche müssen eine flexiblere Taktik für die nicht vorausberechenbaren Bälle verfolgen. Und im Idealfall können und sollen viele zwischen diesen beiden Strategien hin- und herwechseln. Das Management ist letztendlich für das stetig aktualisierte Mischungsverhältnis verantwortlich.

》 Es gibt Zeiten, da braucht es mehr Stabilität. Und es gibt die Zeiten höherer Kreativität und Innovation. Die Gewichtung zwischen diesen beiden Komponenten muss in einer so schnelllebigen Gegenwart laufend am aktuellsten Stand, abhängig von Faktoren wie Kapital, Konkurrenz, Arbeitsmarkt, Personalmarkt, Nachfrage, globale und lokale Wirtschaftsfaktoren und vielem

mehr, angepasst werden. Aber sowohl in Richtung Er-
wartetes als auch auf dem Weg in die Unvorhersehbarkeit kommt es auf die richtigen Leute an. Darum zuerst
wer, dann was. **《**

Aber wie findet man die richtigen Leute? Einmal abgesehen
davon, dass es gerade in bestimmten Branchen und für ganz
bestimmte Aufgaben zu wenige davon gibt – der Erfolg des
Findens hängt maßgeblich davon ab, wie gut man darüber Bescheid weiß, was das Richtige ist. Also was ist das Richtige?
Kernaufgaben des Personalmanagements sind natürlich die
anforderungsbezogene Bereitstellung von Personal und der
zielorientierte Personaleinsatz. Auf den ersten Blick scheint es
ja einfach zu sein. Wenn man einen Tisch bauen will, braucht
man Tischler. Wenn ich schon genau abschätzen kann, wie der
Tisch gestaltet sein soll, kann ich die entsprechenden Maßnahmen
und Vorgehensweise in der Gegenwart bereits formulieren. Mit
kreativen innovativen Tischlern kann man aber auch immer
wieder neue Entwürfe oder Richtungen entstehen lassen respektive einschlagen (um mit Jim Collins zu sprechen). Um nachhaltig erfolgreich am Werk zu sein, sollte man beide Erwartungen erfüllen. Die »Richtigen« sind also jene, die das gerichtete
Wissen haben, das notwendig ist, um einen Tisch zu bauen, und
gleichzeitig so viel Kreativität, Mut, Teamfähigkeit etc. mitbrin-
gen, um neue Wege gehen zu können. Wenn Personalmanagement zu sehr nur auf das Einschätzbare fokussiert, ist man zwar
für ein absehbares Morgen gerüstet. Man läuft dabei aber unmittelbar Gefahr, anfangs oft unbemerkt, durch konkurrierende
Innovatoren von der Überholspur gedrängt zu werden.

》》Eltern, Freunde, die Gesellschaft, Bildungssysteme
und die Wirtschaft ziehen an einem Strang, wenn es

darum geht, der nächsten Generation zu ermöglichen, Berufsfähigkeiten zu erlangen und ihre Persönlichkeit zu entfalten. Dafür braucht es aber zusätzlich zu den beiden Formen von Bildung und der Förderung von Lösungsbegabung noch eine unverzichtbare Komponente – das Entdecken und Fördern von spezifischen Talenten. Wenn man über den Mut, die Kreativität und die Innovationskraft des Homo sapiens spricht, muss man unbedingt ergänzend über ein geeignetes Talentmanagement nachdenken. **《**

Bevor man sie fördern kann, muss man klären, wie man Talente entdecken kann und wer das tun soll. Am Institut für Medizinische Genetik der Medizinischen Universität Wien, das ich leiten darf, betreiben wir Grundlagenforschung. Wir betreiben genetische Diagnostik und nehmen viele Agenden im gesellschaftlichen Diskurs wahr. In der außerdem von uns betriebenen Lehre stellen wir uns zwei verschiedenen Aufgaben: Einerseits wollen wir allen Studierenden das ganz aktuellste Grundlagenwissen im Bereich Genetik vermitteln und gleichzeitig ihre Kompetenzen stärken, auch Neuland betreten zu können. Andererseits wollen wir aber auch jene jungen Kollegen identifizieren, die wir für entsprechend talentiert halten, diesen Fachbereich auch erfolgreich zu ihrem Beruf machen zu können. Bei Ersterem sehen wir uns mehr als Lehrer, die gerichtetes und ungerichtetes Wissen vermitteln. Bei Zweitem fungieren manche von uns mehr als Talentscouts. Wir würden uns selbstverständlich niemals trauen, Musiker oder Sportler zu scouten, aber im Bereich Genetik wagen wir es. Wir nutzen dafür unsere jahrelange Erfahrung und unser explizites und implizites Wissen. Wir liegen natürlich keinesfalls immer richtig. Aber es ist davon auszugehen, dass unsere Trefferquote höher ist, als wenn Musiker oder Sportler die Genetiker von morgen scouten würden. Neben den dafür notwendigen Talenten suchen wir natürlich auch nach dem entsprechend überdurchschnittlichen Interesse und der Bereitschaft, genau in diesem Fachgebiet hart zu arbeiten.

Scouting ist im Fußball oder bei Opernsängern vollkommen etabliert, hat aber im Bildungssystem und im Personalmanagement noch nicht wirklich Einzug gehalten. Vielleicht liegt es daran, dass nicht ganz klar ist, wer scouten kann und soll. Es wäre unfair, die Verantwortung dafür allein an Eltern und Freunde zu übertragen. Selbst wenn der dafür sicher hohe Zeitaufwand bewältigbar wäre, ist es ihnen unmöglich, Talente in Bereichen zu entdecken, mit denen sie selbst keinerlei Erfahrungen haben. Talente müssen in der Schule entdeckt werden! Das macht Sinn. Aber haben Lehrer im Schulbetrieb die nötige Zeit, die Infrastrukturen und die notwendigen Erfahrungen dafür? Wenn man all den hohen Ansprüchen, die heutzutage an Bildung gestellt werden, gerecht werden will, kann man dann quasi nebenbei noch die Entdeckung und Förderung individueller Talente bewerkstelligen? Dafür braucht es sowohl im Bildungssystem als auch in der Arbeitswelt entsprechend ausgebildete, erfahrene und bezahlte Scouts (Hengstschläger: »Österreich braucht Talentscouts«, 2017). Es geht keinesfalls darum, durch Scouting Menschen in irgendwelche Richtungen drängen zu wollen. In einem Interview (»Wir brauchen Talentscouts in Schulen«, *Handelsblatt* 2017) habe ich dazu einmal gesagt: »[...] wir müssen jedem Kind lediglich die Chance geben: Wir werden dich unterrichten, und wir geben dir einen Tipp, was deine besonderen Stärken sind. Mehr machen wir nicht. Dass dieser Mensch das Recht hat, auf dieses Talent zu pfeifen, ist klar. Das Unfaire im Leben ist doch viel zu oft, dass sich niemand die Mühe gemacht hat, individuelle Talente zu entdecken. Und das können wir uns nicht mehr leisten.«

Wenn man also den Beruf des Talentscouts flächendeckend einführen möchte, stellt sich ganz konkret die Frage, wer das Scouting machen könnte. Im Schulwesen könnten Pädagogen aus anderen Schulen ganz spezifisch in ihren Fächern in eigenen Einheiten individuellen Arbeitens scouten. Vielleicht wäre es begrüßenswert, wenn Lehrer und Scout eines Kindes nicht dieselbe Person sind. Es wäre aber auch sehr gut vorstellbar, dass ein erfahrener *Homo digitus minimus* dafür in die Schule kommt. Das könnte jemand sein, der das gern in seiner Freizeit neben seinem Beruf macht, oder jemand, der bereits in Pension ist. Auch die Wirtschaft beziehungsweise jedes größere Unternehmen sollte eigene Scouting-Programme implementieren. Scouts sollten neben ihrer einschlägigen Erfahrung zusätzlich eine Ausbildung »in der Methodik des Entdeckens von Talenten« machen können und dabei auch lernen, mit den vielen durchaus sinnvollen Talente-Check-Programmen umzugehen. Hierfür gibt es schon viele gut anwendbare Konzepte. Diese Ausbildungsprogramme sollten wiederum spezifisch weiterentwickelt und flächendeckend angeboten werden. Solch eine didaktische Ausbildung kann allerdings immer nur in Kombination mit einer anderen Voraussetzung einen guten Scout ausmachen: Man muss über das notwendige Wissen in einer bestimmten Materie und das richtige Bauchgefühl verfügen. Man muss mit seinem expliziten und impliziten Wissen einen bestimmten Bereich abdecken und durchdringen.

>> Ich glaube, dass jeder Mensch Talente hat, nur jeder woanders. Ob im Sport, im Handwerk, in der Musik, im Bereich der sozialen Kompetenzen, in der Wissenschaft – die Liste wäre nahezu grenzenlos weiterführ-

bar. Einerseits hat jeder junge Mensch, unabhängig vom Einkommen oder vom Ausbildungsgrad seiner Eltern, ein Recht darauf, dass man sich professionell auf die Suche nach seinen Talenten macht. Und andererseits gibt es unglaublich viele Menschen, die ihre Talente und ihre Erfahrungen dafür einsetzen könnten, junge Talente zu entdecken und zu fördern. Das kann im Bereich gerichteten Wissens sein. Das könnte in dem großen Feld ungerichteter Kompetenzen stattfinden. Es könnte *Fusion Skills* an der Mensch-Maschine-Schnittstelle betreffen. Wieder andere könnten dabei auf jene Fähigkeiten fokussieren, die deshalb vielleicht so zukunftsträchtig sind, weil darin der Mensch den Maschinen überlegen ist. Es ist gut vorstellbar, dass es in all diesen Bereichen Menschen gibt, die nach einer Ausbildung zum Scout ihre Erfahrungen einbringen wollen. Vielleicht weil sie ohnedies entsprechenden Berufsgruppen, wie etwa Pädagogik oder Psychologie, zuzuordnen sind. Oder weil sie sich zum Beispiel noch zu jung fühlen, mit dem Arbeiten aufzuhören beziehungsweise weil sie sich beruflich verändern wollen, um ihrem Lebenswerk vielleicht etwas mehr Sinn zu geben. **‹‹**

Immer wieder wird auch gesagt, dass man doch selbst am besten wüsste, welche Talente man hat. Ja, das wäre das erstrebenswerte Ziel. Man kann aber die Entdeckung und Förderung seiner eigenen Talente nicht dem individuellen Menschen selbst überlassen. Dafür gibt es viele Gründe. Zwei möchte ich hier jetzt einmal anführen. Erstens sollten die Entdeckung und Förderung von Talenten schon sehr früh beginnen. Idealerweise startet all das in einer Zeit kindlicher Entwicklung, in der der Mensch über sich selbst noch nicht viel nachgedacht hat und es ihm schwerfallen würde, seine Talente selbst zu entdecken. Und zweitens ist der Mensch gar nicht so gut, wenn es um die Beurteilung seiner eigenen Stärken und Schwächen geht. Aljoscha Neubauer, Professor für Psychologie, schreibt in seinem Buch *Mach, was Du kannst: Warum wir unseren Begabungen folgen sollten – und nicht nur unseren Interessen* dazu: »Offensichtlich ist unsere Gesamtpsyche nicht wirklich darauf ausgelegt, so etwas wie ein durchgehend kohärentes Selbstbild zu entwickeln, ein Bild der eigenen Psyche, bei dem Begabungen, Interessen und Persönlichkeit wie selbstverständlich im Einklang miteinander stehen. Im Gegenteil, gelegentlich stehen Eignung und Neigung sogar in Opposition zueinander – ein Phänomen, das ich als Eignungs-Neigungs-Mismatch bezeichnet habe.« Menschen neigen sogar dazu, sich zu überschätzen: »Entscheidend ist aber, dass Menschen sich ihrer Selbstüberschätzung zumeist gar nicht bewusst sind und eine Fehleinschätzung der eigenen Skills gerade bei jungen Menschen zu einer falschen oder ungünstigen Berufswahl führen kann.« Und Professor Neubauer zitiert auch Benjamin Franklin: »There are three things extremely hard: steel, a diamond, and to know one's self.«

>> Talentscouts könnten neben der Entdeckung von Talenten natürlich auch deren Förderung in Angriff nehmen. Bei der Förderung können und müssen sich aber wiederum möglichst viele einbringen, ob im Privatleben oder in der Arbeitswelt. Das afrikanische Sprichwort ›Um ein Kind zu erziehen, braucht es ein ganzes Dorf‹ würde ich in diesem Zusammenhang gern erweitert anwenden: ›Um ein Talent zu fördern, braucht es mehrere Dörfer‹. **‹‹**

Zur Förderung von Talenten habe ich mir in der Vergangenheit bereits viele Gedanken gemacht (Hengstschläger: *Die Durchschnittsfalle*, 2012). Es ist einerseits unumstritten, dass Talente nicht ohne die Bereitschaft, *Extra Miles* zu gehen, erfolgreich entwickelt und umgesetzt werden können. Andererseits müssen aber auch genetische Komponenten dabei mitbedacht werden. Ob im Bildungswesen oder im Management, es muss darauf geachtet werden, dass jeder Mensch seine Stärken entsprechend einsetzen kann. In den meisten Unternehmen sitzen ein Elefant, ein Affe und eine Schlange. Der Chef kommt und sagt: »Die heutige Aufgabe ist, wir müssen alle auf den Baum klettern!« Was wird der Elefant sagen – üben, üben, üben? Bei aller möglichen Motivation – haben Sie schon einmal einen Elefanten auf einem Baum sitzen sehen? Am nächsten Tag heißt es dann: »Heute reißen wir alle Bäume aus!« Die Schlange meldet sich krank. Der Wissenschaftsreporter Malcolm Gladwell hat in seinem Bestseller *Überflieger: Warum manche Menschen erfolgreich sind – und andere nicht* die These vertreten, dass jeder Mensch Spitzenleistungen in einem Bereich erbringen könne, wenn er nur 10 000 Stunden daran arbeite. Ich habe diese Überbewertung von »üben, üben, üben« bereits 2012 in der *Durchschnittsfalle* infrage gestellt. Wenige Tage nachdem er im *Guardian* für diese These von anderen Wissenschaftlern wieder einmal angegriffen wurde, wies er in einem Interview mit der *Zeit* im September 2019 darauf hin, dass er sich falsch verstanden fühle: »Die Beatles waren brillante Musiker, aber sie brauchten ihre Zeit in Hamburg. Bill Gates ist ein brillanter Programmierer, aber auch er brauchte viele, viele Jahre an Übung. Das bedeutet aber natürlich nicht, dass ich das *White Album* der Beatles komponieren kann, wenn ich nur genauso lang übe wie die Beatles in Hamburg. Ich kann es nicht! Ich werde es nie tun können! Und auch wenn ich 10 000 Stunden lang Schach spiele, werde ich niemals ein Großmeister! Ich werde es nie werden! Natürlich brauchst du Talent!« (Gladwell: *Ich gehöre nicht zu den Menschen, die verzweifeln, wenn sie allein sind*, 2019). Und jetzt möchte ich noch etwas hinzufügen: Um wirklich Neues und Innovatives zu erschaffen, braucht es natürlich harte Arbeit und Talent, aber ohne die Förderung und Entfaltung von Lösungsbegabung ist vieles davon auch nicht möglich.

➤➤ Die Bedeutung der Entdeckung und Entwicklung von Talenten kann nicht hoch genug eingeschätzt werden. Und mehr als Schwächen zu bekämpfen, sollte man dabei Stärken stärken. Laufendes Aufzeigen und Ausbessern der Schwächen raubt Kindern, Schülern, Lehrlingen, Studenten und Mitarbeitern nur Lust, Zeit und Kraft, sich mit ihren Stärken zu beschäftigen. Natürlich muss man auch an seinen Schwächen arbeiten. Aber wenn Stärken nicht entsprechend gefördert werden können, weil man sich zu sehr dort anstrengen muss, wo man nicht so talentiert ist, entsteht nur innovationsfeindliches Mittelmaß. Man sollte ihnen in jenen Bereichen, die nicht in ihrem Fokus sind, einen aktiven Verzicht auf mehr als unbedingt notwendig erlauben. Dadurch hebt man die Wahrscheinlichkeit für ein mutiges, kreatives, innovatives Umsetzen der Talente. Man wird außerdem der so notwendigen intrinsischen Motivation nichts Gutes tun, wenn man Menschen dazu anhält, dort fleißig zu sein, wo sie nicht talentiert sind. Das stellt auch einen Bildungsansatz infrage, der junge Menschen dazu animieren möchte, dort hart zu arbeiten, wo sie schlechte Noten haben, weil sie in den Fächern mit guten Noten ›ja schon durch sind‹. ◀◀

Die einen könnten die Entdeckung und Förderung von Talenten möglicherweise der ungerichteten Bildung beziehungsweise Ausbildung zuordnen. Vielleicht, weil Talente grundsätzlich einmal eher ungerichtet sind. Andererseits kann die Förderung ganz bestimmter Talente auch gewissermaßen gerichteten Charakter haben. Talente können viel besser entwickelt und erfolgreicher umgesetzt werden, wenn man dabei gleichzeitig gerichtete und ungerichtete Ansätze zur Anwendung bringt. Das stabile, sichere Anwenden seiner Talente schafft Mut, sie auch immer wieder einzusetzen, Neuland damit zu betreten. Bei solch einer dualen Weiterentwicklung von Talenten lassen die positiven Konsequenzen auf die Persönlichkeitsentfaltung und die Lösungsbegabung des Menschen nicht lange auf sich warten. Und egal, ob man Talenten nun mehr gerichteten oder mehr ungerichteten Charakter zuschreibt, sie sind jedenfalls unverzichtbare Komponenten beider Strategien für beide Zukünfte. Gegenwartskompetenz ist genauso wichtig im Zusammenhang mit Talentmanagement, wie das richtige Management von Talenten unverzichtbar für die Zukunft der Gegenwart ist.

Forschung mit fließenden Übergängen

In der Forschung sind die beiden Strategien in Richtung beider Zukünfte wohl bekannt. Als *Blue Sky Research* oder Grundlagenforschung bezeichnet man zweckfreie, nicht-ergebnisorientierte Forschung. Sie hat das »Schaffen von Wissen« im Fokus und wird nicht unmittelbar auf ein umsetzbares bekanntes Ergebnis respektive eine praktische Anwendung hin betrieben. Es geht dabei darum, den Stand des Wissens zu erweitern. Gegen eine kommerzielle Verwertung dieses Wissens besteht natürlich keinerlei Einwand, aber die Grundlagenforschung hat das nicht im Fokus. Anders verhält sich das bei der angewandten Forschung. Ihr Erkenntnisgewinn ist auf ein spezifisches, praktisches Ziel gerichtet und ist an Forschungsinstitutionen genauso anzutreffen wie in Wirtschaft und Industrie. Es ist allerdings verwunderlich, dass für viele Menschen zwischen diesen beiden Ansätzen immer noch so klare Trennlinien bestehen. Grundlagenforscher erleben viel zu oft, dass sie, wenn sie begeistert von ihren neuesten Ergebnissen berichten, die Frage gestellt bekommen: »Wofür braucht man das?« Die dabei entstehenden wissenschaftlichen Theorien und Entdeckungen bilden die Grundlagen, auf die angewandte Forschung aufbauen kann. Ihre Anwendung und Umsetzung sind aber nicht das primäre Ziel der Grundlagenforschung. Es handelt sich um in der Gegenwart entwickelte Antworten. Und es ist heute noch nicht absehbar, wann und wobei genau diese Erkenntnisse in Zukunft die Voraussetzung für neue Anwendungen bilden. Aber die Erfahrungen, die die Menschheit bereits gemacht hat, sind Beweis genug, dass, wenn nicht für alle, so doch für die meisten Erkenntnisse aus der Grundlagenforschung der Zeitpunkt dafür irgendwann kommt. Außerdem leistet Grundlagenforschung auch unverzichtbare allgemeine Beiträge für den gesellschaftlichen Fortschritt. Ihr Nutzen ist folglich vollkommen unumstritten, auch wenn sie, grundsätzlich gesehen, kein praktisches Ziel hat. Aber auch der angewandten Forschung weht immer wieder einmal eine ablehnende Brise aus der anderen Richtung entgegen: »Forschung darf nicht unter dem Diktat der Wirtschaft oder Industrie stehen!« Mit dieser Brise schwingt nicht selten der leichte Hauch der Gefahr von »Gefälligkeitsforschung« mit, die ihren Auftraggebern Rechtfertigung für bereits im Vorhinein festgelegte Vorgehensweisen liefern soll. Sicher aber scheinen die Absender solcher Nachrichten auch Unterschiede im Grad der Freiheit der Forschung auszumachen.

Die Zukunft der Gegenwart braucht eigens dafür eingerichtete Institutionen »des fließenden Übergangs«. Sie könnten sich zu Hochburgen für die Entfaltung von Lösungsbegabung entwickeln. Einerseits könnten mehr Forschungsstätten geschaffen werden, die das gleichzeitige Betreiben von Grundlagenforschung und angewandter Forschung unter einem Dach vereinen. Andererseits sollten an den Schnittstellen mehr Forschungsfächer etabliert werden, deren zentrales Ziel es ist, die wechselseitig beflügelnden Aspekte zu unterstützen und zu nutzen. Es sollten ferner mehr eigene Forschungsberufe und Stellen an der Schnittstelle der beiden Forschungstypen geschaffen werden. Eine mögliche Patentierbarkeit und Anwendung von Ergebnissen aus der Grundlagenforschung könnte laufend von eigens dafür ausgebildeten und darauf spezialisierten Experten ins Auge gefasst werden, und zwar ohne dabei den eigentlichen Prozess der Grundlagenforschung zu beeinflussen und die Forscher dadurch unter Druck zu setzen. Ganz ähnliche Schnittstellenarbeit müsste aber auch im Zusammenhang mit der Frage, welche grundlegenden Erkenntnisse für eine erstrebenswerte Entwicklung noch notwendig wären, geleistet werden. Wenn es auch auf den ersten Blick etwas schwieriger vorstellbar ist, so sollte man der Idee, dass Forscher beziehungsweise Forschungsgruppen immer öfter beide Strategien verfolgen, auch nicht grundsätzlich ablehnend gegenüberstehen. Diese und noch viele weitere ganz konkrete Ansätze könnten entwickelt werden, um Forschung als die treibende Kraft auf dem Weg in die Zukünfte zu beflügeln.

>> Wie auch immer die Umsetzung erfolgt, beide – angewandte und Grundlagenforschung – könnten in Zukunft noch viel mehr voneinander lernen, als das heute stattfindet. Es geht dabei um den gegenseitigen Aus-

tausch von Know-how. Die Methoden strukturierterer ergebnisorientierterer Ansätze können auch in der Grundlagenforschung von Nutzen sein. Die angewandte Forschung könnte ihre Kreativität steigern, indem sie lernt, sich mehr von möglichen ›funktionalen Fixierungen‹ zu lösen. **‹‹**

Gemeint ist das gängige psychologische Phänomen, dazu zu neigen, ein Objekt, einen Ansatz nur in der vertrauten Funktion wahrzunehmen (McCaffrey, Pearson: »Neues entdecken«, 2017). Es wäre in diesem Zusammenhang gut möglich und wichtig zugleich, die Interaktion verschiedener Disziplinen noch auszubauen. Es wird im aktuellen Forschungsgeschehen immer präsenter, dass für bestimmte Vorhaben monodisziplinäre Forschungsansätze einfach zu kurz greifen. Gerade in Zeiten des digitalen Wandels könnten beide Bereiche außerdem von heute vielleicht noch verschieden gewichtetem und angewandtem Methodenwissen profitieren. Und man muss dabei noch gar nicht daran denken, welchen eventuellen Wert es haben könnte, mit einem Chatbot diskutieren zu können, dessen Wissen auf einer Gehirn-Computer-Schnittstelle mit einem Nobelpreisträger basiert. Es wird vielleicht einmal möglich sein, gespeicherte Problemlösungserfahrungen und Herangehensweisen, die auf dem Denken und Lebenswerk unzähliger vielleicht sogar schon verstorbener Top-Wissenschaftler beruhen, dabei »anzuzapfen«.

Und augenblicklich folgt pawlowsch die Frage nach der Finanzierung. Wer soll das bezahlen? Bei praxisnaher Forschung stehen sehr häufig entsprechende Interessen der Wirtschaft und Industrie dahinter. Dazu kommt, dass private Mäzene oder Investoren viel eher mit an Bord sind, weil der Output dieser Forschung erwartbar, prädiktabel und evaluierbar ist.

Die Geldtasche sitzt daher bei angewandter Forschung einfach lockerer. Grundlagenforschung ist nachhaltig angelegt. Ihr Output ist durchaus messbar. Die dafür eingesetzten Kriterien wie zum Beispiel einschlägige Publikationen, das Einwerben von *peer reviewed* Forschungsförderungsgelder, die Ausbildung von Forschungsnachwuchs, der unverzichtbare Beitrag zum gesellschaftlichen Diskurs und vieles mehr sind jedoch nicht so unmittelbar und für jedermann ersichtlich und nachvollziehbar. Das ist ein Grund dafür, dass die Interaktion der Wissenschaft mit den Medien und der Öffentlichkeit verstärkt werden muss. In der Corona-Krise hat die Wissenschaft den Weg in die Öffentlichkeit genommen wie schon lange nicht mehr. Sowohl ihre Bedeutung für jeden Einzelnen als auch ihre Kraft für die Gesellschaft muss laufend vermittelt werden. Auch Grundlagenforscher müssen einen signifikanten Prozentsatz ihrer Arbeitszeit mit dieser Interaktion verbringen. Die Notwendigkeit ihrer Finanzierung soll dabei genauso in die Gesellschaft transportiert werden wie etwa die Mechanismen von Forschung. Die SARS-CoV-2-Pandemie hat auch für jedermann nachvollziehbar verdeutlicht, wie sehr die Forschung ein dauernder Lernprozess ist. Gerade in der Wissenschaft lernt man in der Gegenwart von einer Gestalt annehmenden Zukunft. Das hat dazu geführt, dass so manche Empfehlungen und Maßnahmen kamen und gingen – je nach dem aktuellsten Stand der Forschung. Wissenschaft muss dabei ehrlich mit ihren Grenzen umgehen und immer transparent bleiben. Uneinlösbare Heilsversprechen, um darüber Geld für seine Vorhaben zu akquirieren, sind nicht akzeptabel. Transparenz ist auch in einem anderen Zusammenhang von größter Bedeutung. Nur wenn die Forschung immer am aktuellsten Stand über die Anwendungsmöglichkeiten und Konsequenzen Auskunft gibt, ist eine ethische Beurteilung und Folgenabschätzung möglich. In Zusammenhang mit digitaler Ethik haben wir bereits angesprochen, dass nicht alles, was möglich ist, auch gemacht werden soll.

Wir haben auch bereits gehört, dass der Begriff »Innovation« heute breiter definiert und angewendet wird. Und es geht dabei nicht immer gleich um die marktreife Umsetzung einer Invention im ökonomischen Sinn. Diesen Überlegungen folgend schlage ich die Begriffe »gerichtete Innovationen« beziehungsweise »gerichtete Innovationsketten« für Entwicklungen vor, die Antworten auf bereits bekannte Fragestellungen ermöglichen. Man kennt das praktische Problem, hat aber in der Gegenwart noch keine umsetzbare Lösung dafür. Die Innovationskette zur Erreichung dieses kalkulierbaren Zieles nimmt mit hoher Wahrscheinlichkeit ihren Ursprung in der angewandten Forschung. Wenn man allerdings eine Innovation kreiert, ob nun für die Wirtschaft oder etwa für den Klimaschutz, in der Bildung oder im Sozialbereich, ohne ursprünglich ein praktisches Anwendungsproblem im Blick gehabt zu haben, so nenne ich das »ungerichtete Innovation«. Ungerichtete Innovationen finden ihren Weg bis hin zur Anwendung, auch wenn ihre Entwicklung ursprünglich gar kein praktisches Ziel verfolgt hat. Der Startpunkt für die diesem Prozess zugrunde liegenden Innovationsketten ist dann wahrscheinlich die Grundlagenforschung, die sich auf den Weg in diese – zu diesem Zeitpunkt noch unvorhersehbare – Zukunft aus reiner Freude am Schaffen von Wissen gemacht hat. Umso mehr »ungerichtete Innovationsströme« man in Gang bringt und fördert, umso besser rüstet sich eine Gesellschaft, ein Land, für eine ungewisse Zukunft. Umso mehr mögliche Antworten man schafft, umso höher ist die Chance, dass sie eines Tages für Fragen, die wir heute noch gar nicht kennen, zur Anwendung kommen können. Manche nichtergebnisorientierten Erkenntnisse münden schneller in Innovationen, andere brauchen ihre Zeit. Viele Grundlagenforschungsergebnisse werden erst durch angewandte Forschung zu Innovationen. Oder Anwendungen ergeben sich direkt durch noch nie da gewesene Fragestellungen, erst entstandene Herausforderungen, inzidentelles Dazulernen, Serendipität, komplett neue Kundenwünsche etc. Sowenig wie Grundlagenforscher solch eine Umsetzung eigentlich im Sinn haben, sowenig haben sie etwas dagegen, wenn es dazukommt. Und heute entstehen immer öfter sogar Spin-offs, Unternehmensgründungen aus dem akademischen Umfeld heraus, um solche ursprünglich vielleicht gar nicht geplanten Verwertungen auch im ökonomischen Sinn selbst zu begleiten.

Die Universität Wien, an der ich studiert habe, feierte im Jahr 2015 ihr 650-Jahr-Jubiläum. Eine Wanderausstellung dieser Universität unter dem Titel »Innovation durch Grundlagenforschung« porträtierte im Jahr 2016 Leistungen der Grundlagenforschung, die – oft erst Jahrzehnte später – weitreichende Innovationen ausgelöst haben (https://geschichte.univie.ac.at/themen/innovation-durch-grundlagenforschung). Diese Ausstellung trägt der Tatsache Rechnung, dass die Neugier der Forschenden oft überraschend Neues hervorbringt, das später einmal von großer Bedeutung für die Entwicklung praktischer Innovationen sein kann. Die Innovationsökonomin Mariana Mazzucato argumentiert in ihrem 2013 erschienenen Buch *The Entrepreneurial State,* dass, so genial Steve Jobs auch war, die Entwicklung des iPhones ohne öffentlich geförderte Forschung nicht möglich gewesen wäre. Die notwendigen Voraussetzungen wie Internet, Global Positioning System (GPS), Batterietechnologie, Spracherkennungssystem, Displayentwicklung oder Mikrochips waren bereits vorhanden. Viele Innovationen werden erst möglich, weil der Staat bereit ist, Projekte zu einem Zeitpunkt zu finanzieren, zu dem sie für *Venture*-Kapitalisten und Entrepreneure in Turnschuhen (Sneaker sind im Silicon Valley zum Identifikationsmerkmal geworden) noch viel zu riskant sind. Es drängt sich die Frage auf, ob dem Staat hierbei im übertragenen Sinn nicht auch eine Art »Mut aus Sicherheit« zugutekommt. In diesem Zusammenhang wäre es wichtig, dem Staat in Zukunft vielleicht sogar mehr freie Hand zu geben, bei Forschungs- und Unternehmensförderungen höhere Risiken einzugehen, als er das aktuell darf.

Ich habe vorgeschlagen, dass die Wirtschaft und Industrie sich ebenso an der Finanzierung von Grundlagenforschung beteiligen soll: »Ich plädiere gar nicht im verhaltensökonomischen Sinn an das Mitleid, den Gerechtigkeitssinn oder die Weltverbesserungsmentalität der CEOs großer heimischer Unternehmen, wenn ich ihnen hiermit vorschlage, sich doch daran zu beteiligen, dass Grundlagenforschung ausreichend finanziert ist. Ich meine, dass auch der an Gewinnmaximierung interessierteste Homo oeconomicus klar vor Augen haben muss, dass ein Austrocknen der vielen Bäche ungerichteter Innovationsprozesse vielleicht nicht unmittelbar, aber mittelbar auch den Strom angewandter Forschung hin zur marktreifen Produktentwicklung versiegen lässt. Eine politisch oktroyierte ›Grundlagenforschungsabgabe‹ für die größten heimischen Unternehmen als Profiteure auch ungerichteter Innovation ist nur in Ländern notwendig, in denen Wirtschaft und Industrie nicht visionär genug sind und nicht von sich aus aktiv werden« (Hengstschläger: *Die Innovations-Kettenreaktion*, 2016).

Ob in der Bildung oder in der Forschung, die Übergänge zwischen »gerichtet« und »ungerichtet« müssen fließend sein, damit am Ende des Tages eine optimale Beflügelung der Lösungsbegabung des Menschen erreicht werden kann. Und außerdem gibt es sowohl in der Grundlagenforschung als auch in der angewandten Forschung, wie ich es nenne, *Yes-or-yes-* und

Yes-or-no-Projekte. Ein *Yes-or-yes*-Ansatz ist im Wesentlichen durch die Sicherheit des erwartbaren und kalkulierbaren Ergebnisses charakterisiert. Wenn A herauskommt, ist das ein verwendbares oder publizierbares Ergebnis, und bei Ergebnis B ist das auch der Fall. Man fährt mit der Verfolgung solch eines Projektes auf Nummer sicher. Da die Zukunft in diesem Zusammenhang so taxierbar ist, wird das vorhersagbare Ergebnis allerdings wahrscheinlich auch nicht so spektakulär sein. Auch weil es sonst ja alle anderen, die das auch wissen, schon gemacht hätten. Bei einem *Yes-or-no*-Projekt weiß man nicht genau, ob überhaupt etwas herauskommt, und wenn ja, was es sein wird. Wenn das Ergebnis dabei so unvorhersehbar ist, ist die Chance dafür höher, dass, wenn etwas herauskommt, es etwas Besonderes, im besten Fall etwas noch nie Dagewesenes sein könnte. Es gibt natürlich keinerlei Garantie, dass das so sein wird beziehungsweise dass überhaupt irgendein brauchbares Ergebnis erzielt wird. Das Risiko ist folglich viel höher. Wer immer nur *Yes-or-yes*-Konzepte verfolgt, ist vielleicht fleißig – sicher jedenfalls produktiv. Es kann ihm aber passieren, dass im Zuge vieler unspektakulärer Resultate ohne jeglichen wahren Durchbruch die Forschungsgelder langsam versiegen. Wer ausschließlich *Yes-or-no*-Projekte verfolgt, kann aber erleben, dass sich über längere Zeit gar kein Ergebnis einstellt. Und dann kann man noch so oft versichern, dass man an »etwas Großem« dran ist, die Forschungsunterstützung könnte sich ungläubig irgendwann zurückziehen. Vielleicht wäre auch in diesem Fall das gleichzeitige Verfolgen gerichteter und ungerichteter Forschungsprojekte ein Ansatz, mit dem notwendigen Mut aus Sicherheit nachhaltig Ideenreichtum, Kreativität und Erfolg aufrechtzuerhalten. Solch ein Ansatz entfaltet seine Wirkung genauso – um nicht zu sagen im Besonderen – in der medizinischen Forschung.

Nicht erst seitdem ein Virus in der Lage war, eine globale Metamorphose auf allen Ebenen einzuläuten, ist klar, wie wichtig Forschung auf dem Gebiet der Humanmedizin ist. Begriffe wie »translationale Forschung« oder »translationale Medizin« (*from bench to bedside*) stehen für den Weg von der Grundlagenforschung hin zur Entwicklung neuer Diagnoseverfahren oder innovativer Therapien. Aus nicht immer nachvollziehbaren Gründen ist die digitale Revolution der Menschheit mit der *Convergence* zwischen Bio- und Informationstechnologie allerdings von einer gewissen Polarisierung im Bereich der Medizin begleitet. Im Anthropozän scheinen die Ansichten darüber, wie Prophylaxe (Vorbeugung), Diagnose (Erkennung) und Therapie (Behandlung) von Erkrankungen beziehungsweise Verletzungen des Menschen gestaltet sein sollen, immer häufiger in die Trennung von verschiedenen Lagern beziehungsweise von Gegensätzen zu münden. Einmal vollkommen unabhängig von der Frage, ob es sinnvoll ist beziehungsweise ob die ersehnten Ziele damit überhaupt erreichbar sind – die einen wollen machen, was machbar ist. Die anderen lehnen vieles Machbare ab. So manche wollen Gentechnologie, Nanotechnologie, Xenotransplantation, künstliche Intelligenz und Robotik einsetzen, wo es nur geht. Gar nicht so wenige sehen gerade in solch einer Technologisierung große Gefahren für den Homo sapiens. Die einen wollen immer mehr gerichtet in die Evolution eingreifen. Die Keimbahn des Menschen kann und soll dabei verändert werden, um den Menschen ganz allgemein »gesünder« zu machen. Fortpflanzung findet im Labor über künstliche Befruchtung mit genetischem Screening statt, weil es viel zu riskant ist, der Natur ihren freien Lauf zu lassen. Andere argumentieren, dass ein zu großer Eingriff in die Evolution der Anfang vom Ende sei. Die Folgen solch eines Handelns seien nicht abschätzbar, würden wahrscheinlich nur schaden und wären im gegebenen

Fall auch nicht mehr rückgängig zu machen (Stichwort: Asbest-Faktor). Die eine Seite propagiert in der Gegenwart das Konzept der Optimierung des Menschen bis zum Transhumanismus, um ihm über *Neuroenhancement, Human Engineering,* Mensch-Maschinen-Interfaces oder *Biohacking* eine glücklichere, erfolgreichere und gesündere Zukunft zu bescheren. Die andere Seite argumentiert, dass das nicht geht und dass es ohnedies gut ist, wie es ist. Der Homo sapiens sei das Ergebnis von Mutation und Selektion, und all solche Hirngespinste können nur mehr Schaden als Nutzen bringen. Ein anderer Gegensatz betrifft das allgemeine Verständnis der Humanmedizin. Der einen Seite wird dabei vorgeworfen, dass sie den Menschen mit ihrer zu kurz greifenden, naturwissenschaftlich-reduktionistischen Sichtweise immer gläserner machen wolle. Was messbar ist, ob die genetischen Veranlagungen über Genomsequenzierung oder das Gesundheitsverhalten des Menschen über zum Beispiel Tracking oder *Data-Mining,* soll und muss gemessen und interpretiert werden. Was repariert werden kann, soll auch repariert werden. Der Vorwurf gegenüber der anderen Seite lautet, dass ein zu ganzheitlicher Ansatz die Medizin immer mehr in Richtung Esoterik, Humanenergetik (basierend auf einem wissenschaftlich nicht belegbaren Energiefeld, das alles umgibt und durchdringt), Spiritualität oder Religion abdriften lässt.

Die Erkenntnisse und Entwicklungen in den Bereichen Hygiene, Prophylaxe und Vorsorgemedizin gehören eindeutig zu den wesentlichsten Durchbrüchen der modernen Zeit. Die Palette ist groß. Händewaschen, Abstandhalten, in die Armbeuge niesen und Mundschutz tragen sind im Zuge der Corona-Pandemie global bekannte und wirksame Maßnahmen zur Eindämmung von Infektionen geworden. Bei allen Tücken im Detail sind Krebsvorsorgeuntersuchungen, Blutdruckmessungen oder Bestimmungen des Cholesterinspiegels wissenschaftlich belegte Nutzbringer für die Vermeidung beziehungsweise Behandlung von Krankheit. Das heutige Wissen um die negativen gesundheitlichen Konsequenzen von Übergewicht, fehlender Bewegung, Rauchen, Alkohol oder etwa Stress hätte das Potenzial, Millionen von Menschen das Leben zu retten. Auch genetische Tests sind in ganz vielen Zusammenhängen von größtem Wert. Betreffend die Sinnhaftigkeit von prädiktiven Genomanalysen, um die Wahrscheinlichkeit für später im Leben auftretende multifaktorielle Erkrankungen einzuschätzen, scheiden sich die Geister aber schon wieder. Das gilt speziell dann, wenn so manche Stimmen laut werden, dass zum Wohle der Gesellschaft auch schon hin und wieder das »Recht auf Nichtwissen« außer Kraft gesetzt werden muss. Die Angst vor medizinischen Daten als ein Instrument eines totalen Überwachungsstaates geht wahrlich nicht erst seit der Corona-Krise um. Diese Pandemie hat der Menschheit aber andererseits auch dramatisch vor Augen geführt, wie sehr die Angst vor Krankheit und Tod das gesamte politische, gesellschaftliche und wirtschaftliche Leben des Planeten Erde in die Zange nehmen kann. Und die Welt blickt hoffnungsvoll und gebannt auf die modernste medizinische Forschung, die durch Medikamente beziehungsweise flächendeckend zur Verfügung stehende, wirksame Impfungen den Schalter doch endlich wieder auf »die Zeit davor« stellen soll. Ob es jemals wieder so wird, wie es war, sei einmal genauso dahingestellt, wie die Frage, ob man das überhaupt wollen soll. Die Talkshows der Welt werden in einem hamsterrad-ähnlichen Modus gespickt mit entsprechenden intensiv diskutierten Wortspenden: das menschliche Eingreifen in fragile Ökosysteme, von Tieren auf Menschen überspringende Zoonosen, Tiermärkte in Asien, die Abhängigkeit von Produktionsstätten von Medizingütern, chinesische Textilarbeiter in Italien, das globale Reiseverhalten des Menschen, der ökologische Fußabdruck, der Klimawandel ganz allgemein, digitale Überwachung des Menschen, Impfpflicht und vieles mehr. Gerade der letzte Aspekt erscheint auch im Zuge der COVID-19-Pandemie unter besonderem Licht. Wie viele Menschen werden oder würden sich gegen das Corona-Virus impfen lassen? Obwohl es Schutzimpfungen gegen Influenza gibt, nehmen viele Menschen sie nicht in Anspruch. Ein Rückgang der Impfungen hat in manchen Ländern zu einem Wiederanstieg von Masernerkrankungen geführt.

Schenkt man den Stimmen vieler fortschrittsaffiner Beobachter Glauben, ist der Zug in Richtung Präzisionsmedizin und *Predictive Analytics* unter Zuhilfenahme von Big-Human-Data schon abgefahren. Der Ansatz der Individualisierung von Diagnostik und Therapie anhand – eines Tages über künstliche Intelligenz ausgewerteter – genetischer und anderer relevanter Gesundheitsdaten wird viele neue Chancen bieten. Vollkommen neue Therapien für bisher unheilbare Erkrankungen könnten dadurch entwickelt werden. Die ethische Begleitung, eine breite gesellschaftliche Diskussion und schließlich die entsprechenden rechtlichen Grundlagen müssen die Privatsphäre und Autonomie des Menschen dabei im Auge behalten. Diese Entwicklung ist wohl Teil des Trends zu einer individualisierten und zielgerichteten Medizin, die auch die kleinsten Informationsdetails des Systems Mensch nutzen möchte um zu verhindern, was zu verhindern ist, und um zu heilen, was zu heilen ist. Das ist ein grundsätzlich zu begrüßender Teil des medizinischen Fortschrittes. Und dennoch steht diesem Konzept ein riesiger, aktuell boomender anderer Trend gegenüber. Unter dem Begriff »ganzheitliche Medizin« versammeln sich unter anderem viele unterschiedliche naturphilosophische, mystische, esoterische, religiöse Ansätze, die den Menschen als offenes System beschreiben. Alle Komponenten des Homo sapiens, der als Einheit von Körper, Seele und Geist gesehen wird, stehen in Beziehung zueinander, zur Gesamtheit und zur Außenwelt, so das Credo. Es geht dabei mehr um das Ganze und um Visionen, als um das Detail und um konkrete Handlungsanweisungen. Der Begriff »holistische Medizin« inkludiert für so manche, dass die Gesundheit des Menschen auch noch unter anderen, zum Beispiel klimatischen oder kosmischen Einflüssen stehen soll.

Es ist jedenfalls ein Faktum, dass der klassischen konventionellen Schulmedizin inklusive chemisch oder biologisch hergestellter Medikamente eine stark wachsende Inanspruchnahme andere Behandlungsformen gegenübersteht. Das Spektrum der Komplementärmedizin (auch gern als Alternativmedizin bezeichnet) ist riesig. Etwas großzügig betrachtet könnte man Homöopathie, Meditation, Hypnose, Musiktherapie, Humanenergetik, Ruten- und Pendelanwendungen, Chiropraktik, Cranio-Sacral-Therapie, Ayurveda, Traditionelle Chinesische Medizin (TCM) inklusive Akupunktur und vieles mehr dazuzählen.

Evidenzbasierte Medizin (*evidence-based medicine*) stützt sich bei dem, was sie tut, auf empirische Belege für die Wirksamkeit. Sie bezieht sich auf wissenschaftliche Beobachtungen bis hin zu nachvollziehbaren biochemischen und pharmakologischen Wirkmechanismen. Für komplementärmedizinische Ansätze hingegen steht zum aktuellen Zeitpunkt immer noch nicht mehr als der Placeboeffekt im Vordergrund. Als Placeboeffekt bezeichnet man das Auftreten einer Wirkung bei der Gabe von Tabletten ohne Wirkstoff oder bei sogenannten Scheinbehandlungen. Das Placebo oder Scheinmedikament ist also ein Arzneimittel, das keine pharmakologische Wirkung hat, weil es keinen Arzneistoff beinhaltet. In der klinischen Forschung dienen Placebos als Kontrolle bei den Testungen der Wirksamkeit neuer therapeutischer Ansätze. Für die meisten der unter dem

Überbegriff »Komplementärmedizin« beheimateten Ansätze fehlen wissenschaftliche Daten und klinische Evaluierungen bezüglich ihrer Wirksamkeit und Unbedenklichkeit. Dementsprechend müsste man davon ausgehen, dass all diese Ansätze von sich aus bestrebt sein müssten, ihre Wirksamkeit unter Beweis zu stellen. Mit dem Angebot dieser Anwendungen wird sehr viel Geld verdient, und sie sind auch nicht ohne Nebenwirkungsrisiko. Demgemäß sollten auch Studien durchgeführt werden, um die Wirkungen und Nebenwirkungen dieser Konzepte zu überprüfen. In der Schulmedizin müssen Medikamente und Methoden genau konzipierte strenge Überprüfungsverfahren bestehen, bevor sie zur Anwendung zugelassen werden. Gerade in der Corona-Krise wurden diese Zulassungsverfahren der Bevölkerung immer wieder eindringlich erläutert, um klarzumachen, warum nicht über Nacht ein Medikament oder ein Impfstoff zur Verfügung stehen wird.

Viele Experten raten daher zum aktuellen Zeitpunkt dazu, den Begriff »Alternativmedizin« nicht zu verwenden, weil er suggeriert, dass diese Ansätze »alternativ« zur Schulmedizin verwendet werden können und sollen. Komplementärmedizinische Methoden dürfen, so die Experten, wenn überhaupt, immer nur ergänzend, eher im Sinne eines integrativen Ansatzes, und nicht anstatt der Schulmedizin zum Einsatz kommen. Das propagierte Einsatzspektrum solcher zusätzlichen Konzepte reicht von Schlafstörungen, Verdauungsstörungen, Asthma, Allergien, Schmerzzuständen bis Depressionen und vielem mehr. Gerade wenn Erkrankungen chronisch werden, so die Argumentation, kommen sehr viele verschiedene Einflussfaktoren, von Genetik, Umwelteinflüssen, Lebensstil, Bildung bis hin zu Spiritualität, ins Spiel. Und daher mache es Sinn, über viele verschiedene Zugänge in Richtung Verstehen, Bewältigung oder Linderung der Erkrankung nachzudenken.

Alle Ansätze personalisierter und patientenzentrierter Medizin müssen Körper und Psyche des individuellen Patienten im Fokus haben. Die Weltgesundheitsorganisation vertritt mit ihrer Definition von Gesundheit einen breiten Ansatz, wenn sie betont, es handle sich dabei um den Zustand des vollständigen körperlichen, geistigen und sozialen Wohlbefindens und nicht nur um das Fehlen von Krankheit und Gebrechen. Um neue Konzepte für Diagnose und Therapie entwerfen zu können, braucht es oft einen sehr spezifischen Blick auf die Teile des Ganzen. Diese Teile können genetische Anlagen genauso sein wie biochemische Prozesse, zelluläre Fehlfunktionen oder etwa Organe. Auch die Spezialisierung der Humanmedizin in viele Fachbereiche trägt dieser Tatsache Rechnung. Zusätzlich muss man den Menschen in seiner physischen und psychischen Gesamtheit mit den Wechselwirkungen zu seiner Umwelt im Blick haben. Erst die Kombination macht es aus. Sehr wichtig dabei ist, dass alle Methoden und Medikamente, die in der Humanmedizin zum Einsatz kommen, wissenschaftlich auf Wirkungen und Nebenwirkungen geprüft werden müssen. Einerseits wird sich die Medizin in Zukunft immer gezielter Maßnahmen bedienen, die auf eine Erkrankung eines Patienten gerichtet sind. Die Präzisionsmedizin inklusive der Berücksichtigung der genetischen Anlagen eines Menschen ist eine treibende Komponente dieser Entwicklung. All die Errungenschaften der modernen Medizin, von neuesten medikamentösen Therapien über gezielte Vorsorgeuntersuchungen bis hin zu Organtransplantationen, entheben andererseits den Menschen aber nicht von der Eigenverantwortung für seine Gesundheit. Viele breiter wirkende und nicht unbedingt nur auf ein Ziel ausgerichtete Maßnahmen, wie zum Beispiel der Verzicht auf das Rauchen, der richtige Umgang mit Alkohol, das Vermeiden von Übergewicht und Stress, eine entsprechende Fitness oder das Achten auf seine psychische Gesundheit stehen dafür zur Verfügung. Die Medizinrevolution inkludiert beide Strategien, sehr präzise individuelle Ansätze genauso wie breite ungerichtetere Konzepte. Nur wenn beide gleichzeitig umgesetzt werden, wird die Chance auf physische und psychische Gesundheit so weit wie möglich hochgehalten.

Aus der Sicht einer Humanmedizin, die sich ständig verbessern will, ergeben sich dadurch mehrere Hebelwirkungen. Die gegenseitig befruchtenden Strategieinstrumente, Ideenreichtum, aber sogar Serendipität im Sinne von Zufallsbefunden sind aus dem Spektrum der Patientenbetreuung nicht wegzudenken. Und bei den Schnittstelleneffekten sticht neben anderen das Zusammenfließen von Informationstechnologie und Gen- beziehungsweise Biotechnologie als die treibende Kraft der Wechselwirkung zweier epochaler Revolutionen der Menschheit, der digitalen und der medizinischen, besonders ins Auge. So sehr das Thema »Mut« die medizinische Forschung vorantreibt, so genau muss andererseits in der täglichen Patientenbetreuung darauf geachtet werden, Mut im richtigen Rahmen zu halten, um ein Umschlagen in Tollkühnheit oder unverantwortliches Verhalten zu verhindern.

Aus der Sicht des Patienten geht es dabei hauptsächlich um die wechselwirkenden Effekte der beiden Ansätze zum Wohle seiner Gesundheit mit einem Nebeneffekt im Sinne der Serendipität. Wer laufend auf sich achtet, hat die Chance, auch zufällig auf Faktoren und Befunde zu stoßen, die Krankheit im heilbaren Frühstadium blockieren können oder allgemein seiner Gesundheit zuträglich sind.

Gesellschaft und Politik

»Ob im wissenschaftlichen, künstlerischen, unternehmerischen, sozialen oder familiären Bereich, der Mensch ist stolz auf sein Werk, weil es nicht zufällig, sondern als Ergebnis seines Wirkens entsteht. Es steht für Erfolg, für die Entfaltung der Persönlichkeit und für Selbstverwirklichung. Das individuelle Bedürfnis nach Selbstverwirklichung bildet die fünfte und höchste Ebene der maslowschen Bedürfnispyramide. Der Mensch strebt nach der Ausschöpfung seiner Potenziale, um seine Sehnsüchte und Wünsche zu realisieren und seinem Leben einen Sinn zu geben. Auf Ebenen darunter finden sich körperliche, seelische und materielle Sicherheit unter den Sicherheitsbedürfnissen, Freiheit und Unabhängigkeit unter den Individualbedürfnissen, und soziale Bedürfnisse. Der Homo sapiens ist ein soziales, auf Gemeinschaft angelegtes, Gemeinschaften bildendes, politisches Wesen (Zoon politikon). Er lebt in Gesellschaft. Er bildet Gesellschaften, die aus verschiedenen, sozial handelnden und interagierenden Individuen bestehen. Daraus ergibt sich, dass die Bedürfnisse der Einzelnen in der Gesellschaft aufeinandertreffen, wechselwirken und einander auch gegenseitig beschränken können. «

»Die Freiheit des Einzelnen endet dort, wo die Freiheit des Anderen beginnt.« (Immanuel Kant). Freiheit heißt demzufolge keineswegs, tun zu können, was man will. Kant versteht Freiheit mehr als Autonomie, in der wir uns aber an jene Gesetze halten, die wir uns selbst geschaffen haben. Wer aus vernünftiger Einsicht handelt, handelt frei. 1785 hat Kant in der *Grundlegung zur Metaphysik der Sitten* seinen kategorischen Imperativ, den er selbst in verschiedenen Formulierungen verbreitete, auch so beschrieben: »Handle nur nach derjenigen Maxime, durch die du zugleich wollen kannst, dass sie ein allgemeines Gesetz werde.«

Der russisch-britische Philosoph Isaiah Berlin verstand unter »negativer Freiheit«, dass man nicht von der Gesellschaft oder vom Staat, bei dem was man tun will, eingeschränkt wird. Mit »positiver Freiheit« beschreibt er, etwas zu tun oder zu lassen, nach eigenem Willen und mit Vernunft. Negative Freiheit (»von etwas«) von äußeren Zwängen wird erst durch positive Freiheit (»zu etwas«) mit Inhalten gefüllt, indem wir uns wirklich autonom dazu entscheiden, etwas zu tun.

»» In einer liberalen Gesellschaft darf die negative Freiheit nur so sehr beschnitten werden, wie es unbedingt notwendig ist, damit die Gesellschaft funktionieren kann und andere nicht zu Schaden kommen. Wann immer man die Freiheit mehr beschneidet, hemmt man auch die Entfaltung von Lösungsbegabung. Das ungerichtete Denken von Neuem, das Ausprobieren von noch nie Dagewesenem und das Entwickeln von Innovationen, ob in der Wissenschaft, der Bildung, in Kunst und Kultur oder in der Wirtschaft, setzt ein höchstmögliches Ausmaß individueller Freiheit voraus. Da der Mensch aber in Gemeinschaft handelt und lebt, würden automatisch immer wieder Überschneidungen und Überlagerungen individueller Freiheiten entstehen. Das aus der Vergangenheit erlernte Wissen über solche möglichen ›Kollisionen‹ erlaubt es, Gesetze dafür zu entwerfen, um bei ihrem voraussagbaren Wiedereintreten den Umgang damit zu regeln. Solche Gesetze, die diese Ereignisse in kalkulierbarer Zukunft regeln, sollen nicht das Begrenzen grenzenlosen Denkens im Sinn haben. Vielmehr soll es dabei darum gehen, dem Individuum den Mut aus Sicherheit für sein Andersdenken und sein Anderssein zu vermitteln. Den Ansprüchen der Vernunft, des Gemeinwohls, der Menschenrechte (inklusive dem individuellen Freiheits- und Autonomierecht) und der Demokratie entsprechende Regeln *empowern* die Menschheit auf neuen Wegen in eine ungewisse Zukunft. In der Gesellschaft mit anderen schaffen gerichtete Normen für vorhersagbare Reibungen den notwendigen Mut dazu. Und interdisziplinäre sowie interkulturelle Ideen, Kreativität und Serendipität werden dadurch beflügelt. Gerade in schnelllebigen Zeiten wie dem digitalen Wandel und besonders in Krisen wie einer Virus-Pandemie braucht es Flexibilität, Kreativität und Bereitschaft, für und von der erst Gestalt annehmenden Zukunft zu lernen. Eine Aufgabe der Politik ist es, den Rahmen für diese gesellschaftliche Dualität zu schaffen. Diesen Ansatz auf politischer Ebene zu denken und umzusetzen, ermöglicht es, in der Gesellschaft gerichtete und ungerichtete Handlungsspielräume zu implementieren und zu sichern. Das ist ein essenzielles Instrument, um Lösungsbegabung auf der Ebene des Individuums zu inspirieren. Die Zukunft der Gegenwart braucht höchstmögliche Freiheit als Motor für Kreativität und Innovationskraft. **❮❮**

Um ihrer Mehrdimensionalität gerecht zu werden, ist die Aufgliederung von Politik in drei Dimensionen, entsprechend den drei englischen Begriffen für Politik, üblich geworden: »Form« (*polity*), »Inhalt« (*policy*) und »Prozess« (*politics*). *Polity* bezieht sich auf die Strukturen und Rechtsordnungen (Parlamente, politische Parteien, Gesetze etc.). *Policy* beschreibt die politischen Inhalte, die vertreten werden. Und *Politics* meint Prozesse wie politische Auseinandersetzungen, Wahlen, Abstimmungen, Lobbyismus und vieles mehr. Wenn es um Freiheit geht, müssen all diese Aspekte einer herausfordernden Gratwanderung dienen – der Gratwanderung zwischen Regelungen, die Stabilität, Sicherheit und Planbarkeit gewährleisten, und der individuellen Autonomie. Wie schmal dieser Grat sein kann, wurde uns in der Corona-Pandemie durch erlassene, das gesellschaftliche und wirtschaftliche Leben einschränkende Maßnahmen wieder einmal vor Augen geführt. Politik muss im Fokus haben, für den individuellen Menschen die größtmögliche Freiheit zu verankern und die höchstmögliche Innovationskraft anzuspornen. Diese Freiheit braucht Grundrechte und den Rechtsstaat als Fundament. Wann und wo immer die Gültigkeit des Rechtes, wie etwa der Menschenrechte, infrage gestellt wird, stehen stets unmittelbar die Freiheit und die liberale Demokratie zur Disposition. »Demokratie ist die schlechteste aller Regierungsformen – abgesehen von all den anderen Formen, die von Zeit zu Zeit ausprobiert worden sind.« (Winston Churchill)

Autonomie und Freiheit, eine Regierung, die durch freie politische Wahlen vom Volk legitimiert ist, die Akzeptanz einer politischen Opposition, der Schutz von Minderheiten, Grund-, Bürger- und Menschenrechte, Meinungs- und Pressefreiheit, Bildung, eine pluralistische Gesellschaft, die Freiheit der Wissenschaft, die Freiheit der Kunst – die Liste an Komponenten, für die es einzutreten gilt, ist noch vielseitig erweiterbar. Und alles fußt darauf, dass die ungerichteten kreativen Handlungsspielräume dann auch verantwortungsvoll genutzt werden. Aber wie sehr sind wir bereit, für diese Freiheit einzutreten, die Verantwortung dafür zu übernehmen und sie mit Vernunft zu füllen? Der ehemalige deutsche Bundespräsident Joachim Gauck betonte im Jänner 2011 in seiner Rede über die Freiheit anlässlich des Neujahrsempfanges der Evangelischen Akademie Tutzing die Bedeutung der Fähigkeit zur Verantwortung, die zum Grundbestand des Humanum gehört. Er sprach davon, dass Gleichgültigkeit ein anderer Name für Verantwortungslosigkeit sei. Zur Situation nach der friedlichen Revolution in der DDR, die die deutsche Wiedervereinigung möglich gemacht hat, meinte er: »Und so war das Besondere eigentlich die zweite Etappe nach 1989, als die Freiheit gekommen war und die Frage entstand: Und du, wozu bist du imstande, wofür willst du dich einsetzen? Wie willst du Freiheit gestalten?« Und an anderer Stelle: »Da war es, dieses merkwürdige Unvermögen, aktiv zu werden, wenn aus der Sehnsucht nach Freiheit die Gestaltung von Freiheit wird, wenn wir Freiheit von etwas schon erleben durften, aber Freiheit zu etwas noch nicht können. Plötzlich füllen dann diejenigen die öffentlichen Räume, denen wir gar nicht oder nur wenig vertrauen.« (Gauck: *Freiheit: Ein Plädoyer*, 2012).

Der 2019 verstorbene aus der Schweiz stammende israelische Philosoph und Psychologe Carlo Strenger beschreibt die nach dem Zweiten Weltkrieg herangewachsenen Generationen so: »Für die freiheitliche Ordnung zu kämpfen, wenn sie unter Druck steht, betrachten sie nicht länger als ihrer Aufgabe – dafür sind ›die Gesellschaft‹ und ›die Politik‹ verantwortlich. Dazu kommt, dass sie glauben jeder Mensch habe ein angeborenes Recht darauf, glücklich zu sein und sich selbst zu verwirklichen. Wenn jemand unglücklich sei, dann weil die Verantwortlichen – die Gesellschaft, der Staat oder die neuen Sündenböcke: die Eltern – ihrer Aufgabe nicht ordentlich nachgekommen sind.« (Strenger: *Abenteuer Freiheit. Ein Wegweiser für unsichere Zeiten*, 2017). Aber steht die Freiheit aktuell unter Druck?

Kommend aus der »Gutenberg-Galaxis«, dem Zeitalter des Buches, befindet sich der Mensch heute im digitalen Wandel in einem globalen Dorf (*Global Village*), in dem man von jedem Ort der Welt mit jedem digital in Kontakt treten kann. Und viele sehen darin das Verlassen der Individualität in Richtung globale kollektive Identität. Wir haben bereits angesprochen, dass es bei Themen wie Klimawandel, Menschenrechte oder Atomwaffen eigentlich wünschenswert wäre, wenn auf dem Planeten Erde so etwas wie eine globale Identität oder globale Loyalität in den Vordergrund treten würde. »Die Botschaft hör ich wohl, allein mir fehlt der Glaube« (Johann Wolfgang von Goethe). In diesen Zusammenhängen, so wird argumentiert, wäre ein wenig Kollektivismus auch kein grundsätzlicher Widerspruch zum Liberalismus, wenn und weil es sich ja um »das Richtige« handelt. Die Freiheit des Individuums als Grundelement des in der Aufklärung wurzelnden Liberalismus kann eben nur so weit gehen, wie sie nicht die Freiheit anderer oder gar das Überleben des Planeten gefährdet. So logisch das ist, so sehr muss dann auch in Erinnerung gerufen werden, wie schnell Liberalismus und pluralistische Demokratiebewegungen ins Hintertreffen geraten können. Und dennoch, der Liberalismus scheint zu einem Stehaufmännchen der Geschichte zu werden. Nachdem er nach dem durch Imperialismus ausgelösten Ersten Weltkrieg wiederkam, und nach dem durch Faschismus ausgelösten Zweiten Weltkrieg wieder auferstand, überlebte er schließlich auch noch den Kommunismus. Diese Stehaufmännchenqualität steht gerade aktuell wieder auf dem Prüfstand. Man denkt dabei erst gar nicht an das autoritär von der kommunistischen Partei regierte China, das viele Chinesen als Demokratie, allerdings nicht im liberalen Sinn, ansehen. Man denkt vielleicht an die aktuellen Entwicklungen in der »gelenkten Demokratie« Russlands. Die liberale Demokratie steht aber weltweit mächtig unter Druck durch Recep Tayyip Erdoğan in der Türkei, durch Jair Bolsonaro in Brasilien, durch Viktor Orbán in Ungarn, durch Jarosław Kaczyński in Polen oder durch Donald Trump in den USA – um einmal einige zu nennen. Der Politologe Cas Mudde sagt in einem Interview, dass all diese Politiker Nativismus (fremdenfeindlicher Nationalismus), Autoritarismus (striktes Law-and-Order-Denken) und Populismus, mit der Idee, das einfache Volk gegenüber korrupten Eliten vertreten zu müssen, eint. Ihr Aufschwung basiert auf der Argumentation, dass der politische Mainstream nicht handlungsfähig sei, was sich an 9/11 im Jahr 2001, der Finanzkrise 2008 und der Flüchtlingskrise 2015 für ganz verschiedene Problemstellungen festmachen lässt (Mudde: *Der Mainstream hat sich nach rechts entwickelt*, 2019). Der Populist argumentiert seine Vorgehensweisen damit, dass er der Einzige sei, der wirklich den Willen des Volkes, um nicht zu sagen des »kleinen Mannes«, vertritt. Dadurch werden aber nicht selten auch grundlegend illiberale Ansätze gerechtfertigt. In einer liberalen pluralistischen Demokratie muss Platz für die Stimmen und Ansichten aller sein, vorausgesetzt, die individuelle Freiheit und Autonomie geht nicht auf die Kosten der Freiheit anderer.

Die Frage ist also: »Wie halten wir es mit der Autonomie?« Wo wir doch wissen, dass sie gleichzeitig so sehr ersehnt wie gefürchtet und gefordert wie nachhaltig untergraben wird. Warum nehmen in Europa die Mitgliederzahlen vieler Institutionen, der »Großparteien« oder der katholischen Kirche ab? Vielleicht liegt es daran, dass ein oft durch Tradition, manchmal sogar durch Mehrheitsvotum entstandenes Bild des »Guten«, dessen Befolgung in Regeln festgeschrieben ist, nicht für jeden »gut« sein muss. Und schon steht man vor einem Dilemma. Zu viel Autonomie schmälert die Kraft des Verbindenden und zu wenig davon schmälert die Anzahl der Verbundenen. Und schnell dreht sich alles um die Frage, wie viel man frei entscheiden und dabei die Regeln der Gemeinschaft ignorieren darf, ohne dadurch gleich seine Zugehörigkeit aufs Spiel zu setzen. Und dann sind da noch all die offenen Fragen zu Zentralismus versus Regionalismus, global versus lokal (oder: Denke global, handle lokal!) oder Staat versus Markt. Nicht nur im Zusammenhang mit Freiheitsbeschränkungen während der Pandemie, auch im Bereich der digitalen Ethik oder der Bioethik begegnet man unentwegt dem Verhältnis zwischen dem Individuum, das seine Autonomie gegen Fremdbestimmung verteidigen will, und der Gesellschaft. Die Kontroversen sind vorprogrammiert. Und ständig trifft »Hier müssen dem Individuum rechtliche Grenzen gesetzt werden!« auf »Wie viel möchte sich der Staat noch in das Leben des Einzelnen einmischen?«. Autonomie hat viele Gesichter – Unabhängigkeit, Selbstbestimmung, Selbstständigkeit, Selbstverwaltung, Entscheidungsfreiheit und vieles mehr. Aus ethischer Sicht scheint die Sache klar zu sein: Das hohe Gut der Autonomie muss erhalten werden. Unter Autonomie versteht man schließlich die Fähigkeit des Menschen, sich als Wesen der Freiheit zu begreifen, sich frei zu entscheiden und frei zu handeln. Nicht immer so klar abzustecken ist die Grenzziehung individuellen Handelns an der Frage, ab wann andere dadurch Nachteile erleiden oder gar zu Schaden kommen können. Die Gesundheit von Passivrauchern als Grenze der Autonomie von Rauchern gehört wahrlich zu den einfachen Beispielen. Aber wie steht es etwa migrationspolitisch um die Autonomie des Menschen bei der Frage, wo er auf dem Planeten leben möchte? Oder inkludiert die Selbstbestimmung des Einzelnen auch die Freiheit, »seine Hautfarbe zu ändern« (*Trans-race*-Identität)? Die entsprechende Kontroverse entfachte sich in den USA rund um die Bürgerrechtsaktivistin Rachel Dolezal, eine Frau, die als Weiße geboren wurde, sich aber als Schwarze ausgibt. Sie wuchs mit schwarzen Adoptivgeschwistern auf, hat einen Sohn mit einem Schwarzen, hat ihre Frisur geändert, bräunt ihre Haut im Sonnenstudio und stellt einen afroameri-kanischen Freund als ihren Vater vor. Oder wie steht es mit der Autonomie von EU-Mitgliedstaaten?

>> Um Themen wie Entscheidungsfreiheit oder Selbst-bestimmung muss laufend konstruktiv gestritten werden. Sie dürfen genauso wenig als Argumente missbraucht werden, wie sie unter anderen Umständen untergraben werden dürfen. Mit Freiheit und Autonomie sind Rech-te und Pflichten verbunden. Sie müssen oft mit Klauen verteidig werden. Und es muss ihnen auch nicht selten im Interesse anderer Grenzen gesetzt werden. Dieser Gratwanderung muss sich der Mensch stellen, wenn er Freiheit als Basis für Anderssein, Neudenken und Inno-vationskraft nutzen will (Hengstschläger: ›Wie halten wir es mit der Autonomie?‹, 2015). <<

Wenn es um politische Konzepte zur Förderung der Lösungs-begabung des Menschen geht, ist vielerorts noch Luft nach oben. Eine Bildungspolitik, die das Entdecken von Talenten und die Entfaltung von Lösungsbegabung dem Generieren von durchschnittlichen Alleskönnern vorzieht, ist genauso essen-ziell wie eine entsprechende Finanzierung der Grundlagenfor-schung. Auch wenn es selbstverständlich in der Politik um viel mehr geht als Innovationen, Märkte und Gewinne, dürfen die richtigen Rahmenbedingungen für die Umsetzung von Ideen in marktreife Anwendungen auch nicht aus den Augen verlo-ren werden.

Und politische Arbeit selbst darf sich ebenso keineswegs auf das Reagieren und Lernen aus der Vergangenheit (so wich-tig das ohne Zweifel ist) reduzieren. Auch Politik kann, neben der Schaffung von Stabilität und Planbarkeit, ungerichtet in

Richtung Unvorhersehbarkeit agieren. Kreativitätssteigerung muss eine allgemeine politische Maxime sein. Und entsprechende Prozesse sollten in Gang gesetzt werden, um Ideen dafür dann auch identifizieren zu können. Es sollte egal sein, ob es sich dabei um zufällig (Serendipität) oder im Zuge von der Politik ausgelobten themenspezifischen Innovationskampagnen- beziehungsweise -ketten (Leadership) gefundene Ideen handelt. Neben Politikberatung – durch wen auch immer (*Radical Collaboration*) – sollten möglichst viele Menschen an den Entwicklungsprozessen für neue politische Ideen beteiligt werden (*Open Political Innovation*). Nach dem Konzept des *Design Thinking* könnten rasch Prototypen entwickelt und auch ausprobiert werden. Die entsprechende Fehlerkultur würde dafür Sorge tragen, dass zum Beispiel Gesetze auch möglichst schnell wieder zurückgenommen werden können, so entsprechende Output-Analysen das empfehlen. Und noch ein Aspekt, der von allgemeiner, aber für politische Arbeit von besonderer Bedeutung ist: Ob eine Idee oder ein Lösungsvorschlag gut sind, hängt nicht davon ab, woher sie kommen. Ob zwischen Regierungsparteien und der Opposition, ob zwischen politischen Mitbewerbern oder innerparteilich, manchmal kann man sich des Eindruckes nicht erwehren, dass Ideen von anderen grundsätzlich und automatisch zum roten Tuch werden. Und dass Politiker – Schumpeters »schöpferische Zerstörung« frei interpretierend – glauben, es wäre schon innovativ, die Ideen anderer zu zerstören. Was Mut in der Politik bedeutet, hat mir der legendäre deutsche Vizekanzler Hans-Dietrich Genscher bei der Podiumsdiskussion anlässlich der Gründung unseres Thinktanks Academia Superior im Jahr 2010 so erklärt: »Politische Verantwortung tragen bedeutet, für das einzustehen, was man als Politiker als richtig erkannt hat – mit all seinen Konsequenzen.«

Das alte und das neue Arbeiten

Gerade in einer zukunftsorientierten Arbeitswelt ist der enorme Bedarf an neuen Ideen und kreativen Innovationen unumstritten. Förderer der dafür notwendigen Anwendung von Lösungsbegabung könnten daher darüber nachdenken, wie in ihrem konkreten Arbeitsumfeld ein gleichzeitig gerichtetes und ungerichtetes Beschäftigen mit bereits vorhersehbaren und nicht voraussagbaren Fragestellungen implementiert werden kann. Die Zukunft des Berufslebens sollte dieser Dualität von vorgegebenen, genauen Sollwerten folgender Arbeit und der Freiheit eines autonomen ergebnisoffenen Sich-Einbringens gerecht werden.

Wenn man von Freiheit und Selbstständigkeit in der Arbeitswelt spricht, trifft man heute aber zuerst einmal auf das *Buzzword* »New Work«. Ein Begriff, der von dem austro-amerikanischen Sozialphilosophen Frithjof Bergmann entwickelt wurde. Dieser Megatrend läutet schon seit geraumer Zeit das angebliche Ende der alten Arbeitswelt ein. Die Auslöser sind so mannigfaltig wie unterschiedlich. Natürlich spielt die digitale Revolution, inklusive Konnektivität und Netzwerkkompetenz, dabei die entscheidende Rolle. Bestimmte Berufe verschwinden und andere werden neu entstehen. Nach allem, was wir bereits besprochen haben, könnten wir schon einmal – neben Programmierern, Softwareentwickler, *Data Scientists* und Robotik-Spezialisten – eine Reihe von anderen Jobs andenken: *Talent Scout, Fusion Skills Teacher, Digital Privacy Guard, Internet Cleaner, Digital Ethicist, Germline Designer, Computerchip Surgeon, Augmented Reality Coach, Biohacking Supervisor, Climate Engineerer, Robot Maintenance Specialist* etc.

Die Globalisierung (*Global Village*) steht außerdem in diesem Zusammenhang dafür, dass immer mehr Menschen arbeiten können, wo auch immer sie auf diesem Planeten sein wollen, mit wem sie wollen und von wo aus sie wollen (inklusive dem durch die COVID-19-Pandemie »viral verbreiteten« Homeoffice). *Remote Work* vom Laptop aus findet freiberuflich und natürlich vollkommen papierlos am Strand statt. Feste Arbeitsplätze mit eigenem Schreibtisch inklusive Familienfotos sind altmodisch und vom Aussterben bedroht. Auch in Unternehmen bekommt man seinen Schreibplatz (ab sofort Wechselarbeitsplatz genannt) täglich neu und immer nur für eine bestimmte Zeit zugeteilt. Aber eigentlich gehört die Zukunft ohnedies den *Digital-Work*-Nomaden, die, wenn überhaupt, nur temporär angemietete Co-Working-Spaces besiedeln. Dazu kommt, dass auch die individuelle Arbeitszeiteinteilung immer autonomer wird. Der *Nine-to-five*-Job ist ein Auslaufmodell. Die Grenzen zwischen Arbeit und Freizeit verschwimmen. Die ausgewogene Koexistenz bei Work-Life-Balance wird immer mehr zur Work-Life-Integration, wo Grenzen zwischen Privat- und Berufsleben verschwinden. Niemand arbeitet mehr, um zu leben, aber es lebt auch niemand mehr für die Arbeit. Man legt seine Leistungs- und Lernziele selbst fest. Konkurrenzdenken wurde abgeschafft. Es wird flexibel von Projekt zu Projekt gearbeitet. Routine ist verpönt. In Zeiten digitaler Transformation und Industrie 4.0 werden Routinearbeiten oder klassische Industriearbeiten immer mehr automatisiert und von Maschinen und Robotern erledigt. Begründet wird das damit, dass wir ja in eine Wissensgesellschaft transformiert wurden (tatsächlich handelt es sich, wie gesagt, mehr um eine Datengesellschaft). Die fixe lebenslange Bindung an ein Unternehmen gehört immer mehr zur *Old Work* in einer *Old Economy*. Hierarchien haben ausgedient. Agilität ist Trumpf. Alles ist Teamarbeit. Gute Führung ist Vertrauensangelegenheit und eine Frage von Kommunikation und Transparenz (*New Leadership*).

Der eigentliche Kern der gesamten Bewegung liegt aber in der Suche nach dem Sinn. Warum macht der Mensch beruflich genau das und nicht etwas anderes? Standen bei dieser Frage in der alten Arbeitswelt noch Argumente wie sicheres Einkommen, sichere Anstellung, Karrierechancen, Wohnortnähe im Vordergrund, geht es bei *New Work* um Werte wie Selbstständigkeit, Selbstverwirklichung und um den verantwortungsvollen, sinnstiftenden Beitrag. Arbeit soll möglichst kreativ und innovativ gestaltet sein – so die Haltung dahinter. Und im nun schon seit vielen Jahren präsenten *War of Talents* müssen Arbeitgeber diesen Entwicklungen Rechnung tragen. Ob sie wollen – und viele wollen ja auch – oder nicht. Und noch besser ist, man gründet selbst ein Unternehmen. Heute zur Gründerszene zu gehören, hat ungefähr die Bedeutung wie längere Haare in der Beatles-Zeit. Das muss irgendwie sein!

Die Vorteile dieser Strömung liegen auf der Hand. Die Arbeitsbedingungen der *New Work* können unbestritten menschlicher und kreativer sein, als es früher oft der Fall war. So ist etwa die Vereinbarkeit von Familie und Beruf sicher besser möglich. Viele Experten gehen auch davon aus, dass *New Work* einen positiven Einfluss auf die Rollenverteilung und auf die Verteilung und Bezahlung von Arbeit zwischen Frauen und Männern haben wird. Auch ein agiles Arbeiten von *Silver Surfern* in höherem Alter oder sogar schon im Ruhestand ist dadurch gut möglich. Das könnte dazu beitragen, Best Ager länger im Erwerbsleben zu halten – eine Überlegung, die schon seit Langem im Zusammenhang mit dem demografischen Wandel höchste Brisanz hat. Auf den ersten Blick könnte man auch zu dem Schluss kommen, dass *New Work* ein idealer Ansatz für die Entfaltung von Lösungsbegabung sein müsste. Wenn nicht die Anforderungen der Arbeitswelt die Menschen formen, sondern die Menschen ihre Arbeitswelt, so könnten eine dadurch gesteigerte Begeisterungsfähigkeit und Flexibilität den Ideen- und Lösungsfindungsprozess beflügeln. Solch ein Konzept müsste in Summe ideale Voraussetzungen für tägliche Mond- landungen schaffen können. Hier gilt es allerdings, so manche Aspekte näher zu beleuchten: Auf welche Typen von Arbeit sind die *New-Work*-Konzepte überhaupt anwendbar? Hält *New Work* immer, was es verspricht? Bietet *New Work* für alle Menschen die gewünschten Voraussetzungen, ihre Lösungsbegabung zu entfalten? Welche Konsequenzen ergeben sich aus diesen Ent- wicklungen für die Gesellschaft?

Es gibt nämlich durchaus auch Stimmen, die alldem nicht nur Positives abgewinnen wollen. Und nicht alle wollen *New Work* für sich selbst. Es geht dabei natürlich um den Wunsch nach etwas Sicherheit und Stabilität. Natürlich geht es auch um Sozial-, Kranken- und Pensionsversicherungen, um für die Zukunft gerüstet zu sein. Aber es geht um mehr. Nicht alle finden, dass Großraumbüros mit permanenter Sichtbarkeit von allem und jedem die Kreativität fördern. Nicht Wenige meinen, dass Wechselarbeitsplätze und mehr Arbeitsleistung außerhalb der Firma, also mehr Mitarbeiter als Arbeitsplätze zu haben, lediglich der Kosteneffizienz und keinesfalls der Innovations- kraft nutzen. Und wie zuträglich Großraumbüros, in denen man sich schwer konzentrieren kann, und Wechselarbeitsplät- ze der psychischen Gesundheit sind, ist auch gerade Anlass zur Diskussion. Ein zusätzlicher Aspekt von *New Work* kam im Zuge der COVID-19-Pandemie zur Sprache. Es eignet sich ein- fach nicht jede Arbeit für Homeoffice. Für all jene, die ihre Arbeit von zu Hause aus verrichten können, war die Gefahr des Jobverlustes natürlich bei Weitem nicht so evident wie für all die vielen anderen. Könnte das letztendlich einmal generell für all jene gelten, deren Job sich nicht im *New-Work*-Design umsetzen lässt?

Und schon werden andere kritische Stimmen laut: Wie können wir verhindern, dass ganze Teile der nächsten Generationen den Zulieferdienst für *New Work High Performer* bilden werden? Wie schaffen wir es, dass bei all diesen Entwicklungen nicht einfach ein signifikanter Anteil der zukünftigen Erwerbstätigkeiten auf der Strecke bleibt? Bildung wird in einem immer noch viel zu großen Ausmaß vererbt. Der Bildungsgrad der Eltern und das soziale Herkunftsmilieu spielen eine enorme Rolle für den beruflichen Werdegang der nächsten Generation. Das betrifft beispielsweise ohne Zweifel die Entscheidung betreffend akademische Ausbildung oder den Weg in die Lehre. So sehr Lehrberufe heute unumstritten gebraucht werden, so wichtig ist es, ihr gesellschaftliches Ansehen zu heben. Wenn die Begeisterung über die hohe Qualität der dualen Ausbildung oder etwa über die wirtschaftliche Bedeutung des Handwerkes nicht eine reine Sprachhülse bleiben soll, muss hier nachgelegt werden. Und gerade in Lehrberufen ist die Förderung von Lösungsbegabung sowohl für die persönliche Entfaltung als auch für den entsprechenden Fachbereich existenziell. Neben dem fachbezogenen gerichteten Wissen und Fähigkeitsspektrum müssen daher auch in der Lehre ungerichtete Kompetenzen, die vier Ks, die 21st Century Skills, Fusion Skills, Kreativität, Mut, Lebensstilkompetenzen, Informationsbewertungskompetenzen oder beispielsweise Gesundheitskompetenzen gelehrt und gefördert werden.

Es gibt Stimmen, die sagen mit »*Collect moments, not things*« lässt sich nicht immer Geld verdienen und eine Wirtschaft erfolgreich aufbauen. Bei jeder Form von Arbeit gibt es erfüllende und weniger prickelnde Anteile. Die Arbeit muss aber gemacht werden. Menschen, die nur mehr das machen, was für sie bereichernd und sinnstiftend erscheint, könnten wichtiger Erfahrungsschätze und Lernoptionen verlustig gehen. Zusätzlich könnte das globale Denken zu einer Entwurzelung von ganzen Generationen führen, was einer der Gründe sein könnte, warum sie eines Tages für nichts mehr einstehen oder kämpfen wollen. Noch nie gab es eine Generation, die so wenig entscheiden wollte und so wenig Verantwortung nachhaltig übernehmen wollte, so die Meinung mancher. Wo bleiben die für den Fortschritt so wichtigen Macher? Teamarbeit wird viel zu oft so interpretiert, dass man nur einen finden muss, der es für uns macht. *New Work* fördert vielleicht die Leistungsfähigkeit und das Selbstmanagement, aber wie steht es mit der Leistungsbereitschaft? Wer hat wann beschlossen, dass Lebensphilosophien wie »Ohne Fleiß kein Preis« oder »Ohne Ehrgeiz kein Erfolg« ihre Gültigkeit verloren haben? Wie konnten sang- und klanglos *Extra Miles* über Nacht zum Auslaufmodell werden? Auch wenn vieles davon so nicht wirklich stimmen mag, die betreffenden Diskussionsfelder sind schon längere Zeit abgesteckt.

Wenn man von Sinn spricht, muss auch die Frage erlaubt sein, ob digitale Jobs, laufend Daten zu analysieren (*Data Analyst*) oder das tägliche *Coding* für jeden und unter allen Umständen erfüllend und sinnstiftend ist. Wie steht es um das sinnstiftende Moment in sogenannten Klickfarmen und Programmierbatterien? Wie sind die Arbeitsbedingungen bei den großen Playern des digitalen Wandels wie etwa Facebook, Google oder Amazon wirklich? Wie steht es bei den Silicon-Valley-Giganten um *Diversity*, persönliche Souveränität und Selbstverwirklichung? Dazu kommt, dass digitales Arbeiten – wann und von wo aus man will – das soziale Gefüge, das beim *Old Work* am Arbeitsplatz bestand, oft nicht mehr bietet. Viele langjährige tiefe Freundschaften wurden am Arbeitsplatz geknüpft. Das tägliche Gespräch in den Pausen, beim gemeinsamen Mittagessen oder am Heimweg spielt für den Menschen, das sozialste Wesen auf dem Planeten, eine nicht zu unterschätzende Rolle. Digital entstehen natürlich auch Netzwerke, und man kann schnell und unkompliziert Teil spannender Teamwork-Konstellationen werden. Aber diese Art der Individualisierung könnte nach Meinung mancher zu einer neuen, anderen Form von Einsamkeit führen. Digitale Netzwerke beziehungsweise Freundschaften haben sehr oft nicht die Tiefe und Stabilität der bisherigen Verbindungen. Wie könnte all das die Rolle von Kontakten zu den so wichtigen beruflichen und persönlichen Vorbildern verändern? Viele befürchten auch, dass sich das in absehbarer Zeit auf die Solidarität und Loyalität innerhalb der Gesellschaft auswirken könnte. Und schließlich waren Berufe in der Vergangenheit auch für viele Menschen Identitäten: Ich bin ein Tischler, ich bin eine Ärztin etc. So manche diskutieren darüber, welche Identitäten genau welche *New-Work*-Jobs darstellen.

Einen ganz besonderen Fall stellt die sogenannte *Gig Economy* dar. Sie ist benannt nach dem musikalischen Kurzauftritt – dem Gig. In der Sharing- oder Plattformökonomie vermitteln Unternehmen Gig-Arbeiter, die nicht ihre Angestellten sind, für bestimmte Vermittlungsgebühren. Die Gig-Arbeiter sind selbstständige Freelancer. Ursprünglich war das Konzept so gedacht, dass Menschen nur über ihr Smartphone zu Unternehmern werden können, die sich leicht und flexibel Geld dazu verdienen können. Auslieferungsdienste, Fahrgäste transportieren, Reparaturleistungen, Reinigungsarbeiten, mit Hunden spazieren gehen, bestimmte Aufträge im Kreativbereich übernehmen oder seine Wohnung spontan und kurzfristig vermieten – das Spektrum der Möglichkeiten ist groß. Mittlerweile ist klar, dass für viele dieser Freelancer die *Gig Economy* ihre einzige Einnahmequelle ist. Der Verdienst ist in der Regel sehr niedrig, und die Arbeitssituation ist in vielen Fällen prekär. Was morgen kommt, ist ungewiss. Sicherheiten gibt es bei dieser Arbeit auf Abruf keine. Auch traditionelle Unternehmen haben dieses Konzept für sich entdeckt. Immer öfter beschäftigen sie Menschen ohne fixe Arbeitszeiten als Flex-Arbeiter oder Stundenlöhner oder lagern Dienste an billige Gig-Arbeitskräfte ohne besondere Rechte aus. Grundsätzlich ist das Phänomen bekannt, und es gibt weltweit Bestrebungen, die dringend notwendigen Verbesserungen für die *Gig Economy* zu implementieren. Interessant ist dabei lediglich, dass gerade in dieser so modernen digitalen Arbeitswelt gar kein so hohes Maß an Transparenz herrscht und man etwa noch wenig darüber weiß, wie viele Online-Vermittlungsplattformen überhaupt existieren.

Wir haben bereits angesprochen, dass neun von zehn Startups scheitern. Können alle Menschen damit gut umgehen? Haben wir die politischen, rechtlichen, finanziellen und gesellschaftlichen Rahmenbedingungen bereits flächendeckend implementiert, um Menschen den Umgang mit Scheitern zu ermöglichen? Wie steht es um die dadurch entstehenden individuellen, auch psychischen, Belastungen der Menschen?

Globalisierung hat den Konkurrenzdruck enorm erhöht. Viele beklagen, dass der Druck, die Angst und die Unsicherheit in der Arbeitswelt allgemein stark zunehmen. Die Arbeitswelt, so das Credo, erlebt eine noch nie da gewesene Entmenschlichung. Und ja, wer digital kann, hat keine Sorgen. Aber was ist mit all den anderen? Noch nie gab es so viele durch Burnout bedingte Arbeitsunfähigkeiten wie heute. Führt man sich das weltweite Bevölkerungswachstum vor Augen, muss man zu dem Schluss kommen, dass es noch nie so viel Arbeit für so viele Milliarden Menschen gegeben hat wie heute. Das Bevölkerungswachstum wird abflachen und wird sich in absehbarer Zukunft einpendeln, so die Experten. Andererseits werden aber die digitale Revolution und Industrie 4.0 das vollkommene Verschwinden von vielen Jobs mit sich bringen. Wie viele neue Jobs werden entstehen? Darum, so argumentieren viele, muss darüber nachgedacht werden, die Arbeit auf mehr Menschen aufzuteilen. Um gewährleisten zu können, dass möglichst viele Menschen auch in Zukunft noch Arbeit haben werden, müsse Arbeitszeitverkürzung flächendeckend angedacht werden. Es scheint vollkommen klar zu sein, dass ein un- oder unterbeschäftigtes Leben der schleichende Weg in die Krankheit ist. Die Frage nach Beschäftigung für Menschen in der Arbeitswelt trifft auf das Thema der Beschäftigung von Menschen ohne Arbeit. Ein vielerorts gefordertes bedingungsloses Grundeinkommen steht im Raum. Sind die Menschen darauf vorbereitet beziehungsweise dafür ausgebildet, sich zu beschäftigen – auch ohne Arbeit? Schon heute wird die Frage, ob Menschen noch etwas mit ihrer Freizeit anzufangen wissen, häufig gestellt. Auf welche vor allem auch politische Gedanken Menschen in Arbeitslosigkeit oft, verbunden mit dem gesellschaftlichen Außenseitertum, kommen, wird nicht weniger kontrovers diskutiert. Wird es eines Tages notwendig sein, das Bildungssystem mehr als heute darauf auszurichten, Menschen beizubringen, sich beschäftigen zu können und zu wollen, auch wenn sie keiner »geregelten« Arbeit nachgehen (*Busy without Work*)?

Wie wird also die Arbeitswelt der Zukunft aussehen? Wie wird sich das Verhältnis zwischen traditionellen Jobs gegenüber *New-Work*-Jobs entwickeln? Wie viel Jobs wird jeder Einzelne in Zukunft im Laufe seines Lebens haben? Wie viele Menschen werden wie viel arbeiten? Eine Frage drängt sich aber ganz besonders auf: Was will die heutige Jugend eigentlich von ihrer zukünftigen Arbeitswelt?

Im Auftrag der *Zeit* hat im Jahr 2018 das Institut für angewandte Sozialwissenschaft 1000 Menschen quer durch alle Berufsgruppen gefragt, was sie sich von ihrem Arbeitsplatz wünschen. Sowohl über alle Altersgruppen wie auch bei den unter 35-Jährigen haben über 80 Prozent »sich bei der Arbeit wohlfühlen«, »einen Beruf zu haben, der zukunftssicher ist« und »die langfristige Sicherheit des Arbeitsplatzes« angegeben. Zwei der drei Spitzenreiter unter den Wünschen haben also mit Sicherheit für die Zukunft zu tun! (Müller-Wirth: *Was wünschen sich die Deutschen von ihrer Arbeit?*, 2018)

Die 18. Shell Jugendstudie im Jahr 2019 stützt sich auf eine repräsentativ zusammengesetzte Stichprobe von 2572 Jugendlichen in Deutschland im Alter von 12 bis 25 Jahren: »Bei den Erwartungen an die Berufstätigkeit dominiert weiterhin das Bedürfnis nach Sicherheit. Einen sicheren Arbeitsplatz halten 93 Prozent der Jugendlichen für (sehr) wichtig. Ein Arbeitsplatz, für den die Jugendlichen nicht umziehen müssen, ist für sie dagegen deutlich seltener (sehr) wichtig (52 Prozent). Für fast alle Jugendlichen (93 Prozent) dürfen Familie und Kinder neben dem Beruf nicht zu kurz kommen.« Wenn es um Wertorientierungen geht, stehen »Familie« und »soziale Beziehungen« ganz oben, gefolgt von »Eigenverantwortlichkeit« (89 Prozent) und »Unabhängigkeit« (83 Prozent). 87 Prozent geben an, dass die Respektierung von Gesetz und Ordnung wichtig ist. Für sehr wichtig halten es die Jugendlichen aber auch, fleißig und ehrgeizig zu sein (81 Prozent) oder nach Sicherheit zu streben (77 Prozent) (www.shell.de / ueber-uns / shell-jugendstudie.html).

An anderer Stelle haben wir bereits angesprochen, dass jungen Menschen ein flexibles, freies und selbstbestimmtes Arbeiten mit entsprechender Freizeit wichtiger ist als Geld (Bund: *Glück schlägt Geld. Generation Y: Was wir wirklich wollen*, 2014; Burkhart: *Die spinnen, die Jungen: Eine Gebrauchsanweisung für die Generation Y*, 2016). Auch in Österreich hat in den letzten Jahrzehnten die Bedeutung von Freizeit, Familie und Freunden genauso zugenommen wie der Wunsch nach einem Beruf mit Verantwortung, bei dem man eigene Initiative entfalten kann (Aichholzer, Friesl, Hajdinjak, Kritzinger: *Quo vadis, Österreich?*, 2019).

So manche wittern in der *New-Work*-Idee von flexiblerer Arbeit ohne langfristige Bindung an ein Unternehmen einen gewissen Widerspruch zu dem so dominanten Wunsch der Jugend nach langfristiger Sicherheit des Arbeitsplatzes. Unabhängig davon, dass es bei solchen Fragen ja große individuelle Unterschiede gibt und immer geben wird, könnte man darin auch ein gewisses gleichzeitiges Streben nach Sicherheit und Flexibilität sehen. Ohne es überinterpretieren zu wollen, könnte sich das Gefühl breitmachen, dass die Dualität zwischen gerichteten und ungerichteten Strategien bei der heutigen Jugend eigentlich auf äußerst fruchtbaren Boden trifft. Und man kann sich des Eindrucks nicht ganz erwehren, dass solch eine Jugend jedem Arbeitgeber Mut aus Sicherheit, das Schaffen von interdisziplinären und interkulturellen Schnittstellen, Kreativität und Serendipität quasi aus der Hand reißen würde, um ihre individuelle Lösungsbegabung zu entfalten. Es ist allerdings nicht logisch zu begründen, dass das nicht über alle Generationen hinweg der Fall wäre.

Unabhängig davon, ob es sich dabei um traditionelle Berufe oder *New-Work*-Jobs handelt, die Arbeitswelt sollte immer bestrebt sein, die idealen Voraussetzungen für die Entfaltung von Lösungsbegabungen zu schaffen. Es geht auch darum, das individuelle Sich-Einbringen aller dieser Begabungen im Team zu fördern. Die Mischung aus Sicherheit und Flexibilität, aus gerichteten und ungerichteten Strategien, ja vielleicht sogar die Mischung aus Fremdbestimmung und Selbstbestimmtheit, soll dabei immer an den aktuellsten Stand angepasst werden. Reines Management würde sich vielleicht mehr mit den vorhersehbaren Problemen durch Anwendung bereits bekannter Strategien beschäftigen. Führungskräfte führen aber zusätzlich auch in die unvorhersehbare Zukunft. Wenn es nach dem Harvard-Professor John P. Kotter geht, steht Management für

Verwaltung, Organisieren, Planung und Kontrollieren, aber Leadership steht für Visionen und das Motivieren und Inspirieren von Mitarbeitern in Richtung Innovation und Wandel (Kotter: *Force For Change: How Leadership Differs from Management*, 1990).

Meiner Argumentation folgend könnte der Unterschied zwischen Management und Leadership der sein, dass Letzteres die Entfaltung der Lösungsbegabung als unverzichtbares Instrument einer zukunftsorientierten Gegenwart fördert. Ob es sich dabei um Lösungen für bereits bekannte Probleme handelt oder um ungerichtete Lösungsansätze, visionäre Führungskräfte etablieren die Kultur dafür, dass das geführte Team permanent ihre Begabungen dafür einsetzt, neue Ideen zu kreieren. Wie bereits gesagt – dabei kommt es auf die richtige Mischung an: Eine gewisse Sicherheit durch die entsprechenden, vielleicht auch vertraglichen Rahmenbedingungen zu schaffen und gleichzeitig eine von Fehlerkultur begleitete Risikobereitschaft einzufordern, wäre das erklärte Ziel. Sowohl für das gesamte Team als auch für jeden Einzelnen sollen die Voraussetzungen geschaffen werden, laufend gerichtete und ungerichtete Strategien verfolgen zu können. *Yes-or-yes*-Cashcow-Projekte müssen genauso gefördert werden, wie riskante *Yes-or-no*-Projekte. Wer nur auf Nummer sicher fährt, wird wahrscheinlich bald disruptiv überholt. Wer allerdings permanent auf Risiko fährt, dem geht zu oft vor Erreichen des Zieles der Sprit aus. Das richtige Verhältnis beider Komponenten zueinander hängt in der Arbeitswelt von vielen Parametern ab. Sowohl in der persönlichen individuellen Berufslaufbahn als auch beim Führen eines Teams stellt sich Erfolg bei jenen ein, die diese Parameter gut kennen. Zu viel Sicherheit kann Lösungsbegabung genauso dämpfen, wie zu wenig Mut aus Sicherheit innovationsfeindlich sein kann. Wer das richtige Maß an Sicherheit fordert, muss dann aber

auch konsequent dazu bereit sein, immer wieder Risiken einzugehen und Neuland zu betreten.

Susan Wojcicki, *Senior Vice President of Advertising* bei Google,
hat im Jahr 2011 eine der innovationssteigernden Maßnahmen
bei Google so beschrieben:»Um diese Art des freien Denkens
zu fördern, gibt es bei uns das Prinzip ›20 Prozent Zeit‹: Unsere
Entwickler haben pro Woche einen ganzen Tag, an dem sie arbeiten können, woran sie wollen. Als wir einen Blick auf den
Kalender warfen und uns die Veröffentlichungen der letzten
sechs Monate ansahen, stellten wir fest, dass viele Produkte
dank diesem Prinzip entstanden sind« (www.thinkwithgoogle.
com/intl/de-de/insights/kreative-inspiration/die-acht-saulen-
der-innovation). 80 Prozent gerichtetes und 20 Prozent ungerichtetes Arbeiten kann Sinn machen, wenn es von einem entsprechenden Output-Monitoring begleitet wird. Solch eine Zeit
für kreatives Querdenken und Experimentieren zu schaffen,
kann eine genauso innovationssteigernde Maßnahme darstellen
wie *Innovation Labs*, Kreativitätsworkshops, *Experience Sharing
Events*, Ideenbörsen, *Pitching Contests* oder beispielsweise
Hackathons. Richard Thaler und Cass Sunstein beschreiben den
Unterschied zwischen Bevormundung und *Nudging* anhand
des Beispiels einer Schulcafeteria (Thaler, Sunstein: *Nudge: Wie
man kluge Entscheidungen anstößt*, 2011): Ungesundes Essen einfach aus dem Sortiment zu nehmen, wäre Bevormundung und
würde die Entscheidungsfreiheit einschränken. Das Essen in
der Cafeteria so anzuordnen, dass gesundes Essen auf Augenhöhe
der Kinder leichter zu sehen und auf Griffhöhe einfacher erhältlich
ist, ist *Nudging*. *Nudging* steht dafür, bestimmtes Verhalten von
Menschen zu fördern, ohne dabei Gebote und Verbote einzusetzen. Im Zusammenhang mit der Entfaltung von Lösungsbegabung würde das Gebot, ob von Vorgesetzten oder von einem
selbst an sich selbst, vielleicht etwa so lauten:»Da muss dir aber

jetzt etwas einfallen!« Ob es nun *Nudging* im eigentlichen Sinn ist oder nicht, das Implementieren einer dualen Gegenwartskompetenz, die Mut für neue Wege, Inspirationen an verschiedenen Schnittstellen oder etwa auch kreative Prozesse fördert, mündet quasi in ein permanentes Angeschubstsein, um seine Lösungsbegabung laufend zur Entfaltung zu bringen.

Die Renaissance des Sich-Einbringens

Kaum sinken die Sars-CoV-2-Infektionszahlen, schon taucht die Frage auf, ob die Welt nach der Corona-Pandemie sein wird wie davor? Wird der Post-COVID-19-Mensch genau dort weitermachen, wo ihn das Virus in Zeitlupe geschaltet hat? Fällt er schlagartig in seine alten Verhaltensmuster zurück oder hat er etwas daraus gelernt? Es gäbe in der Tat vieles daraus zu lernen. Aber eine Beobachtung, die man immer im Zusammenhang mit allen Herausforderungen unserer Zeit machen kann, wurde im Zuge der Pandemie wieder einmal besonders augenscheinlich: Gesellschaften gliedern sich in drei Gruppen. Hans Rosling sprach von den Anhängern unbegründeter Hoffnungen, von den durch unbegründete Befürchtungen Verängstigten und von Possibilisten (Rosling: *Factfulness*, 2018). Den Begriff »Possibilismus«, etwa für eine bestimmte politische Richtung, gibt es schon viel länger. Das ist hier nicht wirklich damit gemeint. Dem 1992 verstorbenen amerikanischen Journalisten Max Lerner wird eine ähnliche Aussage zugeschrieben: »I am neither an optimist nor pessimist, but a possibilist.« In Anlehnung daran beziehungsweise in meiner persönlichen Weiterführung davon spreche ich von blauäugigen Optimisten, eingefleischten Pessimisten und Ermöglichern. Letztere sehen nicht nur die Möglichkeiten, sondern sie wollen auch etwas zur Lösung der Probleme beitragen – sie bringen sich ein. Manchmal ist der Beitrag, den man als Einzelner dafür leisten kann, groß. Manchmal ist es nur ein kleiner. Wirkung erzielt jeder Beitrag – auch der kleinste Beitrag zählt. Ermöglicher befinden sich in einem permanenten Zustand der Überwindung der Mitmachkrise.

Da wären einmal die blauäugigen Optimisten, die sich deshalb ganz allgemein nicht einbringen, weil es sich, so ihre Meinung, immer noch ausgegangen ist: »Die werden das schon richten, so wie sie es immer gerichtet haben!« Mit den Händen in den Hosentaschen setzen sie auf andere, und in diesem Jahrtausend im Besonderen auf Wissenschaft und Forschung. Aktuell wird da mittlerweile pawlowsch die Zusammenführung von Gen- beziehungsweise Biotechnologie und Informationstechnologie genannt. Mit diesen Werkzeugen, so lautete das Credo, wird sie gelingen – die Reise in eine Welt unbegrenzter Möglichkeiten. Kein Problem der Menschheit, das damit nicht bewältigbar ist. Mit den Visionen unzähliger Bestsellerautoren und den Dollar-Milliarden von Turnschuh-Entrepreneuren aus dem Silicon Valley im Gepäck kann es nur noch eine Frage von Minuten sein, bis der permanent glückliche *Homo deus* Hürden wie etwa Krankheit oder Sterblichkeit leichtfüßig überspringt. Und alles, worauf der Mensch in Zukunft keine Lust mehr hat, wechselt als Konsequenz der digitalen Revolution in die Hände von *Deep-Learning*-Maschinen. Natürlich ist die Wissenschaft der beste Ratgeber auf dem Weg in eine erfolgreiche Zukunft. Wissenschaftliche Ansätze sind das zuverlässigste Mittel, zu neuen Lösungen zu kommen. Aber die Verbreitung überzogener Heilsversprechen und das Schüren nicht einlösbarer Erwartungen schaden ihrem guten Ruf. Wie kein anderes Ereignis in jüngerer Geschichte hat die COVID-19-Pandemie dem Menschen sowohl die enorme Bedeutung als auch die offensichtlichen

Grenzen von Wissenschaft vor Augen geführt. Das bereits durch Forschung geschaffene Wissen aus der Vergangenheit ist bei solch einer Virus-Pandemie genauso unverzichtbar wie die Kompetenz aus einer gerade Gestalt annehmenden Zukunft, laufend zu lernen. Ohne Wissenschaft hätte es Millionen mehr Tote gegeben. Und dennoch, Politik und Gesellschaft scheinen irritiert, wenn die Wissenschaft nicht alles weiß und sich auch nicht immer einig ist. Und noch mehr Irritation scheint bei manchen die Tatsache auszulösen, dass wirkungsvolle Therapien und Impfstoffe nicht über Nacht entwickelt werden können: »Schließlich leben wir im 21. Jahrhundert, haben die modernsten Technologien bei der Hand und stehen doch bereits an der Schwelle zur vollkommenen Eliminierung von Krankheit, zu immerwährendem Glück und zu ewigem Leben!« Die Menschheit soll ja auf die Wissenschaft bauen und ihr auch vertrauen. Aber sie enthebt den Menschen nicht von seiner Verantwortung und Achtsamkeit gegenüber sich selbst und dem Planeten, auf dem er lebt. Das kann und soll Wissenschaft nicht. Und das will sie auch nicht. Im Gegenteil, es sind der wissenschaftlichen Seriosität verpflichtete Forscher, die nicht müde werden, bei so manchen superreichen Visionären etwas mehr Realismus einzufordern. Visionen sind unverzichtbare Treiber des Fortschrittes. Gerade das Silicon Valley war der Ursprung für viele enorm wichtige Innovationen der Menschheit. Wie dargelegt, entbehren jedoch Ideen, wie dass der Mensch sein biologisches Leben unendlich verlängern kann, oder dass Genoptimierung einen »besseren«, glücklicheren, immer gesunden Menschen erschafft, zum aktuellen Stand der Forschung einfach einer wissenschaftlichen Grundlage. Dennoch, Forschungen auf diesen Gebieten bringen laufend Lösungen für viele andere Fragestellungen zutage. Eine Tatsache bleibt davon allerdings unberührt: Die in der Gegenwart bereits existierenden und in Zukunft noch kommenden Herausforderungen verlangen in einem noch nie da gewesenen Ausmaß nach dem Engagement, der Kreativität und der Innovationskraft des individuellen Menschen. Jeder soll und muss einen, seinen, Beitrag leisten und auch leisten können. Auf das kooperative Mitmachen kommt es an.

Die zweite Gruppe bilden die eingefleischten Pessimisten. In Angst und Schockstarre fixiert, bleiben ihre Hände auch in den Hosentaschen. In diesem Fall wird es aber damit begründet, dass es ja sowieso schon für alles zu spät sei. Der Mensch ist durch sein Verhaltensmuster, von schlechten Nachrichten immer sofort erfahren zu wollen, quasi für solch einen Pessimismus prädestiniert. Und diese Gruppe weiß auch, wer Schuld an alldem hat – der im Grunde schlechte Mensch. Eine Kernaussage dieses Buches ist, dass das Verhalten des Menschen das Produkt der Wechselwirkung zwischen Genetik, Epigenetik und Umwelt ist. Der Mensch hat folglich sehr viel selbst in der Hand, und seine Gene taugen einfach nicht als Ausrede für Untätigkeit. Das bedeutet ein Stück Freiheit und ein noch größeres Stück Verantwortung.

> *»Am Ende gilt doch nur, was wir getan und gelebt –*
> *und nicht was wir ersehnt haben.«*
> *(Arthur Schnitzler)*

Die dritte Gruppe wurde gerade in Zeiten der COVID-19-Pandemie wieder einmal in einem besonderen Ausmaß bestätigt. Der mitmachende Einzelne kann etwas bewirken. Die Pandemie bietet eine beeindruckende Demonstration der Relevanz des Individuums als Akteur. Über seine unvergleichbare Fähigkeit zur Zusammenarbeit kann der Mensch dabei auf seine größten Stärken, seine kollektiven Lösungsbegabungen, zurückgreifen.

238

Wissenschaftler erklären die Sachlage und beraten die Bevölkerung. Politiker entscheiden über Strategien. Mitarbeiter des Gesundheitswesens diagnostizieren, heilen und pflegen. Industriearbeiter produzieren nicht nur Desinfektionsmittel, Plexiglas-Abtrennungen und Mund-Nasen-Schutzmasken, sondern auch alles andere, was die Menschheit »systemrelevant« benötigt. Mitarbeiter im Handel stellen die Versorgung der Menschen wahrlich nicht nur mit Klopapier und Mehl sicher. Forscher arbeiten Tag und Nacht an der Entwicklung von Medikamenten und Impfstoffen. Freunde und Nachbarn versorgen täglich Freunde und Nachbarn mit dem Notwendigsten. Die unverzichtbaren Dinge werden von Menschen geliefert, repariert oder instand gehalten. Die Liste der in solch einer Krise entscheidenden Individualleistungen wäre noch sehr weit erweiterbar. Und alle diese Menschen auf der ganzen Welt, die auch in schwierigen Zeiten als Ermöglicher wirken, sind angetrieben von einer Solidarität mit vulnerablen Gruppen.

>> Es bleibt niemandem erspart, sich zu fragen, warum das, was am Höhepunkt einer Pandemie-Krise möglich ist (wie schnell verflüchtigt sich das kollektive Mitmachen danach wieder?), nicht auch im Zusammenhang beispielsweise mit Klimawandel, Populismus, Rassismus, Terrorismus oder Flüchtlingskrisen möglich sein soll? Es braucht dafür Wissen, Solidarität, Kooperation, Kreativität und Innovationskraft, basierend auf dem Wagemut, neue Wege zu gehen und dabei alte zu verlassen. Gerade im täglichen Alltag des Berufs- und Privatlebens braucht es Alltagsmut, Zivilcourage, sich immer wieder einzubringen und Veränderungen voranzutreiben. Die Umsetzung der in diesem Buch vorgestellten Konzepte in den Bereichen Bildung, Talentmanagement, Forschung,

Politik oder der Arbeitswelt soll dazu beitragen, uns selbst und die nächste Generation immer wieder zu Ermöglichern zu machen. Durch den Mut aus Sicherheit, durch Resilienz, durch den richtigen Umgang mit Ängsten, durch das Schaffen vieler interdisziplinärer und interkultureller Schnittstellen, durch Inspirationen, durch das Induzieren kreativer Prozesse, durch Serendipität und vieles mehr soll dabei eine Renaissance des Sich-Einbringens entfacht werden. Vom Kleinkindalter an soll schon verhindert werden, dass Menschen zu blauäugigen Optimisten oder zu eingefleischten Pessimisten werden, die ein ganzes Leben lang nur gute Argumente sammeln, um ihre Mitmachkrise zu rechtfertigen. Jeder, der sich in solch einer Krise befindet, soll an die unglaubliche Kraft seiner Lösungsbegabung und die Relevanz seines individuellen Beitrages erinnert werden. **《**

Menschen können durch das Hin- und Hergehen zwischen gerichteten und ungerichteten Strategien in Bewegung versetzt werden. Und jene, die (vielleicht durch eine Virus-Pandemie) in Bewegung versetzt wurden, sollen den Mut nicht verlieren, sich für die Lösung kleinster Alltagsprobleme, aber auch anderer großer Probleme der Menschheit täglich (weiter) einzusetzen. Der beste Antrieb, solch eine Bewegung auszulösen und aufrechtzuerhalten, ist die Erfahrung, dass man Probleme wirklich lösen kann und jeder einzelne Beitrag dabei starke Wirkung erzielen kann. Wer einmal eine gute Idee hatte, wer einmal ein innovatives Konzept mitentwickelt hat, wer einmal gesehen hat, was ein oft auch nur kleiner Beitrag alles bewegen kann, bleibt ein Leben lang »infiziert« von dem positiven Spirit, der von einer kollektiven Anwendung von Lösungsbegabungen ausgehen kann.

Jeder von uns sollte darüber nachdenken, wie und in welchen Bereichen man zur Etablierung von Gegenwartskompetenz beitragen könnte. Es geht ganz allgemein um die Frage, wie man Mut aus Sicherheit bei anderen, im Besonderen bei der nächsten Generation, und bei sich selbst induzieren kann, um dadurch Lösungsbegabung zu *empowern*. Der Mensch hat betreffend die Entwicklung und Förderung dieser Begabung viel selbst in der Hand. Er ist dabei aber auch sehr auf die Unterstützung anderer angewiesen – und das gilt nicht nur für den Zeitraum der kindlichen Entwicklung, sondern bleibt ein Leben lang aufrecht. Natürlich geht es dabei um die Selbstverwirklichung der individuellen Persönlichkeit. Es soll aber unbedingt dabei auch darum gehen, viele Lösungsbegabte zur Lösung eines Problems zu vereinen. Einerseits steigert solch ein kollektiver Einsatz der großen sozialen und kooperativen Stärken des Menschen die Erfolgschancen, und andererseits wirkt es einer Entsolidarisierung entgegen. Sowenig der Mensch dabei auf seine Gene reduzierbar ist, so ansteckend kann das Verhalten von Ermöglichern als Vorbilder für andere sein. Anwendungsgebiete für Ermöglicher gibt es viele. Das Tätigkeitsfeld für Problemlöser ist nahezu unbegrenzt. Ob im Privatleben oder in der Berufswelt, die Frage wie, wann und bei welchen Problemen man sich engagieren will und kann, hängt von unzähligen Parametern ab. Und das ist gut so. Denn dadurch wird die Chance gewahrt, dass es für wirklich jedes Problem auch grundsätzlich einmal eine ausreichende Anzahl an Ermöglichern gibt.

➤➤ Zum Schluss des Buches folgt jetzt noch ein wahrscheinlich nicht überraschender Appell: ›Fangen wir gleich damit an! Ab heute gibt es keine Ausreden mehr. Kreativ ist ab jetzt das neue Normal.‹ Jeder von uns kann sich schon einmal überlegen, in welchen Zusam-

menhang er die angesprochenen Konzepte einsetzen
könnte. Das innerste Betätigungsfeld für das Beschäftigen mit vorhersehbarer und unvorhersehbarer Zukunft
ergibt sich logischerweise aus jenen Kernbereichen und
Fachgebieten, bei denen man in seinem Beruf und auch
privat schon viel Erfahrung und Wissen sammeln konnte. Und schon sollte man sich auf die Suche nach anderen Kreisen machen, die gewisse Schnittmengen damit
haben, aber eben auch neue Themen repräsentieren.
Umso mehr neue Aufgaben man zusätzlich ausprobiert,
umso mehr interessante Menschen aus anderen Bereichen man dabei kennenlernt, umso höher ist die Chance, neue Wege und kreative Prozesse zu initiieren. In
dem bereits angesprochenen Buch *Rules of Thumb* des
ehemaligen Herausgebers des *Harvard Business Review*,
Alan Webber, findet sich eine dazu passende Daumen-
regel: »Stay alert! There are teachers everywhere.« In
der Regel wissen Menschen besser, bei welchen sicheren
Yes-or-yes-Projekten sie sich engagieren wollen. Um herauszufinden, für welche neuen *Yes-or-no*-Projekte man
sich mit seinen ganz spezifischen individuellen Talenten
durch Entfachung der Lösungsbegabung einbringen
könnte, sind nicht selten andere hilfreich und notwendig.
Man kann das Sich-Einbringen bei anderen auslösen.
Man kann solch eine Begeisterung entfachen. Umso
größer das Netzwerk ist, das sich darüber Gedanken
macht, umso höher die Trefferquote. Um intrapersonale (die eigenen Emotionen verstehen) und interperso-
nale (andere Menschen verstehen) Begabungen weiter-
zuentwickeln, braucht es Hilfe und Feedback, von
ehrlichen Eltern, Lehrern, Freunden, Kollegen, Arbeitgebern etc. Und natürlich muss man auch ehrlich zu sich

selbst sein. Bei den *Big Five* der Persönlichkeit – emotionale Stabilität, Extraversion (Kontaktfreudigkeit), Offenheit für neue Erfahrungen, Verträglichkeit und Gewissenhaftigkeit – kennen uns andere manchmal besser als wir uns selbst. ›Schuld daran sind sogenannte *blind spots*, also Lücken im Wissen über uns selbst, die aus fehlenden Informationen – beispielsweise denen, die nur von außen betrachtet auffällig sind – und einem Überangebot an Informationen über uns selbst resultieren.‹ (Specht: *Charakterfrage: Wer wir sind und wie wir uns verändern*, 2018). ›Es ist kaum zu glauben, was jeder Mensch glaubt, was er für ein Mensch ist!‹ (Johann Nepomuk Nestroy). Trauen wir uns etwas zu, setzen wir auf Ratio und hören durchaus auch gelegentlich auf andere, wenn es etwa um die Frage nach guten Betätigungsfeldern geht.

Ermöglicher zu werden, ist eine Sache, nachhaltig Ermöglicher zu bleiben, ist eine andere. Wir müssen uns in Bewegung setzen. Um zum Beispiel die Chance für Serendipität nachhaltig aufrechtzuerhalten, müssen wir aber auch in Bewegung bleiben. Die Psychologieprofessorin und Bestsellerautorin Angela Duckworth verwendet das englisch Wort *Grit*, um die Eigenschaft, bestehend aus Leidenschaft, Ausdauer und Resilienz, zu beschreiben, sich nicht unterkriegen zu lassen und immer wieder mit neuem Mut weiterzumachen: ›First: grit, talent, and all other psychological traits relevant to success in life are influenced by genes and also by experience. Second: there's no single gene for grit, or indeed any other psychological trait.‹ (Duckworth: *Grit. Why Passion and Resilience are the Secrets to Success*, 2016). An den Kindern, die in einem Turnsaal Bälle der Zukunft fangen wollen, haben wir festgemacht, dass zu hohe Geschwindigkeit und Flexibilität genauso Misserfolg und Ausbrennen bewirken kann wie zu niedrige. Auf die richtige Mischung kommt es an.

In uns allen stecken lösungsbegabte Ermöglicher. Die, die das noch nicht wussten, könnten jetzt gleich einmal beginnen, diese Seite von sich selbst und von anderen ins Licht zu rücken. «

Exkurs

Natürlich sehr viel Vergangenheit, aber auch schon den Ausblick auf eine sehr spannende Zukunft vermittelte uns das Haus im Süden von Wien, als wir es das erste Mal betraten. Laut dem Fürstlich Liechtensteinischen Grundbuch von 1812 (aus dem niederösterreichischen Landesarchiv) wurde das Haus im Jahr 1843 neu erbaut. Am 29. August dieses Jahres wurde der österreichische Dramatiker, Schauspieler und Bühnenautor Johann Nepomuk Nestroy (1801–1862) als Eigentümer genannt. Aber schon kurze Zeit darauf, genau ab dem 2. Dezember 1843, scheint die Sängerin und Schauspielerin Marie Weiler, die Lebensgefährtin von Nestroy, als Besitzerin des Hauses auf. Weiler und Nestroy hatten drei gemeinsame Kinder. Nach Marie Weiler wechselte das Haus mehrmals die Besitzer. Eine spätere Besitzerin war Rosa Frauenfeld. Deren Gatte, der Architekt Eduard Frauenfeld, der gemeinsam mit Theophil Hansen auch an den Ringstraßenbauten beteiligt war, baute das Haus um und verlieh ihm damit sein heutiges Erscheinungsbild. Eine weit zurückreichende Tradition bezeichnet die beiden Zimmer im Hochparterre links vom Hauseingang bis heute als »Nestroy-Zimmer« (Obermaier: »Nestroyana, Blätter der Internationalen Nestroy-Gesellschaft«, 2017). Viele Jahre und einige Besitzer später haben meine Frau und ich uns entschlossen, das Haus für unsere Familie zu kaufen. Genau in dieser Zeit habe ich mich gerade intensiv mit der Frage nach den richtigen Konzepten für die Gegenwart, mit Gegenwartskompetenz, beschäftigt, und meine Frau und ich haben viele Abende auch in diesen

Hochparterre-Zimmern die verschiedensten Strategien diskutiert. So passte es sehr trefflich, dass eines der ersten Zitate von
Johann Nepomuk Nestroy, das sich für meinen Alltag, aber
auch für meine Arbeit in mir festgesetzt hatte, das Folgende
war: »**Warum soll die Gegenwart dem ihre Blicke schenken,
der immer mit der Zukunft kokettiert?**«

Danksagung

Ich möchte mich bei unseren Kindern Anna und Max und meiner Frau Elke für die wertvolle Unterstützung bei der Arbeit an diesem Buch, für die spannenden Gespräche und für das gemeinsame Lachen bedanken. Ich bedanke mich bei den Mitbegründern, Mitstreitern und Mitbegleitern des Thinktanks Academia Superior und vor allem bei allen Gesprächspartnern, von denen auch so manche Aussagen und Schlussfolgerungen im Buch zitiert sind, ganz herzlich. Für konkrete Kommentare zu bestimmten Kapiteln bedanke ich mich bei Claudia Schwarz, Michael Hauer, Ludovit Garzik und Gerhard Weber.

Literatur

Aichholzer Julian, Friesl Christian, Hajdinjak Sanja, Kritzinger Sylvia: *Quo vadis, Österreich? Wertewandel zwischen 1990 und 2018.* Czernin Verlag 2019.

American Society of Human Genetics: »ASHG Denounces Attempts to Link Genetics and Racial Supremacy«. In: *Am. J. Hum. Genet.* 103, 636, 2018.

Ayan Steve: »Die Vorteile des Tagträumens«. In: *Gehirn&Geist* 4, 2016.

Beaty Roger E. et al.: »Creativity and the default network: A functional connectivity analysis of the creative brain at rest«. In: N*europsychologia* 64, 92, 2014.

Blackmore Susan: *Die Macht der Meme. Oder die Evolution von Kultur und Geist.* Spektrum Akademischer Verlag 2000.

Bregman Rutger: *Im Grunde gut. Eine neue Geschichte der Menschheit.* Rowohlt Verlag 2020.

Brynjolfsson Eric, McAfee Andrew »Von Managern und Maschinen«. In: *Harvard Business Manager* 3, S. 16, 2019.

Bude Heinz: »Gesellschaft der Angst«. In Lipinski Andreas: *Wer werden wir sein? Über die Zukunft des Menschen.* Herder Verlag 2020.

Bund Kerstin: *Glück schlägt Geld. Generation Y: Was wir wirklich wollen.* Murmann Verlag 2014.

Burke Peter: *Die Explosion des Wissens. Von der Encyclopédie bis Wikipedia.* Klaus Wagenbach Verlag 2014.

Burkhart Steffi: *Die spinnen, die Jungen! Eine Gebrauchsanweisung für die Generation Y.* Gabal Verlag 2016.

Casti John: *Der plötzliche Kollaps von allem. Wie extreme Ereignisse unsere Zukunft zerstören können.* Piper Verlag 2012.

Chan Eva et al.: »Human origins in a southern African palaeo-wetland and first migrations«. In: *Nature* 575, 185, 2019.

Christensen Clayton M.: *The Innovator's Dilemma: When New Technologies Cause Great Firms to Fail.* Harvard Business School Press 1997.

Clark Michelle M. et al.: »Diagnosis of genetic diseases in seriously ill children by rapid whole-genome sequencing and automated phenotyping and interpretation«. In: *Sci. Transl. Med.* 11, 2019.

Collins Jim: *Der Weg zu den Besten. Die sieben Management-Prinzipien für dauerhaften Unternehmenserfolg.* Campus Verlag 2011.

Currie Thomas E.: »How the Dual Inheritance of Genes and Culture Shapes Behaviour«. In: Hosken David J., Hunt John, Wedell Nina (Hrsg.): *Genes and Behaviour. Beyond Nature-Nurture.* Wiley Verlag 2019.

Darwin Charles: *On the Origin of Species: By Means of Natural Selection, or the Preservation of Favoured Races in the Struggle for Life.* John Murray Verlag 1859.

Darwin Charles: *Die Entstehung der Arten.* Nikol Verlagsgesellschaft mbH 2008.

Deutscher Startup Monitor 2019. *Mehr Mut, neue Wege.* PwC 2019.

Di Fiore Alessandro, Vetter Jonas: »Die Tücken der Zusammenarbeit«. In: *Harvard Business Manager* 1, S. 78, 2017.

Doudna Jennifer A., Sternberg Samuel H.: *Eingriff in die Evolution. Die Macht der CRISPR-Technologie und die Frage, wie wir sie nutzen wollen.* Springer Verlag 2018.

Duckworth Angela: *Grit. Why Passion and Resilience are the Secrets to Success.* Vermilion Verlag 2016.

Dutta Soumitra: »It's about creating something unusual«. Interview geführt von Ammann D., Brunner S., Schulz B. In: *Credit Suissse Bulletin* 1, 2016.

Eibl-Eibesfeldt Irenäus: *Der vorprogrammierte Mensch: Das Ererbte als bestimmender Faktor im menschlichen Verhalten.* dtc wissenschaft Verlag 1984.

Frey Bruno S., Frey Marti Claudia: *Glück – Die Sicht der Ökonomie.* Rüegger Verlag 2010.

Frey Carl B., Osborne Michael A.: *The future of employment. How susceptible are jobs to computerization?* Oxford 2013.

Gardner Howard: *Kreative Intelligenz. Was wir mit Mozart, Freud, Woolf und Gandhi gemeinsam haben.* Piper Verlag 2002.

Gauck Joachim: *Freiheit. Ein Plädoyer.* Kösel Verlag 2012.

Gladwell Malcolm: *Blink! Die Macht des Moments.* Campus Verlag 2005.

Gladwell Malcolm: *Überflieger. Warum manche Menschen erfolgreich sind – und andere nicht.* Campus Verlag 2009.

Gladwell Malcolm: »Ich gehöre nicht zu den Menschen, die verzweifeln, wenn sie allein sind«. Interview geführt von Amend C. In: *Die Zeit*, Nr. 38, S. 39, 2019.

Glaubrecht Matthias: *Das Ende der Evolution. Der Mensch und die Vernichtung der Arten.* C. Bertelsmann Verlag 2019.

Goleman Daniel: *Emotional Intelligence. Why It Can Matter More Than IQ.* Bantam Verlag 1995.

Gutstein Aadam J., Sviokla John: »7 Fähigkeiten, die keine Maschine beherrscht«. In: *Harvard Business Manager* 3, S. 30, 2019.

Hackett J.: »Darwin hat uns Demut gelehrt«. Interview geführt von McGinn D. In: *Harvard Business Manager* März, S. 32, 2019.

Haefner Klaus: *Mensch und Computer im Jahre 2000. Ökonomie und Politik für eine human computerisierte Gesellschaft.* Birkhäuser Verlag 1984.

Harari Yuval N.: *Homo Deus. A Brief History of Tomorrow.* Harvill Secker Verlag 2016.

Harari Yuval N.: *21 Lektionen für das 21. Jahrhundert.* C. H. Beck Verlag 2018.

Hare Brian: »Survival of the Friendliest. Homo sapiens Evolved via Selection for Prosociality«. In: *Annu. Rev. Psychol* 68, 155, 2017.

Hartmann Evi: *Ihr kriegt den Arsch nicht hoch. Über eine Elite ohne Ambition.* Campus Verlag 2018.

Hamer Dean, Copeland Peter: *Das unausweichliche Erbe. Wie unser Verhalten von unseren Genen bestimmt ist.* Scherz Verlag 1998.

Hengstschläger Markus: *Die Macht der Gene.* Ecowin Verlag 2006.

Hengstschläger Markus: *Endlich unendlich.* Ecowin Verlag 2008.

Hengstschläger Markus: *Die Durchschnittsfalle.* Ecowin Verlag 2012.

Hengstschläger Markus: »Wie halten wir es mit der Autonomie?« In: *Forbes*, Juli 2015.

Hengstschläger Markus: »Eine genoptimierte Menschheit?« In: Liessman Konrad P.: *Neue Menschen! Bilden, optimieren perfektioniere*n. Zsolnay Verlag 2016.

Hengstschläger Markus: »Die Innovations-Kettenreaktion«. In: *Forbes*, Mai 2016.

Hengstschläger Markus: »Österreich braucht Talentscouts«. In: *trend* 4, 2017.

Hengstschläger Markus: »Wir brauchen Talentscouts in Schulen«. Interview geführt von Brower-Rabinowitsch G. In: *Handelsblatt* Nr. 174, S. 58, 2017.

Hengstschläger Markus: »Zwei Zükunfte«. In: *trend* 5, 2018.

Hengstschläger Markus: »Der hypergläserne Mensch«. In: *trend* 25, 2019.

Hershkovitz Israel et al.: »The earliest modern humans outside Africa«. In: *Science* 359, 456, 2018.

Hosken David J., Hunt John, Wedell Nina (Hrsg.): *Genes and Behaviour. Beyond Nature-Nurture*. Wiley Verlag 2019.

Howard Philip: *A third of pro-Trump tweets are generated by bots*. Oxford Internet Institute, University of Oxford (www.oii.ox.ac.uk) 2016.

Hublin Jean-Jacques et al.: »New fossils from Jebel Irhoud, Morocco and the pan-African origin of Homo sapiens«. In: *Nature* 546, 289, 2017.

Hürter Tobias, Reinhard Rebekka, Vašek Thomas: »Das Märchen vom Erfolg«. In: *Hohe Luft, Philosophie Zeitschrift* 6, S. 24, 2015.

Johansson Frans: *Der Medici-Effekt. Wie Innovation entsteht*. Plassen Verlag 2017.

Kahnemann Daniel: *Schnelles Denken, langsames Denken*. Penguin Verlag 2011.

Karabasz Ina: »Das Innovationsparadox. Die Zukunft der Kreativität: Wie Technologie unseren Einfallsreichtum verändert«. In: *Handelsblatt*, 15.1.2020.

Karavani Ehud et al.: »Screening human embryos for polygenic traits has limited utility«. In: *Cell* 179, 1424, 2019.

Klein Nadav, O'Brian Ed: »People use less information than they think to make up their minds«. In: *Proc. Natl. Acad. Sci. USA* 115, 13222, 2018.

Kosinski Michael, Stillwell David J., Graepel Thore: »Private traits and attributes are predictable from digital records of human behaviour«. In: *Proc. Natl. Acad. Sci. USA* 110, 5802. 2013.

Kosinski Michael: »Computational Psychology«. In: Baumeiter R. F., Finkel E. J.: *Advanced Social Psychology*. Oxford University Press 2019.

Kotrschal Kurt: *Mensch. Woher wir kommen, wer wir sind, wohin wir gehen*. Brandstätter Verlag 2019.

Kotter John P.: *Force for Change: How Leadership Differs from Management*. Free Press Verlag 1990.

Kovas Yulia, Malykh Sergey, Gaysina Darya (Hrsg.): *Behavioural Genetics for Education*. Palgrava Macmillan Verlag 2016.

Liao Mattew: »Tackling Climate Change through Human Engineering«. In: n: *The next step: exponential life*. BBVA Verlag (bbvaopenmind.com) 2017.

Lobe Aadrian: »Trump und Clinton. Duell der Wahlbots«. In: *Frankfurter Allgemeine Zeitung*, 16.10.2016.

McCaffrey Tony, Pearson J.: »Neues entdecken«. In: *Harvard Business Manager* 1, S. 37, 2017.

Mazzucato Mariana: *The Entrepreneurial State: Debunking Public vs. Private Sector Myths*. Anthem Press Verlag 2013.

Meissner Dirk, Polt Wolfgang, Vonortas Nicholas S.: »Towards a broad understanding of innovation and its importance for innovation policy«. In: *J. Technol. Transf.* June, 2016.

Mitteröcker Philipp, Hutegger Simon M., Fischer Barbara, Pavlicev Mihaela: »Cliff-edge model of obstetric selection in humans«. In: *Proc. Natl. Acad. Sci.* USA 113, 14680, 2016.

Mudde Cas: »Der Mainstream hat sich nach rechts entwickelt«. Interview geführt von Puhl J. In: *Der Spiegel*, 5.12.2019.

Müller-Wirth Moritz: »Was wünschen sich die Deutschen von ihrer Arbeit?« In: *Die Zeit* Nr. 50, 2018.

Neubauer Aljoscha: *Mach, was Du kannst. Warum wir unseren Begabungen folgen sollten – und nicht nur unseren Interessen*. DVA Verlag 2018.

Nida-Rümelin Julian, Weidenfeld Nathalie: *Digitaler Humanismus. Eine Ethik für das Zeitalter der künstlichen Intelligenz*. Piper Verlag 2018.

Obermaier Walter: »Nachträge und Corrigenda zur historisch-kritischen Nestroy-Ausgabe«. In: *Nestroyana, Blätter der Internationalen Nestroy-Gesellschaft* 2017.

Pferdt Frederik G.: »Ja – und?« Interview geführt von Pries J. und Sommer C. In: *brand eins, Thema Innovation* 2016.

Pink Daniel: *Drive. Was Sie wirklich motiviert*. Ecowin Verlag 2010.

Pinker Steven: *Enlightenment Now. The Case for Reason, Science, Humanism and Progress*. Allen Lane Verlag 2018.

Pisano Gary P.: »Innovation erfordert Disziplin«. In: *Harvard Business Manager* Juni, S. 16, 2019.

Plomin Robert: *Blueprint. How DNA Makes Us Who We Are*. Penguin Random House Verlag 2018.

Plüss Mathias: »Facilitating inspiration«. In: *Credit suisse Bulletin* 1, 2016.

Richter Daniel et al.: »The age of hominin fossils from Jebel Irhoud, Morocco, and the origins of the middle stone age«. In: *Nature* 546, 293, 2017.

Rose Todd: *The End of Average. How We Succeed in a World That Values Sameness*. HarperOne Verlag 2016.

Rosling Hans, Rosling Rönnlund Anna, Rosling Ola: *Factfulness. Wie wir lernen, die Welt so zu sehen, wie sie wirklich ist*. Ullstein Verlag 2018.

Scharmer Claus O.: *Theorie U. Von der Zukunft her führen*. Carl-Auer Verlag 2007.

Schlinkert Reinhard, Raffelhüschen Bernd: *Deutsche Post. Glücksatlas 2018.* Penguin Verlag 2018.

Schmidt-Salomon Michael: *Hoffnung Mensch. Eine bessere Welt ist möglich.* Piper Verlag 2014.

Schnabel Ulrich: »So kommt das Neue in die Welt«. In: *Die Zeit* 12.9.2019.

Schulz Thomas: *Zukunftsmedizin. Wie das Silicon Valley Krankheiten besiegen und unser Leben verlängern will.* Spiegel Buchverlag 2019.

Schumpeter Joseph A.: *The Theory of Economic Development: An Inquiry Into Profits, Capital, Credit, Interest, and the Business Cycle.* Cambridge 1912.

Schwab Klaus: *The Fourth Industrial Revolution.* Penguin Verlag 2017.

Schwab Peter, Punz Stefan: *Vorne ist immer Platz. Durch Innovation an die Spitze.* Linde Verlag 2015.

Senoner Mathias: »Die Springflut der Daten. Der sprunghafte Anstieg des Wissens ist nur ein Gerücht«. In: *Die Zeit,* 21, 1997.

Setiya Kieran: »Die Krise in der Karrieremitte«. In: *Harvard Business Manager* 41, S. 78, 2019.

Silver Lee M.: *Das geklonte Paradies. Künstliche Zeugung und Lebensdesign im neuen Jahrtausend.* Droemer Verlag 1998.

Sinclair David A.: *Lifespan. Why We Age – and Why We Don't Have To.* HarperCollins Verlag 2019.

Singer Wolf: *Ein neues Menschenbild? In Lipinski Andreas: Wer werden wir sein? Über die Zukunft des Menschen.* Herder Verlag 2020.

Socher Richard: »Künstliche Intelligenzen überlegen nicht, was sie nach Feierabend tun«. Interview geführt von Wegner J. In: *Die Zeit,* Nr. 17, S. 29, 2019.

Specht Jule: *Charakterfrage. Wer wir sind und wie wir uns verändern.* Rowohlt Verlag 2018.

Spiekermann Sarah: *Ethical IT Innovation. A Value-Based System Design Approach.* Taylor & Francis Verlag 2016.

Spiekermann Sarah: *Digitale Ethik. Ein Wertesystem für das 21. Jahrhundert.* Droemer Verlag 2019.

Spiel Christiane, Reimann Ralph, Wagner Petra, Schober Barbara: »Bildungspsychologie – eine Einführung«. In: Spiel Christiane, Schober Barbara, Wagner Petra, Reimann Ralph (Hrsg.) *Bildungspsychologie.* Hogrefe Verlag 2010.

Spitzer Manfred: *Digitale Demenz. Wie wir unsere Kinder um den Verstand bringen.* Droemer Verlag 2012.

Spork Peter: *Der zweite Code – Epigenetik. In Lipinski Aandreas: Wer werden wir sein? Über die Zukunft des Menschen*. Herder Verlag 2020.

Strenger Carlo: *Abenteuer Freiheit. Ein Wegweiser für unsichere Zeiten*. Edition Suhrkamp Verlag 2017.

Stuhlhofer Franz: »Unser Wissen verdoppelt sich alle 100 Jahre. Grundlegung einer ›Wissensvermessung‹«. in: *Berichte zur Wissenschaftsgeschichte* 6, S. 169, 1983.

Thaler Richard H., Sunstein Cass R.: *Nudge. Wie man kluge Entscheidungen anstößt*. Ullstein Verlag 2011.

Taleb Nassim N.: *Der schwarze Schwan: Die Macht höchst unwahrscheinlicher Ereignisse*. Hanser Verlag 2008.

Taleb Nassim N., Spitznagel M.: »Die Corona-Pandemie ist kein schwarzer Schwan«. In: *Neue Zürcher Zeitung* 27.3.2020.

Torberg Friedrich: *Die Tante Jolesch oder Der Untergang des Abendlandes in Anekdoten*. Anaconda Verlag 2011.

Watzlawick Paul: *Anleitung zum Unglücklichsein*. Piper Verlag 2009.

Webber Alan M.: *Rules of Thumb. 52 Truths for Winning at Business Without Losing Your Self*. HarperCollins Verlag 2009.

Weitekamp Chelsea A., Keller Laurent: »Genes and Behaviour, 2019«. In: Hosken David J., Hunt John, Wedell Nina (Hrsg.): *Genes and Behaviour. Beyond Nature-Nurture*. Wiley Verlag 2019.

Wetz Franz J.: »Die Kunst der Resignation«. In: Lipinski Andreas: *Wer werden wir sein? Über die Zukunft des Menschen*. Herder Verlag 2020.

Wilson James H., Daugherty Paul R.: »Mensch und Maschine als Team«. In: *Harvard Business Manager* 3, S. 6, 2019.